北京市教育科学规划重点课题（优先关注）

"单独两孩人口政策调整后北京市学前教育应对政策研究"

（项目号：ACA14103）成果

全面二孩人口新政后的学前教育政策应对研究：以北京市为例

QUANMIAN ERHAI RENKOU XINZHENG HOU DE XUEQIAN JIAOYU ZHENGCE YINGDUI YANJIU: YI BEIJINGSHI WEILI

洪秀敏 马群 朱文婷 等◎著

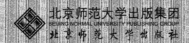

北京师范大学出版集团
BEIJING NORMAL UNIVERSITY PUBLISHING GROUP
北京师范大学出版社

图书在版编目(CIP)数据

全面二孩人口新政后的学前教育政策应对研究：以北京市为
例 / 洪秀敏等著. —北京：北京师范大学出版社，2018.5
ISBN 978-7-303-23624-4

Ⅰ. ①全…　Ⅱ. ①洪…　Ⅲ. ①学前教育－教育政策－研究
－北京　Ⅳ. ①G619.20

中国版本图书馆 CIP 数据核字(2018)第 084188 号

营　销　中　心　电　话　010-58802181　58805532
北师大出版社职业教育与教师教育分社网　http://zjfs.bnup.com
电　子　信　箱　zhijiao@bnupg.com

出版发行：北京师范大学出版社　www.bnup.com
　　　　　北京市海淀区新街口外大街 19 号
　　　　　邮政编码：100875
印　　刷：北京东方圣雅印刷有限公司
经　　销：全国新华书店
开　　本：787 mm×1092 mm　1/16
印　　张：18.5
字　　数：380 千字
版　　次：2018 年 5 月第 1 版
印　　次：2018 年 5 月第 1 次印刷
定　　价：42.00 元

策划编辑：罗佩珍　　　　责任编辑：薛　萌
美术编辑：焦　丽　　　　装帧设计：金基渊
责任校对：陈　民　　　　责任印制：陈　涛

序　言

面对我国低生育率、少子化和老龄化给社会发展带来的负面影响，2013年11月，党的十八届三中全会审议通过《中共中央关于全面深化改革若干重大问题的决定》，提出了"坚持计划生育的基本国策，启动实施一方是独生子女的夫妇可生育两个孩子的政策，逐步调整完善生育政策，促进人口长期均衡发展"。同年12月，中共中央、国务院印发《关于调整完善生育政策的意见》，明确了生育政策调整的重要意义和总体思路，标志着"单独二孩"政策正式实施。

在"单独二孩"政策实施不到两年的时间内，申请再生育的夫妇增多了107万，2014年的出生人口也比上一年增加了近50万。在"单独二孩"政策的影响下，中国的生育率有了一定回升，人口老龄化加速、出生性别比过高的现象也得到了一定的缓解。随着人口生育政策的放开，未来新生人口到底会呈现怎样的增长态势？将会引发怎样的教育资源需求？学前教育如何应对未来的人口增长态势？这些都是新的生育时代需要研究并给予回应和解答的重要而紧迫的现实问题。

带着对这一新的研究领域的关注与兴趣，2014年，我申报了北京市教育科学规划"十二五"重点课题（优先关注）"单独两孩人口政策调整后北京市学前教育应对政策研究"并顺利获批（项目批准号：ACA14103）。项目旨在"建设中国特色的世界城市"相应的现代化学前教育公共服务体系背景下，对北京市"十三五"期间实施"单独二孩"人口政策后学前适龄人口进行科学预测，并据此调查政策受益家庭的学前教育需求，分析现有学前教育资源配置的合理性，深入探讨首都学前教育改革与发展面临的新问题与新挑战，提出可为政府相关决策和管理部门科学规划、合理布局、优化资源借鉴的依据，为促进首都学前教育的科学、健康和可持续发展提供决策参考。

然而，课题立项后一年，由于全国符合"二孩政策"的家庭仅占全部家庭总数的5.3%，"单独二孩"政策所带来的人口生育状况并不能满足预期，国家人口生育政策又开始面临新的挑战。2015年10月，党的十八届五中全会提出了"全面实施一对夫妇可生育两个孩子政策"。2015年12月，第十二届全国人大常委会第十八次会议审议通过《中华人民共和国人口与计划生育法修正案（草案）》，"全面二孩"政策及其配套法规得到修订，自 2016 年 1 月 1 日起正式启动实施。"全面二孩"政策的实施，是继"单独二孩"政策之后生育政策的进一步完善，是中央政府基于我国人口与经济社会发展的形势做出的重大战略决策。"全面二孩"政策的出台与落地实施，必然会影响到作为建构社会公共服务体系和满足民生重大需求的教育领域。而学前教育作为国民教育体系的第一阶段，自然会首先受到"全面二孩"政策的影响。提前研究和预判"全面二孩"政策实施后的适龄学前儿童增量及在园儿童数量，合理安排和配置学前教育资源，主动做好新形势下的学前教育事业发展规划与制度安排，自然就成为我国当下学前教育事业发展最紧迫的任务之一。应对由"单独二孩"政策转变为"全面二孩"政策的变化需求，本项目研究也相应地由立项时对单独二孩家庭人群的研究，及时调整和扩大了所涉及的政策目标人群对象。并根据研究需要扩充了研究内容，不仅着眼于科学预测新政后北京市未来中长期适龄学前人口数量的变化趋势，分析其对幼儿园学位、园舍、师资、经费等学前教育资源供给的影响，剖析未来北京市学前教育供需之间的协调变动趋势，而且试图深入揭示不同家庭背景和利益相关者对"全面二孩"政策的态度与看法，揭示社会公众对学前教育公共服务的质的政策诉求。从北京市目前幼儿园布局结构、学前教育资源配置可能面临的新问题与新挑战等角度，为北京市政府制定适合我国适龄学前儿童人口变动趋势的发展规划、建立未来学前教育供给保障和构建公共服务体系等提供研究参考与依据。

　　本书是历时三年的课题研究成果总结，也是课题组成员集体智慧的结晶。我的研究生马群、朱文婷、吴艳、徐露、孙林红、郭文睿积极参与了课题研究的有关工作，尝试在"全面二孩"这一新的时代命题下学习和开展有意义的探索与研究。"全面二孩"政策的教育话题刚刚拉开帷幕，这一领域的研究是极富时代意义和极具挑战性的，需要综合采用人口学、教育学、心理学、教育经济学、管理学等学科的研究视角与方法。在本书的撰写过程中，我们参考和引用了有关领域专家学者的研究成果。北京市教育科学规划办为课题研究提供了资助，北京师范大学出版社对本书的出版给予了大力的支持，在此一并表示诚挚的感谢！

　　我们热忱地希望广大的研究者和读者对书中的内容和观点不吝指正，提出宝贵的建议，共同探讨"全面二孩"政策下学前教育的改革发展问题与政策应对研究。

洪秀敏
2017 年 8 月 31 日

目　录

第一章

从限制生育到鼓励生育：
中国生育革命与政策抉择

制定生育政策、控制人口增长是 20 世纪以来世界各国尤其是发展中国家所面临的重大课题。[①] 随着生活质量的提高及医疗水平的进步，人类已进入高速发展和增殖的阶段，迈向了人口剧增的重要时期。1900—1999 年这一百年间，世界总人口从原来的 16 亿猛增到了 60 亿。我国是世界人口第一大国，人口数量庞大、增长过快、地区分布不均等因素都会严重制约我国经济和社会的可持续发展，有效生育政策的制定对于我国来说具有重要意义。生育政策的推行与实施关系着社会稳定与协调发展，涉及最广大人民群众的根本利益。生育政策可以控制国家人口的数量，调整人力资源的发展趋势，进而影响到国家社会生产力及综合国力的提升。[②]

自中华人民共和国成立以来，党中央对生育问题给予了高度关注，并出台了一系列生育政策。中华人民共和国成立初期，人口数量飞速增长，政府在反复探索中最终形成了符合我国国情的计划生育政策。自 1990 年开始，中国的人口生育率稳步下降，促进了人口与社会、经济的进一步协调发展。可见，计划生育政策在降低我国生育率上的效果显著。到 20 世纪末，我国已踏入了世界低生育水平国家行列。但是，伴随低生育率而来的是一系列新的问题，如人口老龄化、性别比例失衡等。政府需要及时地调整生育政策来解决新的社会问题，适应时代的变化。自 2002 年起，我国相继推行了"双独二孩"生育政策及"单独二孩"生育政策。二孩政策与一孩政策最大的不同就是缺少可控性。对于一孩政策来说，政府"提倡一对夫妇只生一个孩子"，不管是政

---

① 朱秋莲：《建国以来党的人口生育政策变迁研究》，博士学位论文，湖南师范大学，2013。
② 张呈琮：《人口政策与人力资源开发》，载《人口学刊》，2002(2)。

策实施的过程还是结果都是可以预测和调控的，更容易获得预期成果。而二孩生育政策在本质上有了新的变化，政策导向开始逐渐由原来的"限制"转向了"鼓励"。符合条件的家庭可以再次生育，但是到底生不生，还要看其自身的意愿。由于政策覆盖的家庭数量有限，再加上人们的生育意愿普遍不高，最终导致政策落实情况远低于预期效果，未能从根本上解决社会问题。因此，"全面二孩"生育政策便应时而生。

如今，"全面二孩"政策已经出台。为了促进"全面二孩"政策的稳步落地，必须深入了解在生育政策推行中可能遇到的困难，才能未雨绸缪，及时采取应对措施。本章通过对生育政策发展历史的回顾和梳理，从政治经济文化变迁的角度，寻求影响生育政策改革背后的深层动因，在此基础上，结合当下二孩生育政策所处的背景和时代需求，探讨我国"全面二孩"生育政策在实施中可能面临的问题与挑战，从而为二孩生育政策的稳步落地提供可行性建议。

第一节　我国生育政策的曲折发展

中华人民共和国成立初期，百废待兴，人口猛增。在国际节育之风及自身现实需求的推动下，我国于 20 世纪 70 年代起开始实行计划生育政策，通过执行计划生育政策控制了人口总量，改善了人民的生活水平，促进了人口、资源和环境的协调发展。[①] 但同时也遇到了不少问题，如传统生育思想的阻碍、人口理论研究的匮乏等。此外，政府还要兼顾所处时代社会经济发展的要求，这就使得计划生育政策的发展道路异常曲折，政府在生育政策的制定上经历了从盲目借鉴到独立自主，从严格"一孩"到逐步"二孩"的发展历程。2015 年 10 月，十八届五中全会公布全面放开二孩政策，生育政策的指针开始由原来的"限制"偏向"鼓励"，全面放开二孩政策既是一个世纪性的里程碑，也是中国生育政策的一个新的起点。

一、从盲目借鉴到独立自主

中华人民共和国成立初期，我国的人口理论研究匮乏，在人口统计上仍沿用民国时期的数据，难以支撑生育政策的制定，因此需要在一定程度上借

---

① 颜通富：《地方政府在计划生育政策执行中面临的问题与对策研究》，硕士学位论文，湘潭大学，2012。

鉴他国先进的理论与思想。苏联作为社会主义建设的典范，自然是不二之选。我国在生育政策上借鉴了苏联的人口增殖观点，将人口增长作为社会主义制度优越性的表现。于是国家开始大力支持生育，并对多子家庭给予补助，致使我国的人口数量在中华人民共和国成立初期极速增长，很快便迎来了第一次人口高峰（见图1-1）。当时的社会经济发展水平已无法满足如此庞大数量的人民的基本生存需要。政府逐渐意识到控制人口数量的必要性，开始大力宣传节育思想，激起了全国性的"节育热潮"，思想很快上去了，但技术却没有保障。为了支持妇女更好地避孕，我国政府组织了大量研究人员投入到节育避孕的技术研发工作当中。[①] 与此同时，人口理论研究也不甘落后，为生育政策的实施提供了有力的依据。1973年，经国务院批准，我国建立了人口研究室，专门开展生育研究工作。自1990年开始，中国的人口生育率稳步下降，促进了人口与社会、经济的进一步协调发展，我国逐步踏入了世界低生育水平国家的行列。但是伴随低生育率而来的还有一系列新的问题，如人口老龄化、性别比例失衡等。政府需要调整生育政策以解决这一系列社会问题，以适应时代的变化。除了国家性质的中国人口协会外，一批学者自发组织了中国生育率下降后果研究组[②]，得到了国家计划生育委员会的大力支持，对生育率下降引发的问题进行了深入研究，为国家生育政策的制定奠定了坚实的基础。早在20世纪80年代，政府在执行计划生育的同时，就针对部分地区实施了"补偿"生育政策，允许一对夫妇生两个孩子。21世纪初，一大批研究者深入调查了甘肃酒泉、山西翼城、河北承德、湖北恩施等地的人口状况。研究者调查的这几个地区正是从这些实施过二孩政策的地区中挑选出来的，具有一定的代表性。研究发现，这几个地区在比较宽松的政策环境下，既控制了人口的过快增长，又保持了稳定且正常的生育水平。多年来，这些地区的人口保持着增长趋势，但总和生育率一直保持在2以下。此外，在甘肃、山西、河北、湖北这四个大省都普遍存在较严重的出生性别比失衡的现象时，试点区域的出生人口性别比却一直保持在正常范围。[③] 这些地区在人口控制上获得的成效，无疑成为二孩政策制定的有力依据。直到现在，政府仍和各

[①] 黄娟：《新中国成立以来生育政策变迁与社会机制调整》，载《人口与经济》，2014(6)。

[②] 穆光宗、陈卫：《第二次中国生育率下降过程中的新人口问题及其对策学术讨论会综述》，载《人口研究》，1995(5)。

[③] 顾宝昌、李建新：《21世纪中国生育政策论争》，126页，北京，社会科学文献出版社，2010。

类学术机构保持着良好合作，共享数据，以便更好地开展计划生育工作。

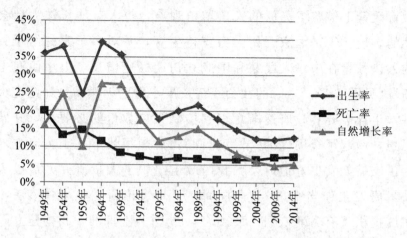

图 1-1　1949—2014 年我国人口出生率、死亡率和自然生长率

资料来源：孙沐寒《中国计划生育史稿》；2015 年《中国人口和就业统计年鉴》。

二、从严格"一孩"到逐步"二孩"

中华人民共和国成立以后，政府很快意识到控制人口数量的紧迫性与必要性，通过全国范围内的宣传活动，鼓励大家自愿节育。但我国自古就有"多子多福、母凭子贵、传承香火"等早生、多生的传统生育观。这种思想深深地影响着我国人民，同样也预示着我国的计划生育道路注定坎坷。1958 年以来，各界人士在节育观点上开启了新一轮的争论，计划生育政策未能得到进一步的发展。在这种大背景下，各地生育工作只能在夹缝中求存。随之而来的 3 年大饥荒，使我国的人口数量急剧下降。1959 年前后，我国人口出生率落入低谷，自然增长率也降到最低（如图 1-1 所示），节育工作再一次被搁置。天灾人祸造成的生育率下降不能代表我国人口发展的趋势，仅仅过了 1 年，人口数量就有了大幅度的补偿性回升，第二次人口高峰随之而来。因此，计划生育政策的实施很快又被提上日程。从 1971 年的"一个不少，两个正好，三个多了"，到提倡"一对夫妇只生育一个孩子"；从"单独二孩"政策顺利落地，到全面实施一对夫妇可生育两个孩子，我国的生育政策从产生的那一天起就始终在实践中不断调整和完善。

1971 年，国务院批转《关于做好计划生育工作的报告》，强调"要加强对计划生育工作的领导"，标志着我国计划生育工作全民推行阶段的开始。当年制订的"四五"计划，提出"一个不少，两个正好，三个多了"。

1973 年 12 月，第一次全国计划生育汇报会提出"晚、稀、少"的政策。"晚"指男 25 周岁、女 23 周岁以后结婚，女 24 周岁以后生育；"稀"指生育间隔为 3 年以上；"少"指一对夫妇生育不超过两个孩子。

1978 年 3 月，第五届全国人民代表大会第一次会议通过的《中华人民共和国宪法》第五十三条规定"国家提倡和推行计划生育"。计划生育第一次以法律形式载入我国宪法。为完成在 20 世纪末把人口总量控制在 12 亿以内的目标，1978 年中央下发《关于国务院计划生育领导小组第一次会议的报告》，明确提出"提倡一对夫妇生育子女数最好一个，最多两个"，计划生育政策至此走上了稳步发展的道路，取得了显著的成效。从图 1-1 可以看出，自计划生育实施以后，我国人口的出生率得到了有效控制。在 1971 年至 1978 年这短短八年期间，我国人口出生率由原来的 30.74％降至 18.34％。[1]

1980 年 9 月 25 日，党中央发表《关于控制我国人口增长问题致全体共产党员、共青团员的公开信》，提倡"一对夫妇只生育一个孩子"。

1982 年，《中共中央、国务院关于进一步做好计划生育工作的指示》，提出照顾农村独女户生育二胎。

1984 年，中央批转国家计生委党组《关于计划生育工作情况的汇报》，提出"对农村继续有控制地把口子开得稍大一些。按照规定的条件，经过批准，可以生二胎；坚决制止大口子，即严禁生育超计划的二胎和多胎"，即"开小口、堵大口"。

进入 21 世纪后，我国人口形势发生了重大变化。随着低生育时期的到来，劳动力持续缺乏问题、人口老龄化问题、人口结构性比例失衡问题、家庭结构问题日益显现。人们在担忧的同时都不约而同地将目光转向了我国长期以来实行的"一孩"政策，希望通过生育政策的调整来解决这些问题。

2002 年 9 月施行的《中华人民共和国人口与计划生育法》明确规定，国家稳定现行生育政策，鼓励公民晚婚晚育，提倡一对夫妻生育一个子女；符合法律、法规规定条件的，可以要求安排生育第二个子女。

2012 年末，我国大陆 15～59 岁劳动年龄人口比上年末减少 345 万人，这是改革开放以来我国劳动力人口首次下降。截至 2013 年，我国 60 岁以上老年人已经达到 2.024 3 亿人，比上年增加 853 万多人，占比接近总人口的 15％，上升了 0.6 个百分点。

---

[1]　杨群生：《关于我国计划生育政策形成和发展阶段分期问题的探讨》，载《南方人口》，1987(4)。

2013 年 11 月，党的十八届三中全会审议通过了《中共中央关于全面深化改革若干重大问题的决定》。决定提出，坚持计划生育的基本国策，启动实施一方是独生子女的夫妇可生育两个孩子的政策，逐步调整完善生育政策，促进人口长期均衡发展。同年 12 月，中共中央、国务院印发《关于调整完善生育政策的意见》，明确了生育政策调整的重要意义和总体思路。

在"单独二孩"政策实施不到两年的时间内，申请再生育的夫妇增多了107 万，2014 年的出生人口也比前年增加了近 50 万。[①] 在"单独二孩"政策的影响下，中国的生育率得到了一定回升，人口老龄化加速、出生性别比过高的现象也得到了一定的缓解，但是由于全国符合"二孩"政策的家庭仅占全部家庭总数的 5.3%[②]，因此，"单独二孩"政策实施后带来的人口生育率的回升并没有达到政府的预期水平，提升我国生育率迫在眉睫。

2015 年 10 月 29 日，党的十八届五中全会公报提出，促进人口均衡发展，坚持计划生育的基本国策，完善人口发展战略，"全面实施一对夫妇可生育两个孩子政策"，进一步积极开展应对人口老龄化行动。2015 年 12 月，第十二届全国人大常委会第十八次会议审议通过《中华人民共和国人口与计划生育法修订案（草案）》，"全面二孩"政策及其配套法规得到修订，自 2016 年 1 月 1 日起正式实施。

第二节　生育政策变革的动因探析

尽管对总和生育率水平和人口统计数据质量的学术争论重要且必要，但就目前而言，低生育率水平已经延续多年，并且日渐严峻，这一事实和趋势已无可辩驳。人口学原理告诉我们，生育率长期低于更替水平必定导向人口负增长。在经历了从高生育率到低生育率的迅速转变后，我国人口的主要矛盾不是增长过快，而是红利消失，临近超低生育率水平。显然，面对低生育水平时代的到来，无论是人口研究还是人口工作，都走到了一个十字路口，面对的是一个新的使命，必须像当年中华人民共和国成立后面对高生育水平对国家的挑战一样奋起努力。无论在哪个历史时期，人都是自然—经济—社

---

① 乔晓春：《从"单独二孩"政策的执行效果看未来生育政策的选择》，载《中国人口科学》，2015(2)。

② 乔晓春：《"单独二孩"政策的利与弊》，载《人口与社会》，2014(1)。

会复合系统的组成部分，人类的生存和发展离不开资源环境系统的支持[1]，关系到个人的生育行为也是如此。生产力水平的提高和科技的进步，无时无刻不在推动着社会、经济、文化等方面的发展，而社会、经济、文化的改变又进一步对生育变动的具体实施[2]，即生育意愿和生育行为产生着巨大的影响。生育政策制定的目的正是通过调控生育行为，使我国的生育水平保持在最优状态。因此，在探究影响我国生育政策的动因时，不仅要看人口的变动及生育率的水平，更为重要的是从直接影响人们生育意愿的多重因素出发，才能真正发掘制约生育政策实施的根本动因。本节通过生育政策变革的动因探析，试图寻找在我国国情下，影响和制约生育政策实施的因素，从而促进我国人口新政的稳步落地。

一、社会发展的影响

（一）女性社会地位的普遍提高

中华人民共和国成立后，中国摆脱了半殖民地半封建社会的束缚，女子不再是丈夫的附属品，而应与男子享有同等的地位。中华人民共和国成立初期，女性的受教育水平普遍较低，90%以上的妇女都是文盲，扫盲运动是当时妇女教育中的首要任务。[3] 这种低教育状态会在很大程度上影响妇女的思想和在家中的地位，进而影响其生育行为。当时，很多妇女对于家庭来说就是一个生育的工具。而男性劳动力则可以在劳动生产过程中获得更多的财富。这一方面巩固了男性的主导地位，另一方面也催生了"重男轻女"的生育思想。最终导致了中华人民共和国成立初期生育发展的两大特点：一是人口数量急剧增加，二是男孩远多于女孩。为此，政府出台了一系列保护妇女权益的法律法规。由于女性的教育状况是衡量女性社会地位的重要标志之一[4]，因此，妇女的解放一直都是以大力发展女性教育为基础的。后来，随着妇女思想的解放及受教育水平的逐渐提高，政府提出"生男生女都一样"的口号。有研究发现，女性受教育程度与生育率呈负相关关系，即女性受教育水平越高，越趋向于少生孩子。[5] 在女性受教育程度上，进入 21 世纪后，在生育上对女孩

---

① 杨发祥：《当代中华计划生育史研究》，博士学位论文，浙江大学，2003。
② 朱峰：《台湾生育转变的政治经济学分析》，硕士学位论文，厦门大学，2009。
③ 顾宁：《建国以来女性教育的成果、问题及对策》，载《当代中国史研究》，2005(12)。
④ 李从娜：《近 10 年来建国初期中国妇女史研究综述》，载《北京党史》，2006(2)。
⑤ 胡静：《收入、相对地位与女性的生育意愿》，载《南方人口》，2010(4)。

的歧视越来越少，甚至连农村也开始逐渐转变思想观念，家中无论男孩女孩，都可受到良好的教育。根据国家统计局 2004 年人口变动情况抽样调查，15 岁以上女性文盲率已低至 14.9％。如今，男女平权已进入了崭新的阶段，受过高等教育的女性不在少数，驰骋职场也不再只是男性的专利。女性的社会地位自此迅速提高，对于生育的选择也有了独立性和自主性，尤其是在新时代，为追求职业的发展，很多女性会选择晚婚，当面临生育选择时，高龄的忧虑会直接影响其生育意愿。

（二）社会保障体系的日趋完善

生育的结束意味着养育的开始。子女的养育必然涉及家庭经济水平、教育资源、社会压力等一系列问题。这也决定了生育行为的复杂性与非独立性，它必须要深植于整个大的社会体系的土壤之中。中华人民共和国成立后，中国的社会保障体系建设主要集中在城市，包括公费医疗、养老金的建立。而农村的社会保障只有旧合作医疗①，老人赡养仍需要依靠家中的子女。相较来说，城市比农村有更多的社会保障。这也是在计划生育政策制定初期，城市先进行试点的重要原因之一。2008 年后，"新农合"覆盖了全部农村地区，农村老人大部分的住院费、医疗费将直接由国家承担，降低了子女的养老压力。随着社会保障体制的日趋完善，高水平的社会保障体系对生育意愿的影响也变得更为复杂，社会保障机制可以通过国家层面上的调控来减缓家庭养育子女的压力，为家庭提供一定的经济支持，进而在一定程度上提升家庭的生育意愿。但与此同时，趋于完善的国家养老保障体系会在一定程度上阻碍生育行为。生育有两种经济功能：一种是在子女成年后获得供养；另一种是当父母衰老后，如果身患重疾，子女通常要极力挽救父母生命。而社会保障对生育子女的经济功能有一定的替代作用。② 因此，当父母不再面临养老的压力，其生育行为也会随之下降。而这种阻碍在多孩的生育上将表现得更为明显，一个孩子再加上社会保障体系的支持已足以养老，这会大大增加二孩生育政策实施的难度。

① 王天宇、彭晓博：《社会保障对生育意愿的影响：来自新型农村合作医疗的证据》，载《经济研究》，2015(2)。

② 姚从容、吴帆、李建民：《我国城乡居民生育意愿调查研究综述：2000—2008》，载《人口学刊》，2010(2)。

二、经济水平的制约

在中华人民共和国成立初期，国家经济处于较低的水平。为保障家庭的基本生活需求，需要有足够的青年劳动力来创造财富，供养家庭。因此，对于当时大部分家庭而言，子女数越多越好，这就必然会带来人口数量的猛增，但是国家资源难以支撑如此多的人口，必须制定政策控制人口数量。随着经济水平的提升和劳动市场的优化，现代生产方式对劳动力提出了新的要求，劳动力市场充满了竞争与压力，人们会更加倾向于降低生育水平、提高子女的质量，来适应社会发展的需要，这也使得计划生育政策的推行变得越来越顺利。此外，随着现代经济体系和社会保障制度的建立，儿童从传统的私人物品变成了（准）公共物品和社会投资品，儿童养育收益的社会公共性与儿童养育成本的家庭私人化之间的矛盾引起了诸如极低生育率等一系列不良后果，各国开始逐渐意识到从国家层面上承担儿童养育责任的必要性，并采取相应的措施。[①] 但是在我国，养育的成本仍主要由家庭承担，国家在义务教育外对儿童养育责任的承担较少。当下，房价高、社会竞争压力大等一系列问题直接影响着家庭的生活。迫于生存的压力，妇女在照顾家庭的同时，也会外出工作。妇女外出工作一方面可增加家庭的收入，使其有能力承担抚养孩子的经济成本；另一方面，夫妻双方在外工作也必然会带来精力的不足，分配在工作上的时间多了，那么能够花在子女身上的时间必然会减少。此外，养育成本的提高会在很大程度上制约家庭的生育行为，进而影响国家的生育水平。

三、新型生育文化的渗透

生育文化是建立在一定的经济、社会条件之上的，既包括生育观念文化，也包括生育科学文化。我国传统生育文化是在农耕社会中逐渐形成的。在生育观上，普遍期望"多生""早生""生男孩"，传宗接代是家中妇女的重大使命与职责。在生育科学文化上，起初人们对于生育生殖的知识仅停留在经验层面，对于避孕节育的知识更是了解甚少，未能掌握科学的避孕节育手段。我国在计划进行节育工作时，很快就意识到了广大人民生育思想及技术的落后。

----

① 马春华：《重构国家和青年家庭之间的契约：儿童养育责任的集体分担》，载《青年研究》，2015(4)。

在大力宣传节育思想的同时，还将节育避孕的科学知识制成小册子，免费发给群众。政府从国家层面上，推进了新生育文化的形成，"晚婚、晚育、少生、优生"的生育观念随着计划生育工作的开展逐渐渗透到每个人的心中。随着经济的发展和社会的进步，我国在实现工业化、现代化的过程中也加速了城镇化。城镇化的到来不仅将人口从农村移向城镇，更重要的是让在外务工农民的生育观在潜移默化中受到城市的新观念的影响。在新旧思想的碰撞中，生育文化也在不断改变。生育文化具有潜移默化、深远持久的特点，会直接影响人们的生育意愿和生育行为。若以提倡多生多育的生育文化为主导，则会促使生育率上升；反之，则会导致生育率下降。如今，生育科学技术迅速发展，人们的节育避孕方式也越来越科学。而生育观念上，当代家庭更注重孩子的发展和自身的意愿，逐渐开始脱离传统生育观的束缚，会站在更客观的角度，综合自身的经济基础与时间精力。人们的生育观开始有了新的变化，主要体现在以下三个方面：一是生育观开始具有个人主义倾向。新生育观蕴含着更多的理性与独立性，而传统的传宗接代、满足父母需求的思想开始逐渐淡化。二是生育数量上重质不重量。尤其是随着从农村走到城市的青年人越来越多，为了谋求更好的生活，在外漂泊的过程中，多数人已深深体会到"没文化"所带来的阻力。因此，在培养下一代时，他们会更期望于自己的子女可以成为"文化人"。在这种新观念的驱使下，当面临生育选择时，不再是以数量多为好。三是孩子性别偏好方面，多数家庭如今都变成了"生男生女都一样"。大多家庭不会出现为了传宗接代，若第一胎是女孩就必须再次生育，直到成功产出男婴的情况。这些生育观的转变都会直接影响人们的生育意愿，最终促使生育率的下降。

第三节　对现行生育政策的讨论及可能面临的挑战

一、对"全面二孩"政策的讨论与回应

近年来，伴随着低生育率而来的一系列问题日益严重。人们在担忧的同时都不约而同地将目光转向了我国长期以来实行的"一孩"政策，希望通过生育政策的调整来解决这些问题。在政府从宏观上探求政策调整方向的同时，人口学家们试图通过研究为国家生育政策的制定提供坚实的基础。2001 年《人口和计划生育法》出台，允许双方都是独生子女的夫妇可以生育第二个孩

子。但是由于双独家庭涉及的范围太过于狭窄，生育率没有获得明显的提升。2013 年，十八届三中全会明确提出夫妻只要有一方是独生子女，便可生育二孩，这是继"双独"之后的又一次放宽政策。"单独二孩"政策一经公布，引起了广大群众的巨大反响。"单独二孩"政策的实施也取得了一定成效，例如，在政策实施的不到两年的时间内，申请再生育的夫妇增多了 107 万，2014 年的出生人口也比前一年增加了近 50 万。[①] 在"单独二孩"政策的影响下，中国的生育率有了一定回升，人口老龄化加速、出生性别比过高的现象也得到了一定的缓解，但是由于全国符合"二孩政策"的家庭仅占全部家庭总数的 5.3%[②]，因此，"单独二孩"政策实施后带来的人口生育率的回升并没有达到政府的预期水平。2015 年 10 月，十八届五中全会顺利在京闭幕。会议公报指出将"全面实施一对夫妇可生育两个孩子政策"，全面放开二孩政策是继"单独二孩"政策之后的进一步政策调整，于 2016 年在全国范围内正式实施。接下来，本节将从学界、社会、民众多个方面来对现行生育政策做出相应的讨论与思考。

（一）学界的声音：低生育率时代下"全面二孩"政策调整的实证探寻

自 20 世纪末，多次抽样调查或者人口普查的数据都显示我国已经进入低生育水平时代。在严格实施计划生育政策三十余年后，我国人口环境与以往相比迥然不同，生育水平长期走低、老龄化加速推进、未来劳动力短缺、出生性别比长期失衡，这一系列人口问题已经成为困扰我国未来社会经济发展的潜在制约因素。出于对我国人口未来发展的担忧，近年来学术界一直就生育政策调整展开讨论。[③] 这些讨论的焦点主要集中在两个方面：一是探讨维持计划生育政策或者政策发生变动所带来的后果；二是计划生育政策是否应该调整，应该如何调整。

有不少研究者对 30 多年来实施现行计划生育政策所导致的各种人口后果及各种社会后果，特别是由人口结构变化所引发的各种社会问题进行了探讨。[④] 较长时期的、严格的一孩化计划生育政策对我国社会带来了一些负面

---

①　乔晓春：《从"单独二孩"政策的执行效果看未来生育政策的选择》，载《中国人口科学》，2015(2)。

②　乔晓春：《"单独二孩"政策的利与弊》，载《人口与社会》，2014(1)。

③　翟振武、张现苓、靳永爱：《立即全面放开二胎政策的人口学后果分析》，载《人口研究》，2014(2)。

④　风笑天：《"单独二孩"：生育政策调整的社会影响前瞻》，载《国家行政学院学报》，2014(5)。

的影响，这种负面影响集中体现在形成了诸如出生性别比失衡、人口结构加速老龄化、劳动力人口数量下降等一系列人口问题与社会问题上。首先，长期计划生育政策造成出生性别比失衡的问题。汤兆云发现，由于生育政策对生育子女数量的规定，多生和早生受到了限制。因此，在我国传统生育意愿的作用下，它强化了个体生育者的性别选择意识，其行为结果表现为出生人口性别比的失衡。[①] 贾志科等通过运用"现存统计资料分析"的方法，对近三十年来多项生育意愿调查数据与出生性别比的统计资料进行研究与分析，发现生育意愿各要素的变迁为出生性别比失衡提供了社会心理基础，生育意愿各要素变迁的不协调性与非均衡性，使得生育意愿与出生性别比之间呈现出复杂关系，最终导致了出生性别比的失衡。[②] 此外，人口老龄化问题也是研究者高度关注的话题。中国人口老龄化主要是由生育率下降引起的。人口生育率的急速下降与我国严格的生育政策紧密相关。虽然计划生育政策不是中国人口老龄化的根本原因，但却是使人口老龄化加快的主要原因。[③] 面对世纪之交的中国人口的低生育率、低惯性增长和过快的人口老龄化的新形势，有必要重新审视我们的现行生育政策并予以调整。彭秀健等研究发现，人口老龄化及年轻人口劳动参与率的下降会加速中国劳动力供给的缩减趋势。因此，放宽目前的计划生育政策将有利于通过增加劳动年龄人口的数量、减慢人口老龄化的速度来减缓劳动力供给的下降。[④]

另一些研究则是针对维持现行计划生育政策的各种负面影响，特别是针对人口结构的变化，围绕着现行政策要不要调整、如何调整等问题所进行的探讨。乔晓春、任强估计了维持现行政策及放开生育政策两种情形下的人口学后果，指出国家应该密切关注生育意愿的变化，在适当时机放开政策，使生育水平保持在 2.0 左右，以避免未来人口负增长带来的严重社会经济后果[⑤]。陈友华指出，虽然政策调整导致的生育率反弹是不可避免的，但是中国生育率富有弹性并非是长久的特征，通过政策调整干预人们生育行为的时间已经不多了，而且政策变动带来的出生堆积可以通过相应对策加以缓和，

---

① 汤兆云：《出生人口性别比失衡的社会因素分析》，载《人口学刊》，2006(1)。
② 贾志科、吕红平：《论出生性别比失衡背后的生育意愿变迁》，载《人口学刊》，2012(4)。
③ 李建新：《论生育政策与中国人口老龄化》，载《人口研究》，2000(2)。
④ 彭秀健、Dietrich Fausten：《低生育率、人口老龄化与劳动力供给》，载《中国劳动经济学》，2006(4)。
⑤ 乔晓春、任强：《中国未来生育政策的选择》，载《人口与发展》，2006(3)。

因此需要尽快对生育政策进行调整。[①] 王广州、张丽萍分析，假定 2015 年全国城乡统一放开二孩政策，出生人口堆积将增加 600 万左右，出生人口规模在 2100 万左右。[②] 曾毅指出，只放开"单独二孩"极不可取，应尽快允许普遍生育二孩，2013 年为二孩政策方案启动的最佳时间。[③] 翟振武等聚焦生育政策变动造成的人口后果，利用 2005 年全国 1‰人口抽样调查数据，推算我国独生子女规模，并以此为基础，测算 2012 年在全国范围内立即实施城乡统筹的全面二孩生育政策后，可能的育龄妇女目标人群的规模大小。研究表明，立即全面放开二孩可以明显改善我国总人口进入负增长的趋势，增加劳动力资源的未来供给，延缓人口老龄化的进程。[④]

综上所述，不同学者对政策变动带来后果的意见及人口政策调整的时机虽不一致，但是普遍认为"全面二孩"政策的放开是新人口环境下的必经之路，"全面二孩"政策能够促进人口结构相对优化，适度抑制老龄化快速增长趋势，实现人口与社会经济全面协调发展。但纵观这些研究也可发现，目前与我国计划生育政策相关的研究仍主要局限在人口学界。其关注点也基本上都只停留在社会中的"人口"要素本身，即使有些研究者开始考虑到社会方面，也是从大的人口结构上来探讨，相对忽视了与"人口"要素密切相关的社会结构、家庭结构及社会中的经济、教育、就业、社会保障等方面的问题。人口是社会的基本构成因素之一，它所带来的后果绝不仅仅是社会中人口数量的变化，而是与整个社会的经济、文化的发展紧密相连，与社会的稳定、人民的幸福紧密相关。

（二）社会的需求："全面二孩"政策是促进人口均衡发展和社会和谐的重大举措

1. 有利于优化人口结构，减缓老龄化压力，增加劳动力供给

作为世界第一人口大国，我国已逐步进入人口老龄化社会，这会给我国的经济发展带来一些不利影响，最直接的当然是劳动力供给的问题，劳动力成本上升，传统的劳动密集型产业压力骤增。这也造成很多"中国制造"产品

① 陈友华：《关于进一步完善生育政策的若干认识问题》，载《人口与发展》，2007(1)。

② 王广州、张丽萍：《到底能生多少孩子？——中国人的政策生育潜力估计》，载《社会学研究》，2012(5)。

③ 曾毅：《普遍允许二孩，民众和国家双赢》，载《社会观察》，2012(9)。

④ 翟振武、张现苓、靳永爱：《立即全面放开二胎政策的人口学后果分析》，载《人口研究》，2014(2)。

的成本上升，出口竞争力下降。正如日本在 20 世纪 90 年代末经历过的一样，伴随劳动力人口下降而来的同样是经济增长的减速。劳动人口减少虽说可以防止失业率上升，但同时也将推高劳动力成本，进而削弱制造业和出口竞争力。目前我国男女比例失衡的状况较为严重，这是由于重男轻女等传统观念所造成的。许多父母在一胎生育时都会"选择性生育"，这更会加剧性别比例失衡的情况。如果放开"二孩政策"，能够在一定程度上避免该问题的出现。我国已成为人口老龄化速度最快的国家之一，这将成为制约我国社会经济可持续发展的重大障碍。尽管"全面二孩"政策的实施对未来老年人口总量不会产生实际的影响，但新生人口数量的增加降低了老年人口的比重，减轻了人口老龄化水平，缓解了人口老龄化不断加重的趋势。据预测，实施"全面二孩"政策，2050 年可增加 3000 多万劳动力，劳动力年龄结构有所改善；到 2050 年老年人口在总人口中所占比重，与不调整政策相比降低 2 个百分点，将在一定程度上减缓人口老龄化进程。①

2. 有利于促进经济持续健康发展

实施"全面二孩"政策，短期看，将直接带动住房、教育、健康、家政及日用品等方面的消费需求，刺激扩大相关领域投资，增加就业。二孩生育政策无疑将促进我国社会消费和经济增长，首先增长的需求可能是月嫂和保姆数量，政策实施将促进婴幼儿用品等有关产业的发展，缓解劳动力供给短缺，扩大对基本公共服务的需求，带来相当可观的经济效益。② 此外，政策将延缓人口老龄化的步伐，延迟人口红利，缓解社保空账危机，带动相关产业发展及扩大内需。③ 长期看，对经济增长的正效应更为显著。虽然近期会略微推高人口抚养比，但是新增人口进入劳动年龄后，将降低人口抚养比，使经济潜在增长率提高约 0.5 个百分点。④

3. 有利于更好地满足人们的生育意愿，促进家庭的幸福与社会和谐

近些年，独生子女家庭结构不合理的负面效应集中凸显，养老、子女教

---

① 王培安：《国家卫生计生委副主任王培安就实施全面两孩政策答记者问》，http://www.nhfpc. gov. cn/zhuz/xwfb/201510/615b9a259714400f9135714d8f49857e. shtml，2015-11-10。

② 崔树义、李兰永：《全面二孩政策的社会经济效应与计划生育工作转型》，载《东岳论丛》，2016(2)。

③ 金仙玉：《全面放开"二孩"政策的经济学思考》，载《人民论坛》，2016(14)。

④ 王培安：《国家卫生计生委副主任王培安就实施全面两孩政策答记者问》，http://www.nhfpc. gov. cn/zhuz/xwfb/201510/615b9a259714400f9135714d8f49857e. shtml，2015-11-10。

育甚至独生子女本人的个性发展都已成为问题。从社会保障角度来讲，独生子女家庭本质上是风险家庭，风险性就在于唯一性。现在愈加引发社会关注的失独家庭就是该风险下的牺牲品。据相关统计，目前全国失独家庭已超百万，失独父母老无所依。按年龄别死亡率估算，在一般情况下，我国只生一孩的 45 岁、80 岁、85 岁、90 岁及以上妇女中，唯一的孩子先于父母死亡的平均概率分别为 4.0%、11.6%、15.5% 与 21.4%。① 而在地震和其他天灾人祸突发事件中，中老年夫妇独生子女死亡比例则要高得多。此外，许多心理学家和社会学家的研究证实，越来越多的独生子女在家庭中的"唯一性"和"小皇帝"地位造成其心理缺陷等弊端。②③ 与"单独""双独"政策相比，"全面二孩"政策将避免生育政策本身造成的独生子女高风险家庭。④ 实施"全面二孩"政策，一方面，能够满足绝大多数群众的生育意愿；另一方面，从长期看，"全面二孩"政策出台后，未来的家庭规模将有所扩大，家庭结构将更加合理。"全面二孩"政策将促使我国家庭结构由"4－2－1"变成为"4－2－2"的结构，使"独二代"家庭减少，即父母、子女两代人均为独生子女。家庭结构将更加完整，更为合理，不仅有利于家庭发展和功能发挥，提高家庭抵御风险的能力，更有利于为子女提供健康成长的环境，也有利于培养子女健全人格和良好性格。

(三)民众的回应：国民生育权利不容忽视

1. 民众对于二孩生育持不同态度

自媒体时代，严肃的"全面二孩"政策的放开也被赋予了诙谐的味道。网络上，各种段子应运而生，从字里行间不难看出人们对"二孩"政策持有的心态和想法。虽然社会上关于全面放开二孩的呼声始终很高，但事实上，对于要不要生育第二个孩子，很多家庭都有自己的看法。对于一孩政策来说，政府可以强制民众不能再生，不管是政策实施的过程还是结果都是可以预测和调控的，更容易获得预期成果。而二孩生育政策在本质上有了变化，政策导向开始逐渐由原来的"限制"转向"鼓励"。符合条件的家庭可以再次生育，但是到底生不生，还要看其自身的意愿。

---

① 曾毅：《尽快实施城乡"普遍允许二孩"政策既利国又惠民》，载《人口与经济》，2015(5)。
② 熊冬炎：《家庭教育中独生子女心理特点剖析》，载《辽宁师范大学学报(社会科学版)》，1989(2)。
③ 冯正一：《论当前独生子女教育的伦理困境及其对策》，硕士学位论文，山西大学，2015。
④ 曾毅：《尽快实施城乡"普遍允许二孩"政策既利国又惠民》，载《人口与经济》，2015(5)。

各派别的代表性发言大致可分为三大类：积极派、拒绝派和犹豫派。对于积极派的民众来说，想生二孩的心理复杂多样，有的人是为了让孩子有个伴，有的是将自己早年经历的感受投射到孩子身上，有的出于填补自己的空虚和失落，还有的是崇尚大家庭氛围和传统价值观，希望多子多福，也有人是纯粹喜欢养育孩子。尤其是对于第一个孩子已经长大的家庭来说，很多都对生育二孩持有积极态度，因为精力能够跟得上，此外随着年龄的增长，收入也会增加，"二孩"对他们来讲就变成了一件"顺理成章"的事。而拒绝派纷纷担心现实压力大、责任大，影响夫妻感情，没有自我。如今人们生活压力大，很多符合政策的夫妇也不愿意贸然生孩子。偶尔还会有"丁克家庭"，他们认为养孩子的成本太高或者影响了轻松惬意的二人世界。据不少"80后"准爸妈反映，现在每次产检至少花费两小时，若摊上 B 超、血检等非常规检查，耗上大半天在所难免，费用动辄三四百元，有时上千元。① 同时，"生孩难"问题凸显，多数人感到医院产子床位紧张。生孩子只是第一道坎，孩子的教育问题才是家长们最大、最难的坎。"入园难"在市民中已有强烈共识，小学、初中、高中也不例外。此外，生二孩不只是成本问题，很多育龄女性表示，部分企业规定女职工在规定的时间内不能生孩子，甚至出现女职工在怀孕、生育、哺乳产假期间被单位辞退等侵犯女职工合法权益的事件。生育孩子对女性来讲付出很大，我国现行的法律对妇女生育子女、教育子女方面的保障并不全面，正因如此，很多女性有可能因为多生一个孩子导致丧失工作机会。犹豫派则在二孩生育中持观望态度，至少自己多了一个选择的机会。但有了选择的自由后，他们权衡利弊，心理左右摇摆并不轻松，既想让孩子有个伴，又怕伤害孩子，还要面对种种现实的困难，真要下决心，着实不易。

2. 二孩政策频频遇冷的背后呼吁对国民生育权利的重视

在启动实施全国性的"单独二孩"政策之前，受国家卫生计生委的委托，中国人口与发展研究中心于 2013 年 8 月对 29 个省（区、市）63000 多名 20～44 岁已婚者进行了生育意愿调查。②③ 调查结果显示，当前城乡居民的理想子女数为 1.93，现有一孩单独家庭的平均理想子女数为 1.81，依据该调查

① 广州社情民意研究中心：《生娃不易养二孩更难》，载《中国青年报》，2015-11-02。
② 庄亚儿、姜玉、王志理等：《当前我国城乡居民的生育意愿——基于 2013 年全国生育意愿调查》，载《人口研究》，2014(3)。
③ 乔晓春：《"单独二孩"生育政策的实施会带来什么？——2013 年生育意愿调查数据中的一些发现》，载《人口与计划生育》，2014(3)。

做出推断，全国符合条件生育二胎的单独家庭有 1100 万对。[①] 截至 2015 年 9 月底，全国只有 176 万对单独夫妇申请再生育，仅占目标人群的 16％。如今，"全面二孩"政策实施已超过 1 年。但是，实施效果并不是很理想。全国妇联于 2016 年年末发布的对北京市、辽宁省等 10 省（区、市）21 个市（区）0～15 岁儿童的父母进行调查显示，逾半数一孩家庭无意生二孩，"全面二孩"政策效应远低于预期。[②]

二孩政策的实施，无疑在一定程度上起到了对民众二孩生育意愿的试探和过渡的作用。从政策效果反馈来看，民众真实的生育意愿与政策目标已然存在出入，这说明此前的政策制定，对于民众生育意愿的判断有高估之嫌。二孩政策"遇冷"不是一时现象，生育意愿变成生育行为的过程中，还会受到很多其他因素影响，包括第一个子女的意愿、妇女的职业发展、住房、就业等。从申请到生育完成，中间是一个波折过程，实际生育子女数低于申请数（包括事后申请）也是必然。长期来看，国人特别是年轻人面临的个人牵绊与社会困扰将长期影响中国的生育水平，使之维持在较低水平。[③] 在"全面二孩"的政策实施过程中，我们应尽量汲取这一教训，既要保持审慎，又要准确对接人口发展的现实，方能实现政策红利的最大化。

总之，不以人口为简单的资源进行管理，就需要真正回归对人尊重的价值导向。人人生而平等、人的生育权利应当得到保障，或许显得宏大，却同样可以投射到人们的生育意愿上。目前对于人口政策的考量，无论是激进还是保守，不少都停留在人口因素对于经济的影响之上。事实上，对国民生育权利的尊重，同样应该作为生育政策调整加以权衡的项目，它能起到正向作用，成为人口新政顺利实施的一大原动力。[④]

二、"全面二孩"政策可能面临的问题与挑战

（一）谨防"全面二孩"政策的再次遇冷

实施"全面二孩"政策，要取得预期的效果，存在着很大的挑战。现在的

---

① 马小红、顾宝昌：《单独二孩申请遇冷分析》，载《华中师范大学学报（人文社会科学版）》，2015(2)。

② 全国妇联调查报告：《超五成一孩家庭无意生二孩》，载《中国青年报》，2016-12-28。

③ 陈友华、苗国：《意料之外与情理之中：单独二孩政策为何遇冷》，载《探索与争鸣》，2015(2)。

④ 张玉：《立即全面放开二孩政策的人口学后果分析》，载《现代交际（学术版）》，2016(10)。

经济社会环境，尤其是制度环境，与"晚、稀、少"政策和一孩政策时期的环境，已经有了巨大的不同，有利于生育政策实行的"中国特色"因素已经大为削弱，生育主体的因素将发挥主要作用，"单独二孩"政策的遇冷无疑是很好的证明。同时，国际经验也表明，刺激生育率提升的政策，如果没有一系列的制度创新和社会经济政策的支持，往往收效甚微。

从短期来看，"全面二孩"政策在短期内的目标人群，即已经生育过一孩但是在原有政策下不能生育二孩的育龄妇女，是一个较为年老的群体。根据估计，该目标人群约为9 100万人，但是其中有一半在40岁及以上，而这一半人群不仅生育意愿较低，而且生物学上的生殖能力也较低。因此，看似庞大的目标人群，真正能产生二孩生育、创造短期出生高峰的人群却是有限的。在更长时期上，"全面二孩"政策的实施效应取决于更为年轻的育龄妇女。尽管调查显示的15～29岁育龄妇女要生育二孩的比例高达60％～70％，但是这些"80后""90后"因个人背景和经济社会环境的巨大变化，所面临的生养经济成本、照料子女的时间、精力和心理负担，以及自身在教育、职业等各方面发展上的压力，要比以往任何时期都更为严峻，而国家和社会在相应的配套政策或支持体系上还非常缺乏，造成人们在生育上存在的理想与现实、希望与行动之间的冲突和难以调和的矛盾。如若不从根本上解决人们在二孩生育上面临的困境和担忧，很难再有较高的生育意愿，最终会造成"全面二孩"政策的再次遇冷。

（二）二孩的到来给二孩相关配套政策或支持体系提出了挑战

1. 二孩的到来对教育的规模和质量均提出了新的挑战

"全面二孩"政策的实施，对教育的数量、规模提出新的挑战。近年来，一些地方由于受到周期性生育高峰和外来人口持续增长双重因素的影响，已经进入小学入学人数的迅速增长期，教育承载能力不足问题开始显现，保证孩子"有学上"一时间成为困扰地方政府的一件难事。如何在现有的教育资源配置基础上新建和改扩建学校，是新的教育规划布局面临的一项重要任务。[①]此外，随着中国民众生活和文化水平的提高，很多人对教育的诉求已不仅是"有学上"，而是"上好学"。"实施'全面二孩'，教育要提前预测和布局，除了要通过新建和改扩建学校来保证孩子们'有学上'，包括师资队伍建设在内的内涵建设也要同步跟上。"但是在此过程中，教育发展必须依据人口发展做好

---

① 汪明：《"全面二孩"来了，教育要提前布局》，载《云南教育（视界时政版）》，2015(12)。

布局和规划。首先，要充分考虑到人口新政的实施效果。"单独二孩"政策的放开为全面放开"二孩"做了试点。当时有人预测，每年新增人口将达到200万左右。实际结果是，2014年全年出生人口只比上一年增加47万人，与预测误差很大。这告诉我们，一方面要看到放开"二孩"之后对中小学学位供给产生的冲击和挑战，另一方面又要看到这一冲击是可控的。其次，要注意人口增长对教育的影响具有的滞后性、阶段性特征。我们面临的挑战，是要根据人口变动和增长的趋势及增量的结构，未雨绸缪，为新增孩子3年之后提供学前教育的学位，并依次准备小学、中学、高中教育的学位。"二孩时代"的到来，新增出生人口在3年后将进入学前教育阶段，因而当前学前教育面临的压力是基础教育中最紧迫、最急切的。"全面二孩"政策将从2019年开始对学前教育产生影响，学前在园幼儿规模在2021年达到最大。基于此，一方面，在教育服务资源上，政府应合理配置早期照料、学前教育和中小学教育等公共服务资源。政府在增大财政支出及大力发展公立幼儿园的同时，可积极支持企事业单位举办幼儿园，采用政府购买、公私合营、民办公助等多种PPP合作模式积极引入社会力量，在形式上不限于国家层面的公私合作，各地教育部门也可以将合作聚焦到小的项目，与私营企业建立良好的合作共赢关系，为学前儿童提供优质、充足的教育资源。另一方面，各省市也应该加强对学龄人口的预测，建立前瞻性公共服务程序。

2. 女性就业难度加大，就业性别歧视现象可能会加重

随着当代女性教育程度的提升、社会地位的提高，她们再也不是家庭的附属品，在就业的选择上，也有了更多的自主权和独立性。为了接受更多的教育或者是正处于工作的上升期，越来越多的女性会选择晚婚，尤其是在一、二线城市，30岁以后结婚的女性不在少数。"剩女"一词正是当今女性追求职业成长的另一表现。这些大龄未婚女性，不是因为自身条件不足。相反，当中大批女性都十分优秀。现行二孩生育政策实行的最直接相关者便是广大适孕女性，二孩的诞生必然会增大女性就业的难度。首先，出于两个孩子生育间隔和时间精力的考虑，很多妇女就需要将适婚年龄提前，这就会影响其职业生涯的正常发展。其次，二孩的全面放开会加剧职场的性别歧视。对企业来说，虽然聘用女性员工必将面临带薪休产假的问题，但不用女员工也会造成劳动力缺乏，这仍将是个严峻的问题。再者，如今女性的受教育程度高、工作能力强，不聘用女员工，对企业造成的损失依旧很大。生育问题一直是所有雇主头疼的一个大问题，很多女性在刚入职时，精力充沛，表现卓越。

但是一旦结婚，尤其是生育孩子后，投放在工作上的时间会越来越少。因此虽然当代男女平等思想普及，但是在职场上仍存在严重的性别歧视。试想一个孩子尚且有歧视，那如果想要生育二孩呢？新时代的女性在生育问题上会更多地从自身的情感、家庭的需求出发，这都会在很大程度上影响生育政策的制定与实施。因此，政府应探索建立女性生育补偿措施，切实保障妇女权益。首先，应采取国家、企业双重补偿方针。妇女生育的价值毋庸置疑，但是若仍采取妇女生育带来的经济损失完全由企业买单的话，最终会造成企业女工越多、经济效益越低的局面，使得广大女性今后的求职道路更加艰难。因此，国家应对聘用女性的企业进行一定的经济或政策补偿，在征收税和福利基金保障上对男女实施差异性政策，平衡用人单位的生育负担。其次，应加强社会宣传教育。从国家层面上，在社会上大力宣传妇女在人类自身生产中的特殊贡献，优化妇女的社会地位。通过加强全社会健康生育氛围的创设，有效促进生育政策的顺利实施。在宣传二孩生育政策的工作中，应该重点宣传二孩对家庭稳定及孩子健康成长中的积极推动作用。例如，可以举办专题学前教育知识讲座，通过社区或者幼儿园，向家庭进行知识普及。此外，还可以通过宣传增强女性职工的自我维权意识。在社会各方面的共同努力下，改善女性的就业困境。

3. 孕产妇和高危孕产妇增多，妇幼保健任务艰巨

如今社会竞争日趋激烈，人们的生活节奏越来越快，在这种背景下，女性生育问题也受到一定的影响。为了工作学习而导致结婚、生育推迟的女性不在少数，高龄妇女问题在"全面二孩"政策放开之前就已经形势严峻。高龄产妇是指生产时年满 35 岁的妇女，她们在孕育过程中将面临许多的问题和困境。[①] 相关研究发现，高龄产妇在妊娠时，发生高血压、心脏病、肾病、糖尿病的内科并发症机会要高于适龄产妇，且更容易产生早产、胎盘早期剥离等现象，所以高龄产妇在妊娠时比适龄产妇危险性大。[②] 而如今"全面二孩"政策已经出台，一大批受计划生育独生子女政策影响的家庭，会在新政策的鼓励下重新考虑是否生育二孩，将会导致高龄产妇的数量急剧增多，妇幼保健任务艰巨。当下如何有效降低高龄妇女生育风险已成为一大社会热点，亟

---

① 黄少丽、姚映淑、郑宋英等：《高龄孕妇妊娠结局与妊娠并发症临床分析》，载《中国妇幼健》，2007(7)。

② 章小维、郭明彩、杨慧霞：《高龄初产对妊娠结局的影响》，载《中国实用妇科与产科杂志》，2005(2)。

待解决。首先，政府应建立信息采集动态机制，加强人口变动情况调查。应迅速在各省市建立国家人口和健康信息数据库，实现人口计生部门、教育部门、医疗机构资源共享，及时更新生育二孩的人口与健康的最新情况，确保政策平稳落地。其次，要增加综合医院妇产科资源。不仅要保障幼儿的健康，还要关注妇女生育的安全，不仅要加速建设孕产妇急救中心，更要切实做好高龄孕妇产前诊断工作。最后，要通过多种形式进行科普宣传，让广大群众了解什么是最佳生育年龄、高龄妊娠可能面临哪些风险、高龄孕妇应该怎样保持良好的心态、高龄妇女妊娠后为什么要做产前诊断等。产科医生也应尽其所能，关注高龄孕妇的心理状态，增加交流，帮助高龄产妇正确认识高龄妊娠，以解除她们的顾虑，增加其安全感。

总之，当前生育政策的导向已开始逐渐转向"鼓励"，政策实施的形式也应有所改变。生育政策不能仅仅重视管理，更应逐渐走向服务。无论怎样，我们都应了解生育所带来的社会问题，了解家庭在生育问题上的真实需求，最大限度地帮助其缩短意愿与行为之间的差异。好的政策不仅需要人们的认可，更需要有可行性、普及性，要能在实际实施中看到成效。只有以服务人民为准则，以保障体制为依托，才能最大限度地发挥这一新的生育政策的作用，取得最理想的效果。

第二章

二孩时代生还是不生：不同人群的生育意愿及其影响因素探析

第一节 研究设计

一、研究缘起

21世纪初，随着低生育时期的到来，人口老龄化、性别比例失衡、家庭结构趋于核心等一系列问题日益严重。我国从民族长远发展的战略高度对生育政策进行了调整，做出了促进人口长期均衡发展的重大举措，"双独二孩"生育政策及"单独二孩"生育政策相继出台，使得中国的生育率得到了一定回升，但是总体效果甚微。在"双独二孩"政策背景下，即使考虑到双独家庭基数较小这一因素，二孩生育的数据仍与预期存在很大的差距。在"单独二孩"政策出台后，截至2015年5月底，全国符合"单独二孩"政策条件的1100万对夫妇中，仅有145万夫妇申请再生育。① 该数量远远低于预测数据，"单独二孩"政策在全国各地普遍"遇冷"。② "全面二孩"人口政策实施已超过1年。但是，实施效果也不是很理想，"全面二孩"政策效应也远低于预期。③

生育意愿是指人们对待生育行为的态度和看法，它从某种程度上决定着

---

① 国家卫计委：《积极推进"全面二孩"政策　社会抚养费存问题》，载《光明日报》，2015-07-11。

② 马小红、顾宝昌：《单独二孩申请遇冷分析》，载《华中师范大学学报（人文社会科学版）》，2015(2)。

③ 全国妇联调查报告：《超五成一孩家庭无意生二孩》，载《中国青年报》，2016-12-28。

一个国家和地区的生育水平和人口发展状况。[①] 在生育行为及人口变动的预测中，由于人口生育水平由个人生育行为聚集而成，[②] 人口学家通常使用"意愿—行为"模式，通过了解个人的生育意愿，预测个人的生育行为及生育水平。[③] 来自多个发展中国家的实证研究发现，在人口转变过程中的生育率下降时期，生育意愿与时期生育水平（总和生育率）高度相关。[④] 此外，以马斯洛需求理论作为关键逻辑节点的第二次人口转变理论也认为人们的生育行为在相当大程度上受到个体理性决策主导。[⑤] 当前，我国正处于低生育水平时期及"以人为本"、强调"可持续发展"的时代之中，生育意愿对我国未来生育水平变动将具有更为重要的预测作用。

在政策执行过程中，目标群体的政策遵从会直接影响公共政策的执行效能。[⑥] 而对于二孩政策遇冷深层次原因的分析，也必然绕不开目标群体。自生育政策由"独孩"转向"二孩"以来，各类型家庭的生育意愿一直都是人口生育发展中的热点话题。例如在"双独二孩"政策背景下，有研究者对城市第一代"双独夫妇"的二胎生育意愿进行了详细的论述。[⑦][⑧][⑨] 在"单独二孩"政策背景下，也有不少关于"单独二孩"政策家庭的生育意愿和行为的研究。[⑩][⑪] 除此之外，马小红等人探究了在"一孩政策"和"双独政策"的双重作用下，独生子女尤其是"双独"家庭的生育意愿及其影响因素。[⑫] 虽然在政策推行的各个时

---

① 仲长远：《当代城市青年生育意愿初探——对北京市石景山区模式口社区两代人生育意愿的对比调查》，载《青年研究》，2001(7)。

② 顾宝昌：《生育意愿、生育行为和生育水平》，载《人口研究》，2011(2)。

③ 侯佳伟、黄四林、辛自强等：《中国人口生育意愿变迁：1980—2011》，载《中国社会科学》，2014(4)。

④ 郑真真：《生育意愿的测量与应用》，载《中国人口科学》，2014(6)。

⑤ 吴帆、林川：《欧洲第二次人口转变理论及其对中国的启示》，载《南开学报(哲学社会科学版)》，2013(6)。

⑥ 刘宇轩：《浅论公共政策执行过程中目标群体的政策遵从》，载《扬州职业大学学报》，2015，19(3)。

⑦ 刘宇轩：《浅论公共政策执行过程中目标群体的政策遵从》，载《扬州职业大学学报》，2015(3)。

⑧ 王广州：《独生子女死亡总量及变化趋势研究》，载《中国人口科学》，2013(1)。

⑨ 包蕾萍、陈建强：《中国"独生父母"婚育模式初探：以上海为例》，载《人口研究》，2005(4)。

⑩ 仲长远：《当代城市青年生育意愿初探——对北京市石景山区模式口社区两代人生育意愿的对比调查》，载《青年研究》，2001(7)。

⑪ 郑真真：《生育意愿的测量与应用》，载《中国人口科学》，2014(6)。

⑫ 吴帆、林川：《欧洲第二次人口转变理论及其对中国的启示》，载《南开学报(哲学社会科学版)》，2013(6)。

期，都有关于生育意愿的研究，但是大多是基于当时的生育政策背景。在"全面二孩"政策背景下，不同人群的二孩生育意愿如何？又有哪些因素会影响各类群体的二孩生育意愿？基于此，本章通过调查旨在了解总体人群和不同类型人群（独生家庭、双非家庭、高学历女青年）的生育意愿及其影响因素，为新政策的有效实施及配套政策的制定提供参考依据。

二、研究对象及方法

（一）二孩生育意愿的测量指标及样本的确定

在人口学研究中，生育意愿作为衡量人口转变很重要的一个变量，同时也是预测人口变动的主要依据。[①] 因此，制定新的生育政策之前，都会进行相应的人口变动预测，而生育意愿在其中发挥着关键性的作用。但是，在以往生育意愿的调查中，根据生育意愿调查结果所做出的生育预测与政策实施后实际申请生育结果之间却存在着明显的差距。如："单独二孩"政策实施前的全国摸底调查和数据演算预测结果都显示生育意愿颇高，但是在实际实施中却遇冷。一方面，生育意愿作为预测变量并不直接等同于生育行为。人口学家邦加茨（Bongaarts）指出，从人们的生育意愿到实现生育行为结果这一过程会受到一系列因素的影响。[②] 另一方面，我们也应反思预测生育行为的生育意愿测量结果的准确性。

在生育意愿测量的具体指标上，以往生育意愿调查所使用的指标多样，但是缺乏统一性和系统性。[③] 在众多测量指标中，理想子女数和理想子女性别是最常用的指标，尤其是理想子女数几乎成为所有生育意愿调查中都包含的指标。侯佳伟等对近30年发表在中国知网的关于生育意愿的227项调查进行分析后发现，测量指标中使用最多的是理想一词，理想子女数、期望（意愿子女数）子女性别累计占高达85.9%。[④] 虽然理想子女数和理想子女性别这两个指标稳定持久，但是实时性较差，滞后于生育率变化，只适用于回顾性研究。而生育意向和生育计划更有可能转化为生育行为，更能真实地反映短期

① 江丽娜：《生育意愿与生育行为的差异分析》，硕士学位论文，华中科技大学，2011。

② Bongaarts, J., "Fertility and reproductive preferences in post-transitional societies," *Population & Development Review*, 1998(27), pp. 260-281.

③ 周福林：《生育意愿及其度量指标研究》，载《统计教育》，2005(10)。

④ 侯佳伟、黄四林、辛自强等：《中国人口生育意愿变迁：1980—2011》，载《中国社会科学》，2014(4)。

内的人口变化。Miller 等曾总结了从生育动机、生育观念到包括生育数量和生育时间的生育意向，从意向到明确的具体计划，再到落实生育计划的多环节路径，环环相扣，前后关联。[①] 基于此，本研究认为，在生育意愿指标的选取上，不仅应包含常用的理想子女数和理想子女性别，更应将更贴近生育行为的生育意向和生育计划纳入调查指标，以此提高生育意愿测量及对短期生育行为预测的准确性和可靠性。

从生育意愿测量的对象来看，以往生育意愿研究对象主要有三类：普通城乡居民、育龄人口及各类青年（包括已婚、未婚、各年龄阶段等）。[②] 生育意愿调查不仅要了解各类群体在生育上的看法，更重要的是要考虑到其研究价值和政策意义。因此，生育意愿调查的群体首先应是"具有生育能力及生育行为的人，即育龄夫妇"，只有这些人群的生育意愿才有可能转为真实的生育行为。在不同政策背景下，生育意愿调查的对象也应该相应有所调整。在"双独二孩"政策背景下，有研究者对"双独夫妇"的二孩生育意愿进行了探讨。[③][④] 在"单独二孩"政策背景下，也有不少关于"单独二孩"政策家庭生育意愿的研究。[⑤][⑥][⑦] 在"全面二孩"人口新政背景下调查已婚且已育一孩家庭的生育意愿具有较强的现实意义。一是这些群体作为已育一孩的父母，是二孩生育政策更为直接的利益相关者，虽然政策涵盖了各类群体，但首先与二孩生育行为最直接相关的是已育一孩的育龄人群。二是通过对家庭生育意愿进行深入的研究可以更好地解释前期二孩政策遇冷现象，双独、单独二孩生育政策遇冷是家庭生育意愿低的真实反映，这种现象的出现并非偶然的，需要对其生育意愿及影响因素进行深入探讨，同时也可为人口新政下配套设施的完善提供实证依据。在"全面二孩"政策背景下，本研究将 20～49 周岁已婚且已育一孩的家庭作为主要的研究群体，将逐步接近生育行为的理想子女数及性别、生

---

① Miller, W. B. & Pasta, D. J., "Behavioral intentions: which ones predict fertility behavior in married couples?" *Journal of Applied Social Psychology*, 1995(6), pp. 530-555.

② 风笑天、沈晖：《应该调查谁？生育意愿调查的对象选择及其影响》，载《人文杂志》，2016(9)。

③ 风笑天：《生育二胎："双独夫妇"的意愿及相关因素分析》，载《社会科学》，2010(5)。

④ 刘红霞：《城市"双独"家庭的生育意愿研究》，硕士学位论文，山东大学，2009。

⑤ 石智雷：《符合"单独二孩"政策家庭的生育意愿与生育行为》，载《人口研究》，2014(5)。

⑥ 贾志科、风笑天：《城市"单独夫妇"的二胎生育意愿——基于南京、保定五类行业 558 名青年的调查分析》，载《中国青年政治学院学报》，2015(4)。

⑦ 张勇、尹秀芳、徐玮：《符合"单独二孩"政策城镇居民的生育意愿调查》，载《中南财经政法大学学报》，2014(5)。

育意向、计划生育时间作为衡量家庭生育意愿的主要指标，试图深入了解和揭示各类家庭的二孩生育意愿及其影响因素，为短期内人口变动预测提供可靠的实证参考依据。

（二）研究方法及数据来源

本研究主要采用问卷调查法，调查北京市四个功能区六个区县中20～49周岁已婚且已育一孩的家庭的生育意愿。在样本数据的获取上，采用分层随机抽样的方式对北京市首都功能核心区、城市功能拓展区、城市发展新区、生态涵养发展区这四个功能区按照万分之五的人口比例进行抽样，并发放问卷，共获得4510份问卷数据。调查问卷的具体内容主要包括两个部分：第一部分是个人和家庭的基本情况；第二部分是家庭生育情况和二孩生育意愿。其中，个人和家庭的基本情况包括居住地、学历、母亲的年龄和职业、家庭月平均收入等；家庭生育情况和二孩生育意愿包括现有孩子的性别、理想子女数、生育计划、生育意向、理想子女性别、想生及不想生的原因等。

第二节　总体人群的二孩生育意愿及其影响因素

本节对"全面二孩"人口政策背景下总体人群的二孩生育意愿进行了深入调查，在调查4510位总体人群二孩生育意愿的基础上，重点探讨了影响其二孩生育意愿的主要因素。总体人群的二孩生育意愿可为"全面二孩"政策背景下人口变动的预估和判断提供科学的依据。与此同时，通过深入探究总体人群二孩生育意愿的影响因素，我们可了解政策受益家庭在二孩生育意愿上面临的真实困境与需求，最终为"全面二孩"政策相应配套措施的及时跟进提供依据。

一、总体人群的二孩生育意愿

（一）理想子女数和性别

根据表2-1中的总体人群的数据可以看出，有90.6%家庭的理想子女数为两个，想生二孩家庭在二孩性别的期待上，更倾向于生女孩。经横向比较可知，这种倾向在很大程度上受一孩性别的影响。卡方检验表明，一孩性别的不同会造成二孩理想性别的差异（P<0.001）。若第一胎生的是男孩，那么当家庭决定再次生育时，会更倾向于要一个女孩，反之亦然（具体见表2-2）。可见，传统"儿女双全"的思想仍对家庭有一定的影响，且女孩偏好正逐步增强。

（二）生育意向

研究通过问"是否打算生二孩"来了解家庭的生育意向。总体来说，在是否生二孩的问题上，已明确打算要二孩的家庭相对较少，整体生育意愿较低。但是从表2-1中数据可以看出，在无明确生育意向的家庭中，"没想好"的家庭占据1/2，该类家庭对于二孩生育处于不确定状态。可见，总体人群的生育意向虽然较低，但更多表现的是一种犹疑和观望的态度，在生育意向上仍具有一定的上升空间。

表 2-1　总体人群的二孩生育意愿及期待

项目			百分比	χ^2	P
是否打算生二孩		生	32.4%	17.296	0.000
		不生	33.3%		
		没想好	34.3%		
生二孩原因		抓住政策机会	2.0%	12.260	0.092
		给孩子找伴	51.7%		
		父母希望	4.5%		
		传宗接代	1.1%		
		养儿防老	3.3%		
		希望儿女双全	17.6%		
		喜欢孩子	14.1%		
		其他	5.6%		
想生二孩家庭的理想孩子数		两个	90.6%	16.946	0.002
		三个	9.1%		
		三个以上	0.3%		
想生二孩家庭理想二孩性别	女	一孩为女孩	16.3%	1.941	0.178
		一孩为男孩	83.7%		
	男	一孩为女孩	91.4%	0.030	0.871
		一孩为男孩	8.6%		
	无所谓	一孩为女孩	73.1%	0.025	0.875
		一孩为男孩	26.9%		

表 2-2　现有孩子性别与二孩理想性别的交叉列联表分析

		理想二孩性别			合计	χ^2	P
		女	男	无所谓			
一孩性别	女	16.2%	91.4%	73.1%	54.0%	592.590	0.000
	男	83.8%	8.6%	26.9%	46.0%		
合计		100.0%	100.0%	100.0%	100.0%		

（三）生育计划

由图 2-1 可知，在生育计划上，无明确生育二孩计划的占比较高，占总体比例的 71%，而计划 3 年内生二孩的家庭有 24.0%。总体来说，大多数已育一孩的人群无明确的生育计划，生育二孩的紧迫性不强。但是，进一步分析发现，在无明确计划的人群中有近一半的家庭处于没想好的状态，这些人群可被视为生育潜在家庭，对于二孩的生育只是犹豫迟疑，但是仍有一定的期望。这也反映出了人们面对二孩生育时"想生却又不敢生"的矛盾心理。

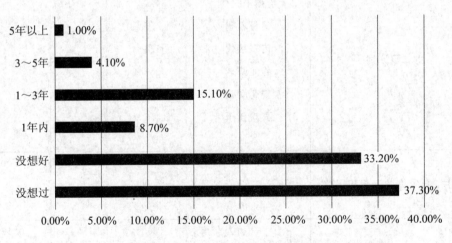

图 2-1　总体人群计划生二孩的时间

二、总体人群二孩生育意愿的影响因素

（一）想生二孩的原因

从总体来看，在想生二孩的所有原因中，有多达 51.7% 的家庭选择为了给孩子找个伴，紧接着较为重要的原因是希望能够儿女双全或是出于对孩子的喜欢（具体如表 2-1 所示）。大多家庭在选择生育时，会优先考虑到孩子的成长需求或自身意愿。但是，只有少部分家庭将传统的生育观念，如传宗接代、养儿防老及生育政策作为生育二孩时的主要考虑因素。可见，当代家庭

在生育的选择上有了更多独立性和自主性，孩子的成长需求或自身意愿成为生育二孩的主要原因。他们一方面不会特别受制于长辈的意见或者传统的观念，另一方面受到政策的影响程度也较小。这在很大程度上是由于当下人们的生育观开始由传统向现代生育观转型，传统生育观中多子多福的生育观念有了逐渐消退的迹象。

（二）不想生二孩的困境与担忧

上述数据已表明，有近 2/3 的家庭没有明确生二孩的意向，那么对于这些家庭来说，在"全面二孩"生育政策的大力支持下，为何不愿生育二孩？或者说这些家庭在生育二孩问题上到底面临着哪些困境与担忧？基于上述问题，本研究试图采用二元 Logistic 回归模型，采用向前：LR 逐步筛选策略，在了解总体家庭二孩家庭的影响因素的基础上，对两类家庭不愿生二孩的主要影响因素进行详细比较。

二元 Logistic 回归分析后可以看出，总体人群在不愿生育二孩上主要受个体和家庭因素、生育成本及生育观念的综合影响（具体见表 2-3）。

1. 母亲年龄因素

二元 Logistic 回归分析发现，母亲的年龄是影响总体人群生育意愿的重要因素。总体来看，高龄母亲（35 岁以上）相较于低龄母亲来说面临二孩生育问题会表现出更多的徘徊与犹豫。虽然现在的医学比较先进，各方面保障机制也较为健全，但是高龄生育仍会存在一定的风险，这种风险即使是小概率事件，对于任何家庭来说也是无法承受的。如图 2-2 所示，在对各个年龄段母亲生育意愿的进一步分析中发现，不愿生二孩的家庭虽然在母亲年龄为 35 岁之前急剧上升，在 30～34 岁达到顶峰，但是随后有逐渐下降的趋势。这在很大程度上可能是因为 30～39 岁的父母，正处于青壮年，属于上有老下有小的夹层状态，生活压力比较大。事业也处于上升期，一是工作忙，空闲时间少；二是生二孩会影响事业发展。而 40～49 岁的父母，随着年龄的增长，经济实力变强，事业逐渐稳定，工作压力有所减小，空余时间逐渐增加，对二孩的生育又有了新的期待。虽然在这个时期也会有高龄生育的风险，但是家庭在生育抉择上会综合考虑各种因素，最终做出更加明确的判断。

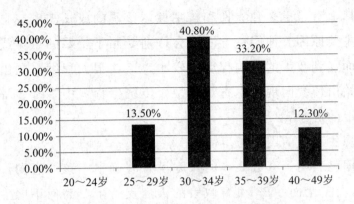

图 2-2　不愿生二孩的家庭母亲年龄分布

2. 经济压力因素

由表 2-3 可以看出，经济成本高是造成总体人群不愿生二孩的最主要因素。生育的结束意味着养育的开始，高昂的教育及生活费用使得很多家庭在面临二孩生育抉择时望而却步。尤其在教育问题上，当家庭中有两个孩子时，若新出生的子女教育难以保障，第一个子女的教育也会受到影响。当下，人们对综合素质的要求大大提升，对生活品质的追求也越来越高，对孩子的养育更是从原来的重"量"变为重"质"。在生育二孩之前，大多父母都会先考虑自己是否能够为孩子创造良好的条件，如果自己的经济收入没有达到一定的水平，即使他们有一定的生育愿望也很难转化为真正的生育行为。虽然独生家庭没有直接表现出经济压力，但是家庭月收入也是生育经济成本的另一种表现。从收入水平来看，家庭的二孩生育意愿出现了两极化现象，即低收入和高收入家庭都更倾向于生二孩。可见，经济压力因素是总体人群在二孩生育问题上都会考虑的重要因素。

3. 时间精力因素

经济和精力是大多家庭生育前最为担忧的问题。孩子出生了，首先得有能力养，其次还要有时间养。因此，精力有限会成为一个家庭再次生育的阻碍。生育不仅仅是家中多添一口人那么简单，生育之后便是养育的开始。多了一个孩子，意味着要花费更多的时间和精力。家长在生育前考虑这些原因，表现出当代家长对孩子负责的一个态度。现在大多数家庭都是夫妻双方同时在外工作，照顾一个孩子都会略显吃力，何况是两个，这的确需要父母有足够的时间和精力。

4. 生育观念因素

当今的家庭在生育观念上已发生了新的转变，在面临二孩生育上会从两个孩子生活和教育质量等更为长远的角度出发，少生优生的生育观念已深深渗透到当今家庭的生育文化之中。

5. 一孩性别因素

如表 2-3 所示，一孩性别会显著影响二孩的生育意愿。现有一孩性别对家庭的影响主要表现为一孩为男孩家庭打算生育二孩的可能性低于一孩为女孩的家庭。具体来看，现有孩子若为男孩，则更多表现出不愿意生二孩的意向。这一结果提示我们，尽管在二孩的性别期望上没有直接表现出性别偏好，在对待孩子性别上看似更加平等，但是"希望有个儿子"仍是大多第一孩为女孩家庭决定生育二孩的重要原因之一。

表 2-3　总体人群不愿生二孩影响因素的二元 Logistic 分析

变量	B	S.E.	Wald	df	Sig.	Exp(B)
一孩为男孩	0.306	0.073	17.595	1	0.000	1.358
母亲高龄	0.555	0.079	49.946	1	0.000	1.742
高学历	−0.177	0.083	4.572	1	0.033	0.838
非独生家庭	−0.221	0.075	8.653	1	0.003	0.802
低收入和高收入	−0.226	0.074	9.189	1	0.002	0.798
经济压力大	0.196	0.075	6.811	1	0.009	1.216
时间精力不够	0.760	0.079	92.037	1	0.000	2.137
无人照料	0.262	0.079	11.066	1	0.001	1.300
一个就够了	0.772	0.174	19.712	1	0.000	2.164
常数项	−0.427	0.112	14.656	1	0.000	0.652
Cox & Snell R Square	0.209		预测正确率		67.9%	

第三节　独生父母家庭的二孩生育意愿及其影响因素

独生子女作为我国长期计划生育政策下的独特产物，已逐渐发展为一个庞大的社会群体。早在 2010 年，全国独生子女的总量就已达到了 1.45 亿。[①] 随着大规模的独生子女群体进入婚育高峰期，"独生子女养育子女"的新家庭即独生父母家庭已数以万计。有研究表明，独生子女本身面临着更高的死亡、

① 王广州：《独生子女死亡总量及变化趋势研究》，载《中国人口科学》，2013(1)。

病残、教育风险及本身的养老问题。①②③ 在其成为父母后，还要面临着赡养父母和养育下一代的巨大压力及更多的风险。我国在二孩生育政策的推行上主要是依据家庭的独生属性逐步调整的，首先为独生父母打开了二孩生育之门，体现了生育政策的人文关怀。二孩政策的逐步放开，从微观上有助于促进独生父母家庭人口结构的合理化，降低其失独风险，进而提高独生父母家庭抵御风险的能力；从宏观角度上对于优化人口生育水平及人口结构，解决人口老龄化带来的社会问题也有着重大且积极的意义。

在新的时代背景下，研究独生父母群体的二孩生育有着特殊的意义。一是独生父母作为已育一孩的父母，是二孩生育更为直接的利益相关者。虽然在政策层面上独生父母家庭享有生育二孩的权利，但是实际生育行为的主动权却牢牢掌握在独生父母家庭自己手中。二是对独生父母生育意愿进行深入的研究可以更好地解释前期二孩政策遇冷现象，为人口新政下配套设施的完善提供实证依据。双独、单独二孩生育政策遇冷是独生父母生育意愿低的真实反映，这种现象的出现并非偶然的，我们需要对独生父母家庭的生育意愿及影响因素进行深入探讨。

基于此，本节在调查 2331 名独生父母家庭二孩生育意愿的基础上，重点探讨影响独生父母家庭二孩生育意愿的主要因素，试图寻找出应对宏观人口发展难题的微观解决举措，有效促进"全面二孩"政策的稳步落地。

一、独生父母家庭二孩的生育意愿

(一)理想子女数及性别

在"理想的孩子数为几个"这个问题上，图 2-3 显示的数据结果是，独生父母家庭理想孩子数为两个的比例最高，占比高达 67.07%，超过总体比例的 2/3。虽然是理想化的子女个数，但可以在一定程度上反映出在理想层面上大多独生父母家庭是期盼能有两个孩子的，具有较高的二孩生育意愿。

在二孩的理想性别上，表 2-4 数据显示，一孩为男孩(50.5%)和一孩为女孩(49.5%)的比例相当。经横向比较可知，在理想二孩性别上，近一半(43.7%)独生父母家庭的二孩理想性别明确为女孩，仅有 14.6% 的独生父母家庭的理想二孩性别明确为男孩，还有 41.7% 的独生父母家庭认为男、女孩

---

①　陈友华：《独生子女政策风险研究》，载《人口与发展》，2010(4)。

②　穆光宗：《"独生子女"风险论》，载《绿叶》，2009(8)。

③　刘岚：《独生子女伤残死亡家庭扶助与社会保障》，载《人口与发展》，2008(6)。

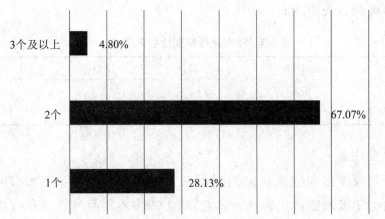

图 2-3　独生父母家庭的理想子女数

都好。在有明确的二孩性别偏好的独生父母家庭中，在一孩为男孩的情况下，理想二孩为男孩的家庭数量仅占总体比例的 1.2％，远远低于理想二孩性别为女孩的比例。可见，这些独生父母家庭在二孩理想性别上有着较为明显的女孩偏好。经纵向比较可发现，独生父母家庭在二孩性别上的偏好也会在一定程度上受一孩性别的影响（P＜0.01）。若一孩为女孩，则二孩会倾向于要男孩，反之亦然。综上可见，独生父母家庭在二孩理想性别上表现出跟总体人群相同的趋势，传统"儿女双全"的思想仍对独生父母家庭有一定的影响，且女孩偏好正逐步增强。

表 2-4　一孩性别与理想二孩性别的交叉表分析

变量		一孩为女孩	一孩为男孩	合计	df	χ²	P
理想二孩性别	女	7.4％	36.3％	43.7％	2	820.838	0.000
	男	13.4％	1.2％	14.6％			
	无所谓	28.7％	13.0％	41.7％			
合计		49.5％	50.5％	100％			

（二）生育意向

在与生育行为关系更为密切的生育意向上，独生父母家庭是否真的会生育两个子女？调查发现，当问及"是否打算生二孩"时，大多独生父母家庭的生育意向并不高。如表 2-5 所示，明确表示要生二孩的独生父母家庭仅占 29.3％，而不生或没想好的独生父母家庭共有 1651 个，占总体的 70.7％。值得注意的是，在无明确意向想生二孩的独生父母家庭中，有一半以上是处于

"没想好"的犹疑、观望状态。

表 2-5　独生父母家庭的生育意向

	生二孩	不生二孩	没想好	合计
N	683	776	875	2334
百分比	29.3%	33.2%	37.5%	100.0%

（三）生育计划

生育计划表现出和生育意向相同的趋势。由图 2-4 可知，无明确生育二孩计划的独生父母家庭占比较高，占总体的 69.5%，而计划 3 年内生二孩的家庭仅有 27.9%。总体来说，大多数已育一孩的独生父母家庭无明确的生育计划，生育二孩的紧迫性不强。但是，进一步分析发现，在无明确计划的独生父母家庭中有近一半的家庭是处于没想好的状态，这些独生父母家庭可被视为生育潜在家庭，对于二孩的生育只是犹豫迟疑但是仍有一定的期望。这也反映出了独生父母家庭面对二孩生育时"想生却又不敢生"的矛盾心理。

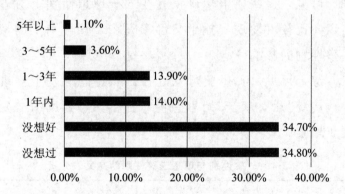

图 2-4　独生父母家庭计划生二孩的时间

二、独生父母家庭二孩生育意愿的影响因素

综上所述，独生父母家庭在理想子女数和性别上期待"儿女双全"，但是在生育意向和生育计划上表现出生育意向低、生育计划不明确的倾向。对独生父母家庭二孩现实层面（生育意向和生育计划）上呈现低生育意愿的背后原因进行探讨，有助于我们更清晰地了解独生父母家庭在二孩生育上面临的真实需求及困境，有效提高独生父母家庭生育行为。

基于此，本研究将生育意向及生育计划作为因变量，将地区因素（城乡、户口）、个体和家庭因素（母亲年龄、孩子照看者、母亲健康状况、母亲职业、受教育程度、家庭月收入、家庭独生属性）、生育成本因素（经济成本、时间精力、二孩照料、教育资源）及生育观念因素（养儿防老、给孩子找个伴、父母希望、传宗接代等）作为自变量。在因变量处理上，将两个因变量都转化为了二分变量，生育意向主要是探讨生或者不生，生育计划分为"3年内"和"3年外"。

数据预处理完成后，对两个因变量分别进行二项 Logistic 回归分析，采用向前：LR 逐步筛选策略，除了地区因素外，其他三个层面都有部分因素进入到方程之中。其中，对生育意向有显著影响的有 9 个变量，对生育计划有显著影响的有 11 个变量。具体结果见表 2-6 和表 2-7。

表 2-6　独生父母家庭生育意向的二项 Logistic 回归分析

自变量	B	S. E.	Wald	df	Sig.	Exp(B)
母亲高龄	−0.433	0.114	14.395	1	0.000	0.649
时间精力不够	−0.797	0.107	55.365	1	0.000	0.451
无人照料	−0.435	0.110	15.667	1	0.000	0.647
入园（校）压力	−0.391	0.124	9.986	1	0.002	0.676
给孩子找个伴	1.007	0.136	54.536	1	0.000	2.737
父母希望	0.550	0.192	8.210	1	0.004	1.733
希望儿女双全	0.488	0.114	18.341	1	0.000	1.629
喜欢孩子	1.014	0.118	73.795	1	0.000	2.756
一个就够了	−1.650	0.195	71.908	1	0.000	0.192
常数项	−1.066	0.142	56.374	1	0.000	0.344
Cox & Snell R Square	0.139		预测正确率		70.8%	

表 2-7　独生父母家庭生育计划的二项 Logistic 回归分析

变量	B	S. E.	Wald	df	Sig.	Exp(B)
母亲高龄	−0.293	0.117	6.330	1	0.012	0.746
母亲高学历	0.571	0.128	19.923	1	0.000	1.770
低收入和高收入	0.269	0.114	5.572	1	0.018	1.308
经济成本高	−0.314	0.106	8.671	1	0.003	0.731
时间精力不够	−0.467	0.112	17.291	1	0.000	0.627
无人照料	−0.502	0.113	19.831	1	0.000	0.605
给孩子找个伴	1.201	0.151	63.527	1	0.000	3.322
父母希望	0.689	0.195	12.451	1	0.000	1.992

续表

变量	B	S. E.	Wald	df	Sig.	Exp(B)
希望儿女双全	0.565	0.116	23.562	1	0.000	1.760
喜欢孩子	0.770	0.120	41.452	1	0.000	2.160
一个就够了	−1.516	0.204	55.146	1	0.000	0.220
常数项	−2.145	0.186	132.460	1	0.000	0.117
Cox & Snell R Square		0.121		预测正确率		74.2%

（一）生育观念是影响独生父母生育意向及生育计划的最主要因素

从表2-6和表2-7中可以看出，生育观念是影响独生父母生育意向及生育计划的最主要因素。其中，最能激发独生父母家庭二孩生育意愿的是"给孩子找个伴"。曾经的独生子女现已成为父母，由于他们在童年时期深切感受过作为独生子女的孤独，在为人父母后，迫切希望自己的孩子能够有人陪伴。此外，父母的意愿也会在一定程度上影响独生父母家庭的生育意向及生育计划，但其影响力远低于"给孩子找个伴"。而传统的生育观念如"养儿防老""传宗接代"对独生父母生育意向和计划的影响变得微乎其微，都未能成功进入到回归方程当中。可见，当今独生父母面临二孩生育更多的是基于孩子的需求和自身的意愿，生育观有了较强的主观色彩。此外，当今独生父母家庭在面临二孩生育上还会从两个孩子未来生活和教育质量等更为长远的角度出发思考是否养育二孩。如表2-6所示，入园（校）压力成为阻碍独生父母家庭生育意愿的重要因素。总体而言，当今独生父母家庭的生育观逐渐开始向现代生育观转型，"少生优生"的生育观念已深深渗透到这些独生父母家庭之中。

（二）母亲的年龄、受教育程度对独生父母家庭生育意向及生育计划有着不同程度的影响

除了生育观念外，母亲自身因素也是独生父母家庭生育意愿的重要影响因素。母亲作为家庭中孩子的主要养育者，从孕育一个生命开始就投入了大量的时间精力，特别是已育一孩的母亲在决定是否生育二孩上会有更多的考量。在母亲因素中，母亲年龄和母亲受教育程度是影响独生父母家庭生育意愿的主要因素。其中，母亲年龄对于独生父母家庭的生育意向和生育计划都有一定的影响。随着年龄的增长，独生父母家庭的生育意愿整体呈下降趋势，高龄生育的确存在一定风险，虽然现在医学发达，但即使是小概率事件对于任何家庭来说都是灾难性的打击。而母亲受教育程度对于独生父母生育意愿的影响主要体现在生育计划上。母亲为高学历（本科及以上学历）的独生父母

家庭有着更明确的生育计划。一般来说，高学历女性在二孩生育上往往能够承担较为昂贵的费用，受经济成本的制约程度也会相对小于低学历家庭，最终造成在生育计划上的差异，这也间接表现出了独生父母家庭在生育二孩时对经济成本的考量。

(三)生育成本对于独生父母家庭生育意向和生育计划都有一定的影响作用，但在具体的影响层面上存在一定的差异

从表 2-6 和表 2-7 可以看出，生育成本对于独生父母家庭生育意向和生育计划都有着重要的影响。其中，时间精力有限和二孩照料问题是影响独生父母家庭生育意向和生育计划的共同因素。随着社会竞争的愈演愈烈，在二孩生育问题上，多数独生父母家庭面临着生育还是生存的两难抉择。生育二孩需要巨大的经济成本。迫于经济压力，很多家庭会将更多的时间用于工作，但这就意味着陪伴孩子的时间缩减，反映出很多家庭在时间精力上的担忧。很多独生父母家庭会从陪伴孩子的角度出发，担心生育二孩后自己不能有充足的时间去陪伴、照料孩子。

在具体的影响层面上，生育成本对生育意向和生育计划的影响存在差异，集中体现在生育计划上。生育成本对生育计划的影响不止是在生育时间成本上，更多的是在经济成本上。其中，"经济压力大"直接反映了独生父母在经济成本上的担忧。在家庭收入水平上，二孩生育意愿出现了两极化现象，即低收入和高收入家庭相对于中等收入的家庭来说有着更强的二孩生育意愿。这在很大程度上可能是因为低收入水平家庭对于生二孩更多是出于家庭兴旺和人口繁衍的角度。而对于中高收入水平的家庭来说，他们对于生育更加注重质量，希望孩子能够在优质的条件下成长。高收入家庭在经济上能够承担养育孩子的经济压力，但是中等收入的家庭却必须考虑自身的经济基础，难免会表现出更多的担忧。

第四节　双非家庭的二孩生育意愿及其影响因素

我国二孩生育政策调整在家庭独生属性上的这种逐步放开性，给予了单独、双独、双非家庭在生育权上更为独特的意义，不同类型家庭在不同的历史时期适应着不同的生育政策。自生育政策由"一孩"转向"二孩"以来，各类型家庭的生育意愿一直都是人口生育发展中的热点话题。例如在"双独二孩"政策背景下，有研究者对城市第一代双独家庭的二胎生育意愿进行了详细的

论述。① 在"单独二孩"政策背景下，也有不少关于"单独二孩"政策家庭的生育意愿和行为的研究。② 除此之外，马小红等人探究了在"一孩政策"和"双独政策"的双重作用下，独生子女尤其是双独家庭的生育意愿及其影响因素。③

如今，"全面二孩"政策已经出台，双非家庭成为新的政策受益者。在此背景下，新的政策受益家庭——双非家庭是否想要生育二孩？想要生育二孩的双非家庭的生育动机是怎样的？对于二孩生育有何期待？不想生二孩的双非家庭又有着怎样的困境与担忧？这些问题都亟待基于实证的研究予以剖析。基于此，本节对 2170 位已育一孩的双非家庭的二孩生育意愿及其影响因素进行了研究，试图回答这些问题。

一、双非家庭的二孩生育意愿

（一）生育意愿整体处于较低水平

本研究用"是否打算生二孩"来了解双非家庭的生育意向。总体来说，明确打算要二孩的双非家庭较少，总体生育意愿较低。如表 2-8 所示，有近 2/3 的双非家庭表示不想生或没想好，而已明确打算要二孩的家庭相对较少。为进一步了解双非家庭的二孩生育意愿，本研究分析了双非家庭的平均理想子女数。一般来说平均子女数为 2.1 才算达到了生育更替水平。在对理想子女数进行均值计算后发现，双非家庭的理想平均子女数为 1.8，低于 2.1 个的更替水平，而实际生育率往往还要低于理想的子女数。由此可见，双非家庭的生育意愿整体处于较低水平。

（二）理想子女个数及性别

根据表 2-8 中的数据可以看出，在想生二孩的 745 个双非家庭中，大多数双非家庭的理想子女个数为两个，占总体比例的 93.2%。在理想二孩的性别上，表 2-9 数据显示，一孩为男孩（49.1%）和一孩为女孩（50.9%）的比例相当。经横向比较可知，在理想二孩性别上，二孩理想性别明确为女孩的双非家庭远超过理想二孩性别为男孩的双非家庭比例，还有 45.7% 的双非家庭认为男女孩都好。在有明确的二孩性别偏好的双非家庭中，在一孩为男孩的情况下，理想二孩为男孩的家庭数量仅占总体比例的 1.0%，远远低于理想

---

① 风笑天：《生育二胎："双独夫妇"的意愿及相关因素分析》，载《社会科学》，2010(5)。
② 石智雷：《符合"单独二孩"政策家庭的生育意愿与生育行为》，载《人口研究》，2014(5)。
③ 马小红、侯亚非：《北京市独生子女及"双独"家庭生育意愿及变化》，载《人口与经济》，2008(1)。

二孩性别为女孩的比例（34.2%）。可见，这些双非家庭在二孩理想性别上有着较为明显的女孩偏好。经纵向比较可发现，双非家庭在二孩性别上的偏好还会在一定程度上受一孩性别的影响（P<0.001）。若一孩为女孩，则二孩会倾向于要男孩，反之亦然。综上可见，传统"儿女双全"的思想仍对双非家庭有一定的影响，且女孩偏好正逐步增强。

（三）生育意向

总体来说，明确打算要二孩的双非家庭较少，生育意愿普遍较低。如表2-8所示，有近2/3的双非家庭表示不想生或没想好，而已明确打算要二孩的家庭相对较少，整体生育意愿较低。但是从表中数据还可以看出，在无明确生育意向的家庭中，"没想好"的家庭占据近1/2，双非家庭更多表现的是一种犹疑和观望的态度，在生育意向上仍具有一定的上升空间。

（四）生育计划

由图2-5可知，在生育计划上，无明确生育二孩计划的占比较高，占总体比例的72.5%，而计划3年内生二孩的家庭有22.0%。总体来说，大多数已育一孩的人群无明确的生育计划，生育二孩的紧迫性不强。但是，进一步分析发现，在无明确计划的人群中有近一半的家庭是处于没想好的状态，这些人群可被视为生育潜在家庭，对于二孩的生育只是犹豫迟疑但是仍有一定的期望。这也反映出了人们面对二孩生育时"想生却又不敢生"的矛盾心理。

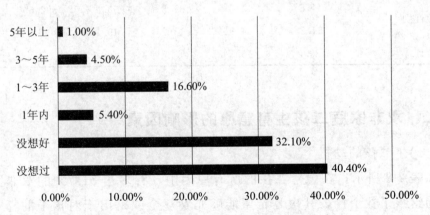

图 2-5　双非家庭计划生二孩的时间

表 2-8　双非家庭的二孩生育意愿及期待

项目		百分比	χ^2	P
是否打算生二孩	生	35.0%	17.296	0.000
	不生	32.7%		
	没想好	32.3%		
生二孩的原因	抓住政策机会	2.0%	12.260	0.092
	给孩子找伴	51.7%		
	父母希望	4.1%		
	传宗接代	1.2%		
	养儿防老	4.0%		
	希望儿女双全	17.4%		
	喜欢孩子	13.7%		
	其他	5.8%		
理想孩子数	两个	93.2%	16.946	0.002
	三个	6.6%		
	三个以上	0.3%		

表 2-9　一孩性别与理想二孩性别的交叉列联表分析

		理想二孩性别			合计	χ^2	P
		女	男	无所谓			
一孩性别	女	4.8%	14.3%	31.8%	50.9%	592.590	0.000
	男	34.2%	1.0%	13.9%	49.1%		
合计		39.0%	15.3%	45.7%	100.0%		

二、双非家庭二孩生育意愿的影响因素

(一)生二孩的动机

如表 2-8 所示，在想生二孩的所有原因中，有多达 51.7% 的双非家庭选择了为给孩子找个伴，其次是希望能够儿女双全或是出于对孩子的喜欢。大多双非家庭在选择生育时，会优先考虑到孩子的成长需求或自身意愿，而只有少部分双非家庭会将传统的生育观念如传宗接代、养儿防老及生育政策作为生育二孩时的主要考虑因素。可见，当代双非家庭在生育的选择上有了更多独立性和自主性，一方面不会特别受制于长辈的意见或者传统的观念，另一方面受政策的号召和倡导影响程度也较小。这一结果表明当下人们的生育观已开始由传统多子多福的生育观向现代生育观转型，传统生育观念在双非

家庭中已经有了消退的迹象。

（二）不想生二孩的困境与担忧

上述数据已表明，双非家庭中有近 2/3 的家庭没有明确生二孩的意向，那么对于这些双非家庭来说，在"全面二孩"生育政策的大力支持下，为何不愿生育二孩？或者说这些双非家庭在生育二孩问题上到底面临着哪些困境与担忧？基于上述问题，本研究试图采用二元 Logistic 回归模型，采用向前：LR 逐步筛选策略，对双非家庭不愿生二孩的可能性原因进行详细分析，以此来考察双非家庭不愿生育二孩的主要影响因素。

经二元 Logistic 回归分析发现，双非家庭在不愿生育二孩上主要受一孩性别、母亲年龄、经济压力及孩子照料这四个因素的影响。

1. 经济压力因素

由表 2-10 可以看出，经济成本高是造成双非家庭不愿生二孩的最主要因素。生育的结束意味着养育的开始，高昂的教育及生活费用使得很多双非家庭在面临二孩生育抉择时望而却步。尤其在教育问题上，当家庭中有两个孩子时，若新出生的子女教育难以保障，第一个子女的教育也会受到影响。在当今对人才综合素质要求大大提升的现实背景下，孩子的养育更注重质量的追求。因此，在选择生育二孩之前，大多双非家庭都会先考虑自己是否能够为孩子创造良好的条件，如果家庭的经济收入没有达到足够的水平，即使他们有一定的生育愿望也很难转化为真正的生育行为。

表 2-10　双非家庭不愿生二孩影响因素的二元 Logistic 分析

变量	B	S. E.	Wald	df	Sig.	Exp(B)
一孩为男孩	0.229	0.102	5.033	1	0.025	1.257
母亲高龄	0.454	0.103	19.355	1	0.000	1.575
经济成本高	3.434	0.263	170.308	1	0.000	31.001
无人照料	0.793	0.104	57.743	1	0.000	2.211
常数项	3.042	0.229	0.102	5.033	1.000	0.025
Cox & Snell R Square	0.200		预测正确率			65.2%

2. 孩子照料因素

照料孩子和提高经济水平往往很难两全，但却都是养育二孩必须考虑的问题。对于大多数双非家庭来说，如果选择生育二孩，夫妻双方必须都参加工作，才能勉强支撑起一个四口之家的生活。但是，这同时也意味着夫妻双方能够陪伴照料孩子的时间会大大缩减。假设夫妻双方的父母身体健康且有时间，还可以帮助照料两个孩子。但是对于双非家庭来说，由于其本身不是独生子女，他们的父母也会有其他子女，必然也会有其他孩子需要照料。与独生家庭相比，双非家庭在照料孩子问题上就会面临更多的困境。若父母不能帮助照料孩子，就只能是双非家庭中夫妻一方(一般是女方)来照顾，但是现实情况是如果单靠一方的力量，很多双非家庭根本没有办法养育孩子，生活压力也会更大。

3. 母亲年龄因素

经二元 Logistic 回归分析发现，母亲的年龄也是影响双非家庭生育意愿的重要因素。总体来看，高龄母亲(35 岁以上)相较于低龄母亲来说面对二孩生育问题会表现出更多的徘徊与犹豫。虽然现在的医学比较先进，各方面医疗救治保障也较为健全，但是高危孕产妇的生育仍会存在较高的风险，这种风险即使是小概率事件，对于任何双非家庭来说也是无法承受的。如图 2-6 所示，在对各个年龄段母亲生育意愿的进一步分析中发现，不愿生二孩的双非家庭虽然在母亲年龄为 35 岁之前急剧上升，在 30～34 岁达到顶峰，但是随后有逐渐下降的趋势。这在很大程度上可能是因为 30～39 岁的非独生母亲，正处于青壮年，事业也处于上升期，工作忙，空闲时间少，生活压力比较大，属于上有老下有小的夹层状态。她们害怕再生孩子，会影响事业发展。而 40～49 岁的非独生母亲，随着年龄的增长，经济实力变强，事业逐渐稳定，工作压力有所减小，空余时间逐渐增加，对二孩的生育又有了新的期待，但是她们毕竟存在高龄生育的风险，在生育抉择上会综合考虑各种因素，最终做出更加明确和稳定的判断。

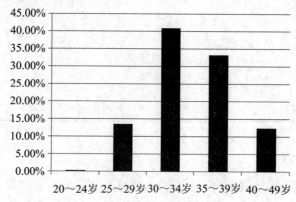

图 2-6　不愿生二孩的双非家庭母亲年龄分布图

4. 一孩性别因素

如表 2-10 所示，一孩性别会显著影响二孩的生育意愿，表现为一孩为男孩家庭打算生育二孩的可能性低于一孩为女孩的家庭。具体来看，现有孩子若为男孩，则更多表现出不愿意生二孩的意向。这一结果提示我们，双非家庭尽管在二孩的性别期望上没有直接表现出性别偏好，在对待孩子性别上看似更加平等，但是"希望有个儿子"却仍是大多第一孩为女孩家庭决定生育二孩的重要原因之一。

第五节　高学历女青年的二孩生育意愿及其影响因素

随着高等教育的逐渐普及和终身教育的发展，高学历女青年的比例在逐渐攀升。[1] 现代高学历女青年的出现击破了在封建礼教和传统观念下塑造的传统女性形象，对实施国家男女平等的基本国策及推动社会文明进步有着极其重要的现实意义。高学历女青年有着较高的文化素养和社会能力，积极参与社会竞争，她们同样可成为职场中的主角，与男性一样为社会发展和进步做出自己的贡献。2011 年年底，《经济学人》发布的报告显示，我国有高达 70% 的女性参与社会工作，成为全球比例最高的国家。但是，在社会舆论、根深蒂固的传统家庭分工思想及自身接受的多元文化观念的繁复交织和冲击下，高学历女青年承受着来自社会、工作和家庭的多重压力。[2] 为了优化人口素质结构和适应经济社会发展形势，2015 年 10 月，十八届五中全会决定全面实施一对夫妇可生育两个孩子政策。它是继"单独二孩"政策之后，我国人口与生育政策的又一次重大的历史性调整，在为高学历女性的二孩生育带来了机会的同时，也在无形中冲击了高学历女性在职场和家庭间建立的平衡关系。

若一孩的生育仅仅是职场中"生"或"升"的选择的话。那么，生二孩就极有可能将高学历女青年推向"家庭"和"工作"的分岔路口。全面放开二孩，意味着女性可能会有两个产假，这无疑会进一步增加用人单位录用女性职工的

---

[1]　周晓燕、周军：《中国高学历女青年婚恋观研究——2007—2008 年调查报告》，载《中国青年研究》，2009(12)。

[2]　王云兰：《"性别回归"背景下女性接受高学历教育困境研究》，载《黑龙江高教研究》，2005(10)。

顾虑，恶化高学历女青年在就业市场的处境，进而增大其就业压力。① 在独孩生育政策背景下，高学历女青年的生育行为受到严格的生育政策的限制，使得由生育行为引发的人口变动更容易被预测和控制。但是当"全面二孩"政策出台后，生育政策在二孩生育问题上开始由"限制"转向了"允许"。政策因素已经不是决定人们生育行为的唯一因素。② 高学历女青年有权生育二孩，实际的生育抉择权掌握在自己的手中。在此情况下，高学历女青年的生育意愿在"全面二孩"生育政策的落实上将会发挥着不可忽视的作用。因此，了解高学历女青年生育意愿，切实关注并解决其在二孩生育上的困境和需求，具有十分重要的现实意义。

本研究在调查 368 名高学历女青年二孩生育意愿的基础上，深入探究影响其生育意愿的主要因素，试图通过了解高学历女青年在二孩生育意愿上面临的真实困境与需求，为"全面二孩"政策相应配套措施的及时跟进提供可参考依据。

一、高学历女青年的二孩生育意愿

(一)理想状态下的高生育期望

在"理想的孩子数为几个"这个问题上，从图 2-7 显示的数据结果来看，高学历女青年理想孩子数为两个的比例最高，占比高达 67.70%，超过总体比例的 2/3。虽然是理想化的子女数，但可以在一定程度上反映出在理想层面上大多高学历女青年是期盼能有两个孩子的，具有较高的二孩生育意愿。

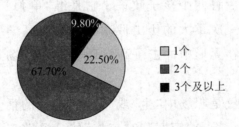

9.80%
22.50%
67.70%

□ 1个
■ 2个
■ 3个及以上

图 2-7　高学历女青年的理想孩子数

在二孩的理想性别上，表 2-11 数据显示，一孩为男孩(47.8%)和一孩为女孩(52.2%)的比例相当。经横向比较可知，在理想二孩性别上，近一半

---

① 甘春华、陆健武：《"全面二孩"政策下农村女青年的生育意愿及流动模式——以粤西地区为例》，载《青年探索》，2016(5)。
② 游允中：《确立以人为本的人口与发展》，载《人口与发展》，2009(3)。

(40.8％)高学历女青年的二孩理想性别明确为女孩，仅有 13.0％的高学历女青年的二孩理想性别明确为男孩，还有 46.2％的高学历女青年认为男女孩都好。在有明确的二孩性别偏好的高学历女青年中，在一孩为男孩的情况下，理想二孩为男孩的家庭数量仅占总体比例的 0.3％，远远低于理想二孩性别为女孩的比例。可见，这些高学历女青年在二孩理想性别上有着较为明显的女孩偏好。经纵向比较可发现，高学历女青年在二孩性别上的偏好也会在一定程度上受一孩性别的影响（P＜0.01）。若一孩为女孩，则二孩会倾向于要男孩，反之亦然。综上可见，传统"儿女双全"的思想仍对高学历女青年有一定的影响，且女孩偏好正逐步增强。

表 2-11　一孩性别与理想二孩性别的交叉表分析

		一孩为女孩	一孩为男孩	合计	df	χ^2	P
	女	6.5％	34.2％	40.8％	2	143.513	0.000
理想二孩	男	12.8％	0.3％	13.0％			
性别	无所谓	32.9％	13.3％	46.2％			
	合计	52.2％	47.8％	100％			

（二）现实考量后的低生育倾向

如前可知，在理想子女数和理想子女性别上，高学历女青年有着较高的二孩生育期望。但是当面临更接近于生育行为的生育意向和生育计划时，高学历女青年却表现出了生育意向不高、生育计划不明确的低生育倾向。

在生育意向上，如表 2-12 所示，明确表示要生二孩的高学历女青年仅占 35.3％。而不生或没想好的高学历女青年却接近 2/3。值得注意的是，在无明确意向想要生二孩的独生父母家庭中，有一半以上是处于"没想好"的犹豫、观望状态。

表 2-12　高学历女青年的生育意向

	生二孩	不生二孩	没想好	合计
N	130	93	145	368
百分比	35.3％	25.3％	39.4％	100.0％

在生育计划上，由图 2-8 可知，没想好或没想过生二孩时间的高学历女青年占比较高，占总体比例的 62％，而计划 3 年内生二孩的高学历女青年仅有 20％。总体来说，大多高学历女青年无明确的生育计划。大多数处于没想好的状态。这也反映了高学历女青年面对二孩生育时"想生却又不敢生"的矛

盾心理。

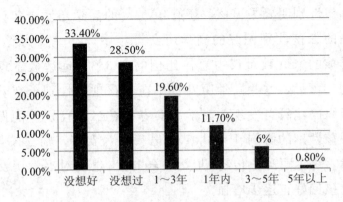

图 2-8　高学历女青年计划生二孩的时间

二、高学历女青年二孩生育意愿的影响因素

　　上述数据表明，高学历女青年在理想子女数和性别上有着较高的期待，但是在生育意向和生育计划上表现出生育意向低、生育计划不明确的倾向，理想与现实之间存在明显的鸿沟，为什么会产生这种鸿沟？到底是什么造成了高学历女青年的这种低生育倾向呢？

　　本研究试图采用二元 Logistic 回归模型，将生育意向及生育计划作为因变量，将地区因素（城乡、户口）、个体和家庭因素（年龄、孩子照看者、健康状况、职业、受教育程度、家庭月收入、家庭独生属性）、生育成本因素（经济成本、时间成本、二孩照料、教育资源）及生育观念因素（传统生育观，如养儿防老、父母希望、传宗接代等；现代生育观，如给孩子找个伴、喜欢孩子等）作为自变量。在因变量处理上，将两个因变量都转化为了二分变量，生育意向主要是探讨生或者不生，生育计划分为"3 年内"和"3 年外"。采用"向前：LR 逐步筛选策略"，以此来考察影响高学历女青年生育意向及生育计划的因素。经二元 Logistic 回归分析发现，高学历女青年在生育意向和生育计划上都受到生育时间成本及现代生育观念的影响，在更贴近于生育行为的生育计划上，高学历女青年的二孩生育在很大程度上还会受到家庭独生属性的影响，具体如下。

　　(一)子女照料问题成为阻碍高学历女青年二孩生育的最主要因素

　　如表 2-13 和表 2-14 所示，生育成本因素中，子女照料问题是影响高学历女青年生育意向和生育计划的共同且最主要的因素，主要体现在"无人照料"和"无时间照料"孩子。高学历女青年，在承担为人父母这一角色的同时，还是新职场女性的代表，她们有着自己的理想和价值追求，在职场上有着不亚于男性的成就。对于这类高学历女青年来说，在面临二孩生育时，更多会考虑到自身的职业发展。在我国长久以来形成的家庭劳动分工传统观念的影响下，照料和陪伴孩子是母亲的主要责任和义务，但是对于高学历女青年来说，往往难以兼顾女性家庭角色与工作角色，生育二孩在一定程度上就意味着自己在职场上做出牺牲和让步，这对于接受了高等教育、早已冲破封建传统观念的束缚且拥有一定的社会生产价值与竞争力的新时代女性来说无疑是极大的挑战。

（二）家庭独生属性在无形之中影响着高学历女青年二孩生育抉择

如表 2-14 所示，家庭独生属性在无形之中影响着高学历女青年的二孩生育。虽然二孩生育的直接相关者是母亲，但是在进行二孩生育抉择时，大多高学历女青年的生育意愿还是会基于整个家庭的生育意愿和现实条件来考虑，夫妻双方是否为独生子女是影响高学历女青年二孩生育意愿的重要因素之一。在生育计划上，双非独生家庭中的高学历女青年会表现出更多的不确定性，生育意愿要远低于独生家庭中的高学历女青年。首先，受自身家庭环境的影响，独生家庭中的夫妻双方自小没有兄弟姐妹的陪伴，深切感受过作为独生子女的孤独，相比双非独生家庭会更加希望自己的孩子能够有人陪伴。此外，大多数双非独生家庭如果选择生育二孩，夫妻双方必须都参加工作，才能勉强支撑起一个四口之家的生活。假设夫妻双方的父母身体健康且有时间，还可以帮助照料两个孩子。但是对于双非独生家庭来说，由于其本身不是独生子女，他们的父母也会有其他子女，必然也会有其他孩子需要照料。与独生家庭相比，双非独生家庭中的高学历女青年在照料孩子问题上就会面临更多的困境。

（三）现代生育观的转型为高学历女青年的二孩生育增添理性色彩

高学历女青年在面临二孩生育时，会优先考虑到孩子的成长需求或自身意愿，只有少部分高学历女青年会将传统的生育观念，如传宗接代、养儿防老及生育政策作为生育二孩时的主要考虑因素。可见，当代高学历女青年在二孩生育选择上有了更多独立性和自主性。这在很大程度上是由于高学历女青年的生育观已经由传统向现代生育观转型，这也为高学历女青年的二孩生育增添了更多的理性色彩。在现代生育观及计划生育长期倡导和宣扬的"少生优生"观念的双重影响下，当今高学历女青年更多地会考虑孩子的需求和自身的意愿，从两个孩子未来生活和质量等更为长远的角度出发思考是否生育二孩。

表 2-13　高学历女青年二孩生育意向的二项 Logistic 回归分析

变量	B	S.E.	Wald	df	Sig.	Exp(B)
生育成本因素						
精力不够	−1.126	0.286	15.472	1	0.000	0.324
无人照料	−0.837	0.254	10.859	1	0.001	0.433
现代生育观						
给孩子找个伴	0.891	0.329	7.319	1	0.007	2.437
希望儿女双全	0.793	0.289	7.508	1	0.006	2.209
喜欢孩子	1.007	0.264	14.542	1	0.000	2.737
一个就够了	−1.526	0.486	9.879	1	0.002	0.217
常数项	−0.471	0.369	1.626	1	0.202	0.624
Cox & Snell R Square	0.165		预测正确率			64.9%

表 2-14　高学历女青年二孩生育计划的二项 Logistic 回归分析

变量	B	S.E.	Wald	df	Sig.	Exp(B)
家庭独生属性						
双非独生家庭	−0.804	0.114	14.395	1	0.000	0.649
生育成本因素						
精力不够	−0.742	0.286	6.718	1	0.010	0.476
无人照料	−0.641	0.258	6.172	1	0.013	0.527
现代生育观						
给孩子找个伴	1.416	0.363	15.184	1	0.000	4.121
希望儿女双全	0.894	0.289	9.594	1	0.002	2.444
喜欢孩子	0.545	0.270	4.069	1	0.044	1.724
一个就够了	−1.003	0.459	4.771	1	0.029	0.367
常数项	−1.052	0.421	6.258	1	0.012	0.349
Cox & Snell R Square	0.135		预测正确率			68.8%

第六节　"全面二孩"政策后二孩生育意愿面临的挑战与对策

一、"全面二孩"政策后二孩生育意愿面临的挑战

(一)二孩生育意愿会受到多重因素的制约

1. 现代生育观的转型

由于长期受到"少生优生"政策宣传及深受所处的"三口之家"家庭规模结

构的影响，当代家庭的生育观念已经开始向现代生育观转型。在面临二孩生育抉择时，他们会更多地从孩子未来的生活和教育质量等进行深度考量。本研究发现，生育观念是影响家庭生育意愿的最主要因素。其中，最能激发二孩生育意愿的是"给孩子找个伴"。而传统的生育观念如"养儿防老""传宗接代"对家庭生育意向和计划的影响变得微乎其微，都未能成功进入到回归方程当中。可见，当今家庭面临二孩生育更多的是基于孩子的需求和自身的意愿，生育观有了较强的主观色彩。此外，当今独生父母家庭在面临二孩生育上还会从两个孩子未来生活和教育质量等更为长远的角度出发思考是否养育二孩。入园（校）压力成为阻碍家庭生育意愿的重要因素。总体而言，当今家庭的生育观逐渐开始向现代生育观转型，"少生优生"的生育观念已深深渗透到这些家庭之中。

2. 养育成本问题

经济基础和时间充足作为养育二孩的两大必需条件和成本，在现实中却往往是"鱼与熊掌不可兼得"，成为制约家庭生育意愿的重要影响因素。若想有足够的经济基础，夫妻双方需要通过工作来实现，而无暇照顾孩子，这时大多家庭会选择将孩子交给长辈。诚然，隔代教养有其独特的优势，例如教养经验丰富，但是随之带来的弊端也是不容忽视的。首先，影响父母与孩子的亲密关系，孩子刚出生后的几年，是与父母建立亲密关系的最佳时期，错过这个阶段，亲子关系的建立会异常困难。其次，还会给孩子留下父母不爱自己的烙印，进而影响孩子的健康成长。另外，隔代教养往往更容易溺爱孩子，促使孩子养成自私、任性、目中无人等不良习惯。而与此同时，随着生育观念的转变，生育有了更多的理性色彩，孩子的质量更受家庭的关注。为了给予孩子更好的教育，父母必须要有足够的精力与时间来陪伴孩子。但是，用足够的精力与时间去陪伴孩子，意味着工作时间必须缩减，经济就难以得到保障。因此，对于很多家庭来说，都有着同样的困惑。对生育二孩，如何才能养得起又能养得好？这便最终造成了很多家庭"想生却又不敢生"的矛盾心理。

3. 女性就业压力

随着当代女性教育程度的提升、社会地位的提高，她们再也不是家庭的附属品，在就业的选择上，也有了更多的自主权和独立性。为了接受更多的教育或者是正处于工作的上升期，越来越多的女性会选择晚婚，尤其是在一、二线城市，30岁以后结婚的女性不在少数。"剩女"一词正是当今女性追求职业成长的另一表现。这些大龄未婚女性，不是因为自身条件不足，相反，当中大批女性都十分优秀。现行二孩生育政策的最直接相关者便是广大适孕女性，二孩的诞生必然会增大女性就业的难度。首先，出于两个孩子生育间隔和时间精力的考虑，很多妇女就需要将适婚年龄提前，这就会影响其职业生涯的正常发展。其次，二孩的全面放开会加剧职场的性别歧视。很多女性刚入职时，精力充沛，表现卓越。但是一旦结婚，尤其是生育孩子后，投放在工作上的时间会越来越少。因此虽然当代男女平等思想普及，但是在职场上仍存在严重的性别歧视。试想一个孩子尚且有歧视，那如果想要生育二孩呢？新时代的女性在生育问题上会更多地从自身的情感、家庭的需求出发，这都会在很大程度上影响生育政策的制定与实施。

4. 高龄生育问题

如今社会竞争日趋激烈，人们的生活节奏越来越快，在这种背景下，女性生育问题也受到一定的影响。在北京大学第一医院的妇产科，30 多名即将生产的准妈妈中只有一两个是二十几岁的，绝大部分准妈妈年龄都在 35 岁以上，还有几位已经年过 40 岁。贵州省人民医院 2011 年数据统计结果显示，有将近一半的孕妇处于高龄生育的状态。[①] 为了工作学习而导致结婚、生育推迟的女性不在少数，高龄妇女问题在"全面二孩"政策放开之前就已经形势严峻。本研究也发现，在总体人群中 35 岁以上的育龄女性达到了 36%，而在 35 岁以下的育龄女性中，将近一半（34.9%）的女性都处于 30～34 岁这一临近高龄的状态，可见临近或者已经处于生育高龄的育龄妇女占据比例极大。高龄产妇在妊娠时，发生高血压、心脏病、肾病、糖尿病的内科并发症机会要高于适龄产妇，且更容易产生早产、胎盘早期剥离等现象，所以高龄产妇在妊娠时比适龄产妇危险性大。[②] 虽然在这个时期也会有高龄生育的风险，但是家庭在生育抉择上会综合考虑各种因素，本研究发现虽然高龄会制约妇女的二孩生育，但是很多高龄妇女由于经济实力变强，事业逐渐稳定，工作压力有所减小，空余时间逐渐增加，对二孩的生育又有了新的期待，最终做出更加明确和稳定的判断。对于这些群体来说，必须帮助其解决高龄生育风险。

---

① 刘爽：《女性生育年龄推迟的多维度分析》，硕士学位论文，沈阳师范大学，2015。
② 章小维、郭明彩、杨慧霞：《高龄初产对妊娠结局的影响》，载《中国实用妇科与产科杂志》，2005(2)。

（二）可能会出现先"迅速堆积"后"逐渐遇冷"的生育现象

"全面二孩"政策的出台给予了所有家庭生育二孩的权利。此权利在带给生育政策的直接受益者——已育一孩的家庭惊喜的同时，也难免会使之产生些许惊慌。生育政策的突然性及不可知性，无疑会加大这些准备生育第二个孩子的家庭的不适应性。人们在二孩生育上表面上是有了自主选择权，但实际上却是略显被动的，因为他们不能提前做好生育二孩的物质及心理准备。[①]很多家庭尤其是女性一方临近高龄生育的家庭为了能够避免高龄生育风险，会出现短期大面积抢生现象，很有可能会出现大批赶在到达高龄生育期前去努力"抢生"第二个孩子的产妇，进而带来短时间内学龄前人口堆积现象。但是，在这种短期生育堆积过后，很有可能会出现生育政策快速遇冷现象。本研究调查发现，不同类型人群的二孩生育意愿在理想状态下都有着较高的生育期望；在面临与生育行为更为接近的生育意向和生育计划上有着更多的现实考量，并呈现出了低生育倾向。虽然生育意向和生育计划并不能直接等同于生育行为，但调查结果可以反映出当今已育一孩的人群在面临二孩生育抉择上表现出更多的犹疑和担忧，这将极大地影响和阻碍其实际的生育行为，这与之前的很多研究结论都是一致的。[②③] 同时，在育龄女性年龄上，张晓青等人指出，年龄是多数双非育龄妇女做出二孩生育计划时首先考虑的因素。[④]风笑天、李芬经调查发现，高年龄的女性出于生理条件会大大限制家庭申请再次生育。[⑤] 此外，一孩性别、经济成本及时间成本都是影响家庭生育意愿的重要因素。生育意愿与生育行为之间有着明显的背离，该现象在多数研究中已被证实，主要表现为生育意愿远远低于生育行为。[⑥] 在这种情况下，家庭的生育意愿会受到多种因素的共同制约，他们在面对真实的生育抉择时，会综合考虑更多的现实因素，最终可能造成生育政策在短期迅速响应后的遇冷。

---

① 风笑天：《"单独二孩"生育政策对年轻家庭亲子社会化的影响》，载《东南大学学报（哲学社会科学版）》，2015(4)。

② 吴翩翩、张天睿、聂欢迎等：《核心家庭育龄期夫妻二孩生育意愿调查与分析——基于"单独二孩"生育政策背景》，载《法制博览》，2015(19)。

③ 杨菊华：《单独二孩政策下流动人口的生育意愿试析》，载《中国人口科学》，2015(1)。

④ 张晓青、黄彩虹、张强、陈双双、范其鹏：《"单独二孩"与"全面二孩"政策家庭生育意愿比较及启示》，载《人口研究》，2016(1)。

⑤ 风笑天、李芬：《再生一个？城市一孩育龄人群的年龄结构与生育意愿》，载《思想战线》，2016(1)。

⑥ 杨菊华：《单独二孩政策下流动人口的生育意愿试析》，载《中国人口科学》，2015(1)。

二、对策与建议

中国人口已经进入生育率长期走低和老龄化加速的人口新常态，"十三五"期间，"全面二孩"生育政策的贯彻落实和相关配套政策措施必须应时而动，做出迅速及符合实际的调整。基于上述发现，为避免"全面二孩"生育政策的再次遇冷，本研究认为，应以生育宣传作为主要推动力，以解决人们的生育需求为重要切入点，将制约家庭生育意向和生育计划的因素作为提升家庭二孩生育意愿、释放家庭生育潜力的良好契机。根据本研究结论，在"全面二孩"生育政策配套措施的完善上主要有以下四点启示。

（一）转变生育文化宣传角度，进一步加大生育宣传力度

本研究调查结果表明，长期以来，"少生优生""优生优育"的生育文化已经深入人心，这对于计划生育政策无疑是大有裨益的，但是对于"全面二孩"政策的实施来说，政策的导向已由原来的限制二孩变为了鼓励二孩，生育文化的宣传工作也应有所改变。本研究调查发现，一方面，大多数的家庭在经历"双独"和"单独"生育政策之后，面对"全面二孩"新的人口政策依然持着谨慎有余而行动不足的观望态度，生育意愿较低，生育计划不明确；另一方面，在理想状态下，各类家庭都表达了希望"儿女双全"的愿望，并且，新型生育观已经在所有家庭中广泛形成，面临二孩生育抉择更多地会基于孩子的需求"给孩子找个伴"。因此，在生育宣传上也应根据当代家庭的生育观念和心理需求做出相应的调整，应从儿童发展的角度，为父母强化两个孩子的养育之道及兄弟姐妹的陪伴对于孩子健康成长的重要作用，鼓励具有较强生育意愿和潜在生育可能的家庭积极生育二孩。

（二）关注高龄产妇生殖健康，降低高龄生育风险

本研究调查结果显示，在总体家庭中，近 1/3 的妇女年龄都在 35 岁以上，这些妇女本身就是高龄群体。此外，还有高达 55.4% 的居于 30～34 岁年龄段的临近高龄群体，在这些临近高龄孕产年龄的妇女中，明确在 3 年内生育的妇女数量仅有 27.9%。她们若是选择在 3～5 年后生育，届时也会成为高龄产妇。高龄生育会加大早产、出生缺陷及孕期并发症发生等生育风险的概率。[①] 因此，面对即将产生的庞大的高龄产妇群体，有关部门应引起高度重

---

① Tough，S. C.，Newburn-Cook，C.，Johnston，D. W.，Svenson，L. W.，Rose，S. & Belik，J.，"Delayed childbearing and its impact on population rate changes in lower birth weight，multiple birth，and preterm delivery，"*Pediatrics*，2002(3)，pp. 399-403.

视，加强生育全程基本医疗保健服务，努力帮助家庭规避高龄生育风险，加强高龄产妇健康检查和筛查机制，为评估高风险的高龄产妇提供个性化的咨询服务和指导，着力提升孕产妇和新生儿危急重症救治能力，并进行跟踪诊断、治疗，及时采取干预措施。

（三）尽快完善生育补偿制度，缓解二孩生育的经济压力

经济压力是影响家庭面临二孩生育意愿的重要因素，尤其在更接近于生育行为的生育计划上家庭会有更多的经济考量。基于此，首先政府可考虑为新生二孩的家庭给予一定的经济补贴。此外，政府也应积极探索建立完善的生育补偿制度，切实保障家庭的生育权益，采取国家、企业双重补偿方针。在国家层面上，政府应对生育二孩父母家庭给予一定的资金补助，同时延长男女双方的产假，减缓二孩的照料压力。此外，对生育二孩父母所在的企业也应进行一定的经济或政策补偿，按照二孩生育人员比例，在征收税和福利基金保障上给予一定政策倾斜，平衡用人单位的生育负担，将就业中的生育成本社会化，进而缓解二孩生育给独生父母家庭带来的经济压力。

（四）顶层配套二孩生育政策，提供充足的公共教育服务资源

本研究结果显示，入园（校）压力是阻碍家庭生育意愿的重要因素。"全面二孩"政策的实施，对教育的规模和质量都提出新的挑战。近年来，一些地方由于受到周期性生育高峰和外来人口持续增长双重因素的影响，已经进入小学入学人数迅速增长期，教育承载能力不足问题开始显现，保证孩子"有学上"一时间成为困扰地方政府的一件难事。此外，由于家长对于孩子教育质量的日益重视，入学难背后更多的是入优质学难。如何在现有的教育资源配置基础上新建和改扩建学校，同时提升教育质量，是新的教育规划布局面临的一项重要任务。一方面，在教育服务资源上，政府应合理配置早期照料、学前教育和中小学教育等公共服务资源。各地尤其要加大推进3岁以下婴幼儿托幼机构的建设，鼓励以社区为依托，兴办托儿所，帮助家庭解决子女照料问题。另一方面，各省市也应该加强对学龄人口预测，建立前瞻性公共服务程序，只有做到未雨绸缪，才能赢得主动权。

总之，政府应该综合考虑影响家庭生育意愿的深层因素，在"全面二孩"生育政策相关配套措施的设立和实施过程中，从家庭的真实意愿和内在需求出发，以服务为导向，用实际行动全面支持家庭的二孩生育行为，才能从根本上提高家庭的二孩生育意愿，有效优化人口结构，促进人口结构的持续、均衡发展。

第三章
不同利益相关者眼中的二孩观和教育观

"全面二孩"政策的实施是我国人口生育政策的又一次调整与变动。人口新政开闸，会使更多符合生育条件的夫妇加入到生二胎的行列中，特别是一些年龄偏大的独生子女母亲必将抓住此次生育契机，以时不待我的紧迫感扎堆生育。伴随人口新政的稳步推行，相关人士表示，每年将新增3 000万名学前儿童，按照现有学制，3年内会新增9 000万左右的入学儿童。[①] 未来我国人口必将迎来一次小高峰。人口数量的变化会对社会生活的方方面面产生影响，特别是在教育上，人口生育政策变化将直接影响我国各个学段的教育布局和发展。学前教育作为学校教育的起点则是首当其冲，其规模、方式和质量必然会受到冲击。同时，"二孩潮"所引发的教育需求和教育问题也会相应增加。[②] 增强教育资源面对人口增长的承受力，满足教育需求，实现人口与教育的和谐发展、教育的可持续发展，是我们当前亟待探索和研究的重大课题。

"利益相关者是能够影响组织目标实现，或者被组织目标实现过程中所影响的任何个人和群体。"政策受益家庭是学前教育需求研究中非常重要的利益相关者，他们能够从基层和现实出发，自下而上、由内到外地反映学前教育需求，这些诉求和反馈应该得到上层的重视和积极回应，从倾听并满足公民诉求的路径出发，切实应对人口与教育、教育需求和教育供给的复杂关系。

基于此，本章从幼儿、家长、幼儿园教师等利益相关者的角度出发，通过了解幼儿如何看待二孩、家长的二孩生育观及教育困惑、幼儿园在二孩教

---

① 李丹丹、程思炜、彭美：《五问"全面二孩"政策》，载《宁夏画报（时政版）》，2015(6)。
② 汪明：《"全面二孩"来了，教育要提前布局》，载《云南教育（视界时政版）》，2015(12)。

育上的准备，去倾听二孩时代下不同利益相关者的诉求，以帮助幼儿园、家庭、社会及政府相关部门等更好地了解二孩政策背景下学前教育的需求、有效地解决问题，促进学前教育的可持续发展及人口新政的稳步落地。

第一节　幼儿的"二孩观"研究

一、研究设计

(一)研究缘起

1. 一孩的"二孩观"是影响家长生育意愿的因素之一

自二孩逐渐放开，相关研究主要聚焦在生育意愿、人口政策、社会影响、教育需求、配套服务等方面。但是第一个孩子也是家庭中的一员，尤其是处于学前阶段的第一个孩子在认知、社会性、情绪等方面还未发展成熟，二孩的到来势必会对他们产生一定的积极与消极影响。研究发现，影响父母理想子女数的首要因素为"一个孩子太孤单"[1]，与此同时生育二孩的决定权排序为配偶、自己、子女、配偶的父母、自己的父母[2]。由此可以看出一孩已然成为家长考虑是否生育二孩的因素之一。随着社会的发展，家长的生育观念也随之发生改变。家长生育二孩考虑的比较多的是家庭快乐、给孩子找个伴等情感上的需要。但是没有生育意愿的家长同样将"一孩"考虑在内，担心对第一个孩子造成不好的影响，处理不好一孩与二孩的关系等。因此，一孩不仅是家长考虑生育二孩的影响因素，同时也是家长不想生育二孩的影响因素之一。

2. 二孩的出现给一孩带来了新的挑战

阿德勒指出："每个长子都经历过一段作为独生子唯我独尊的时光，当第二个孩子降生时，他便骤然要强迫自己适应另一个情境。"[3]由于是家中的长子女，他们在受到弟弟妹妹"威胁"的同时，身上也肩负着众人的期望。他们一旦辜负了众人的期望，便会感到自卑，尤其是那些有着完美主义倾向的长

---

① 孙超：《北京市东城区居民生育意愿比较与追踪研究》，硕士学位论文，中共北京市委党校，2013。

② 赵丽芳：《从意愿到行为："单独二孩"政策目标实现的社会心理学分析》，硕士学位论文，山东大学，2015。

③ [奥]阿德勒著：《自卑与超越》，黄光国译，19页，北京，作家出版社，1986。

子女。学前阶段的幼儿仍旧处于发展的起始阶段，尤其是不安全依恋类型的幼儿，二孩的来临对其是一个巨大的挑战。

二孩的出生打破了家庭原有的生活，要求家庭成员适应新的环境，这也是幼儿成年之前比较有压力的事件。有研究者指出，二孩来临后一些幼儿会出现相同的反应：行为退化、寻求关注、睡眠困难、过度的活动。[1] 当二孩逐渐长大，幼儿成为大哥哥大姐姐，有可能会变得更加消极和具有攻击性，母亲和二孩也会有相似的表现。但是，二孩的出现同样有积极的影响，这不仅是幼儿成长、成熟的机会，也是整个家庭成员成长的机会。二孩出生以后，幼儿会掌握新的技能并学会独立生活。因此，二孩的出现不仅给幼儿的发展带来了一定的压力，同时也会促进幼儿的发展。

宋梅研究了生育二孩对长子女的心理影响[2]，根据幼儿面对二孩出现的一系列焦虑、自卑等消极现象展开了造成长子女消极心理的原因的分析。她指出主要原因有以下三个方面。(1)自爱，儿童学会自爱之后才会产生对他人的爱。学前幼儿的自我评价在很大程度上依赖于成人对自己的评价，由于家中出现了一个"入侵者"，因此害怕、担心有人抢父母的爱，自爱感无法得到满足，缺乏安全感和归属感。(2)自私，弟弟妹妹的出现，就意味着出现一个抢自己"利益"的人，出现竞争，即手足竞争，幼儿强烈的占有欲使他们做出不利于他人的事情。家中弟弟妹妹的出现往往带来长子女的嫉妒心理，产生一定的手足冲突。(3)自卑，弟弟妹妹的出现，使幼儿认为父母不再爱自己，随之产生一定的自卑感和困惑。因此，二孩的出现给予幼儿一定压力的同时，也赋予其成长的机会。

3. 幼儿——不容忽视的政策利益相关者

二孩政策推行以来，大量研究讨论的对象主要为家长、政府，主要涉及家长的生育意愿、生育行为，政府的应对措施，如教育、医疗、住房等。对第一个孩子影响的讨论相对较少，尤其是家中的幼儿，也是人口政策的影响人群。二孩政策推行后，他们将由"独生子女"转变为"非独生子女"，开始承担起新的角色——"姐姐/哥哥"。幼儿如何看待二孩？他们是不是也跟父母一样想要弟弟妹妹呢？是否能够适应、接纳二孩的来临呢？二孩的出现会给他们的发展带来什么样的影响呢？是否真的像家长担忧的那样给他们的发展带

---

[1] Legg, C., Sherick, I. & Wadland, W., "Reaction of preschool children to the birth of a sibling," *Child Psychiatry & Human Development*, 1974(1), pp. 33-39.

[2] 宋梅：《生育第二胎对长子女的心理影响及对策分析》，载《教育导刊(下半月)》，2015(6)。

来压力和不好的影响呢？这也应是人口政策推行中必须考虑的问题。家庭中的第一个幼儿作为"二孩政策"的利益相关者，也是政策波及人群，应是被考虑的对象。

综上所述，在推行"全面二孩"政策的过程中，不仅要考虑家长、政府的角色和承担，同时要考虑到家中第一个孩子，尤其是幼儿的感受和意愿。我们应深入了解第一个孩子的"二孩观"，深究其内在的原因，在生育二孩的过程中，更好地处理家长与一孩、一孩与二孩的关系，为建立和谐的亲子关系、手足关系打下良好的基础，也为二孩政策的顺利推进提供坚实的保障。

(二)研究对象及方法

1. 研究对象

通过预访谈的结果，可以看出，小班幼儿在语言表达及语言理解能力上有所欠缺，不及中大班幼儿，同时耗时相对较久，不太利于研究的进行。因此正式访谈以中大班幼儿为主。"全面二孩"政策针对的人群是家中育有一孩的家庭，不包含已经有两个以上孩子的家庭。因此本研究选取对象时，将一胎为双胞胎以上的家庭排除在外。同时考虑到家庭结构的影响，将离婚家庭、无父母家庭及父母一方去世的家庭也排除在外。

因此，本研究主要以北京市父母双方均在、家中第一个孩子为3～6岁幼儿并正在怀有二孩或已经生育二孩家庭中的幼儿为研究对象，抽取北京市四所幼儿园中大班的幼儿共200名，其中4～5岁幼儿选取77名，男生为41名，女生为36名；5～6岁幼儿选取123名，男生为64名，女生为59名。深入地了解不同年龄阶段、不同性别的幼儿对二孩的看法与态度。其中有弟弟妹妹的包含正在怀有二孩及已经生育二孩的家庭，其中正怀有二孩的6名，已经生育二孩的41名。由于正在怀有弟弟妹妹的家庭相对较少，于是将正怀有和已经有的都作为有弟弟妹妹的对象。

表3-1 正式访谈样本基本信息

名称	类别	人数	百分比(%)
幼儿类型	没有弟弟妹妹	153	76
	有弟弟妹妹	47	24
年龄	4～5岁	77	38
	5～6岁	123	62
性别	男	105	52
	女	95	48
合计		200	100

2. 研究方法

通过对国际相关文献的搜索得知，对于幼儿的二孩观的相关研究主要是采用访谈法和观察法来获得幼儿的真实想法。0～6 岁幼儿处于发展的起步阶段，其真实想法的表达主要是通过语言、行为、表情展现于外。因此，鉴于幼儿的发展特点及本研究的研究内容，故采用访谈法作为本研究的主要方法。访谈法是与幼儿面对面的交谈，通过幼儿的语言和外显的表现了解幼儿的真实想法。

3. 研究工具

（1）预访谈。

①预防谈的对象。

由于不确定 0～6 岁的哪一个年龄段的幼儿能够理解访谈的内容及访谈的内容是否有助于更好地了解幼儿的二孩观，于是我们对实习期间所处的幼儿园小中大班 70 名幼儿进行了预访谈。

表 3-2   预访谈样本基本信息

名称	类别	人数	百分比（%）
班级	大班	30	43
	中班	27	39
	小班	13	18
性别	男	36	51
	女	34	49
子女数量	没有弟弟妹妹	58	83
	有弟弟妹妹	12	17
合计		70	100

②预访谈的结果。

通过预访谈我们发现，中大班幼儿基本能够理解访谈提纲中的内容，并有较多的回应，但是小班幼儿由于无法理解访谈提纲的内容及语言表达相比中大班幼儿有所欠缺，对访谈者的回应相对较少、比较耗时。

通过对访谈结果的分析我们发现，想要弟弟妹妹的幼儿与不想要弟弟妹妹的幼儿数量上大致相同。想要弟弟妹妹的原因主要涉及陪伴、照顾、喜欢；不想要弟弟妹妹的原因主要是担心物资资源、人力资源、精神资源被抢占。在性别上，幼儿更想要同一性别的弟弟或妹妹。大部分幼儿坚信弟弟妹妹出生以后爸爸妈妈依旧爱自己，在想要什么样的弟弟妹妹上主要是对外貌、性格的要求比较多。大部分幼儿会帮助弟弟妹妹做一些事情。但是依旧有一部分幼儿不想要弟弟妹妹，并且出现比较强烈的反对、消极应对的情绪和行为，这也是家长担心并且必须要面对的问题。

因此，根据预访谈的分析可以将幼儿的"二孩观"划分为三个维度：接纳程度、关爱程度、分享程度。对于幼儿主要关心的问题可以划分为三大方面的问题：是否想要弟弟妹妹及其原因、是否愿意照顾弟弟妹妹及其原因、是否愿意分享独有的资源及其原因。关于资源的分享又可以划分为物资资源、人力资源及精神资源的分享三个方面。预访谈为正式访谈的维度划分提供了一定的依据。

（2）正式访谈提纲。

通过预访谈分析，结合幼儿"二孩观"的内涵，我们将幼儿的二孩观定义为幼儿对二孩的看法和态度，即从认知和情感两个方面调查幼儿的二孩观。结合预访谈的内容，将幼儿"二孩观"划分为三个维度，即：接纳程度、关爱程度、分享程度。从五个方面——要弟弟妹妹的意愿、是否会照顾弟弟妹妹、物资资源（抢玩具）、人力资源（主要照顾者）、精神资源（爸爸妈妈的爱）——了解幼儿"二孩观"的现状、有弟弟妹妹和没有弟弟妹妹的幼儿是否存在差异、影响幼儿"二孩观"的因素。

表 3-3　幼儿"二孩观"维度

维度	具体内容
接纳程度	想要、不想要弟弟妹妹及其原因
	想要弟弟还是妹妹及其原因
	只有自己好还是有弟弟妹妹更好及其原因
	是否需要商量及其原因
	是否会同意及其原因
	是否会开心及其原因
	想要什么样的弟弟妹妹
	是否跟爸爸妈妈说过，爸爸妈妈是否跟你说过
	是否会欢迎弟弟妹妹及其原因
关爱程度	是否愿意照顾弟弟妹妹
	是否照顾过弟弟妹妹（针对已经生育二孩的幼儿）
	愿意/不愿意照顾弟弟妹妹的原因

续表

维度		具体内容
分享程度	物资资源	抢玩具怎么办，为什么
		是否会生气及其原因
	人力资源	爸爸妈妈没时间陪你怎么办
		是否会生气及其原因
	精神资源	爸爸妈妈是否像以前那么爱你
		会/不会像以前那么爱你的原因

4. 资料的收集与分析

(1)资料的收集。

根据访谈提纲，对每一名幼儿访谈 5～10 分钟，访谈期间用录音笔记录下访谈的内容。经过 15 天的访谈，收集到 20 个小时的访谈录音。将访谈录音转录成文本信息，每一名幼儿的访谈内容建立一个 Word 文本，总共有 200 个文本的分析资料。

(2)资料的分析。

首先对文本信息采用质性分析的方式，运用质性分析软件 MAXQ-DA20.0 对文本内容编码归类，以频次和百分比的形式描述幼儿"二孩观"的现状。其次将编码内容转换为量化的数据，运用 SPSS20.0 进行相关分析和回归分析，探索不同类型幼儿的"二孩观"是否存在差异及影响幼儿"二孩观"的因素。

二、幼儿的"二孩观"

(一)绝大多数幼儿想要二孩，但仍有 30% 的幼儿不想要

要弟弟妹妹的意愿主要涉及想不想要弟弟妹妹、想要弟弟还是妹妹、想要什么样的弟弟妹妹、是否需要商量、是否会同意、是否跟爸爸妈妈提过、是否会开心、是否欢迎弟弟妹妹这八个问题及其背后的原因。

表 3-4　要弟弟妹妹意愿的数量分布

变量	分类	4～5 岁		5～6 岁		男		女		合计	
		频数	频率(%)	频数	频率(%)	频数	频率(%)	频数	频率(%)	频数	频率(%)
是否要弟弟妹妹	不想	24	31.2	37	30.1	36	34.3	25	26.3	61	30.5
	想	53	68.8	86	69.9	69	65.7	70	73.7	139	69.5

续表

变量	分类	4～5岁		5～6岁		男		女		合计	
		频数	频率（%）	频数	频率（%）	频数	频率（%）	频数	频率（%）	频数	频率（%）
想要弟弟还是妹妹	弟弟	27	42.8	42	40.8	52	59.8	17	21.5	69	41.6
	妹妹	32	50.8	51	49.5	27	31.0	56	70.9	83	50.0
	都行	4	6.3	10	9.7	8	9.2	6	7.6	14	8.4
自己好还是有弟弟妹妹好	再生一个	56	72.7	93	76.2	76	73.1	73	77.7	149	74.9
	就一个	21	27.3	29	23.8	28	26.9	21	22.3	50	25.1
是否需要商量	不需要	28	36.4	34	29.3	33	32.4	29	31.9	62	32.1
	需要	49	63.6	82	70.6	69	67.6	62	68.1	131	67.9
是否会同意	不同意	17	22.1	23	19.5	23	22.1	17	18.7	40	20.5
	同意	59	76.6	92	78.0	79	76.0	72	79.1	151	77.4
	不确定	1	1.3	3	2.50	2	1.9	2	2.2	4	2.10
是否开心	不开心	13	17.3	22	18.6	23	22.5	12	13.2	35	18.1
	开心	62	82.7	96	81.4	79	77.5	79	86.8	158	81.9
是否跟爸爸妈妈说过	没说	33	42.9	31	25.8	38	36.2	26	28.3	64	32.3
	说过	44	57.1	89	74.2	67	63.8	66	71.7	134	67.7
是否会欢迎	不会	13	16.9	5	4.2	9	8.7	9	9.8	18	9.10
	会	64	83.1	114	95.8	95	91.3	83	90.2	178	90.9

在是否想要弟弟妹妹方面，想要弟弟妹妹的幼儿有139个，占总数的70%，30%的幼儿不想要、不确定、不知道是否要弟弟妹妹。在要弟弟还是要妹妹上，想要弟弟的占40%，想要妹妹的占50%，不确定的为10%。在自己一个人好还是再生一个更好的问题上，75%的幼儿认为再生一个更好，25%认为自己一个人更好。在是否需要商量的问题上，70%的幼儿认为是需要商量的，30%的幼儿认为不需要商量。在是否会同意的问题上，将近80%的幼儿同意生弟弟妹妹，20%的幼儿不同意或者不确定。在是否会开心的问题上，80%以上的幼儿会欢迎弟弟妹妹的到来，20%左右的幼儿不会欢迎。在是否跟爸爸妈妈说过的问题上，有近70%的幼儿跟爸爸妈妈提及过弟弟妹妹的问题，不论是想要还是不想要。近30%的幼儿没有提及过。在是否会欢迎的问题上，近90%的幼儿会欢迎弟弟妹妹的到来，只有10%的幼儿不会欢迎弟弟妹妹的到来。无论是在性别差异还是年龄差异上，只有在是否跟爸爸妈妈说过的问题上，男孩较高于女孩，5～6岁幼儿比4～5岁幼儿会更多地

与爸爸妈妈沟通有关是否要弟弟妹妹的问题。

总体上，绝大多数的幼儿是想要弟弟妹妹的，这对有生育二孩意愿的家长来说是值得庆幸的。总体来看，幼儿对二孩的接纳程度是比较高的，但是仍旧有30％的幼儿不能够接纳，这是大部分家长考虑生育二孩时比较担忧的问题，也是不可避免的问题。

从编码矩阵图（见图3-1）可以看出，想要二孩的原因占据明显的优势，说明绝大多数幼儿是想要二孩的，但是不想要二孩的原因也是不容忽视的。

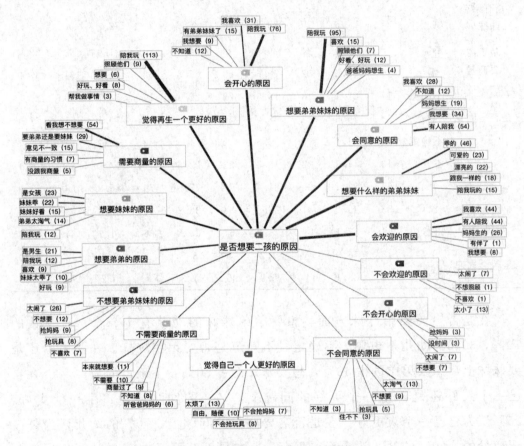

图 3-1　是否想要二孩的原因矩阵图

对于想要二孩的幼儿来讲，主要原因在于"有人陪我玩，自己太无聊了、太孤单了"，即需要陪伴，尤其是同龄人的陪伴。从矩阵图中可以看出，在想要弟弟妹妹的原因、会开心的原因、会同意的原因、会欢迎的原因、觉得再生一个更好的原因上，"有人陪我玩"都明显占据最主要的位置。其他的原因占据的比例相对较少，从总体上看，幼儿大部分都是从自身的需要出发看待二孩的问题，主要涉及"我喜欢、我想照顾他们、我想要"等。从父母和二孩的角度看待二孩的原因相对较少，但也是幼儿考虑是否想要二孩的原因之一。

对于不想要二孩的原因，从编码矩阵图中可以看出，占据的比例相对较少。就具体原因而言，可以看出，幼儿普遍认为弟弟妹妹"太淘气了，太烦人"，所以不想要二孩。同时，抢占一孩独有的资源是幼儿不想要二孩主要考虑的原因之一，尤其是对"抢占玩具、抢妈妈、抢妈妈的时间"上的担忧和焦虑比较多。

每一名幼儿都对弟弟妹妹有不同的要求，主要集中在性格、外貌、性别三个方面。在性格方面对"乖的、听话的、不捣乱的"的要求最多，其次是要跟"我"一样，想和他（她）成为双胞胎（以为跟自己一样的弟弟妹妹），爸爸妈妈还会像以前一样爱自己。在外貌上最主要的要求就是漂亮、可爱及长头发，希望小弟弟或小妹妹是"漂亮的、可爱的、帅帅的"，同时女生要求他们是有头发的，男孩子大部分要求他们是没有头发的。有一部分幼儿对弟弟妹妹的性别做了明确的要求，大部分是要求与自己同性别。

在是否需要商量的问题上，可以看出幼儿普遍认为爸爸妈妈需要跟他们商量是否要二孩的问题。认为自身的意见非常重要，如果自己不想要弟弟妹妹，爸爸妈妈就不应该生。即便爸爸妈妈想生，也应该和他（她）一起商量是"生弟弟还是妹妹"，如果"意见不一致"，更应该商量。

表 3-5　是否跟爸爸妈妈说过

是否跟爸爸妈妈说过			年龄				合计	
			4～5 岁		5～6 岁			
			频数	频率（%）	频数	频率（%）	频数	频率（%）
没说	性别	男	18	28.1	20	31.2	38	59.4
		女	15	23.4	11	17.2	26	40.6
	合计		33	51.6	31	48.4	64	100
说过	性别	男	20	17.5	34	29.8	54	47.4
		女	19	16.7	41	36.0	60	52.6
	合计		39	34.2	75	65.8	114	100
说过不想要	性别	男	3	15.8	10	52.6	13	68.4
		女	2	10.5	4	21.1	6	31.6
	合计		5	26.3	14	73.7	19	100
合计	性别	男	41	20.8	64	32.5	105	53.3
		女	36	18.3	56	28.4	92	46.7
	合计		77	39.1	120	60.9	197	100

67.5%的幼儿会向父母表达自己对弟弟妹妹的想法，其中57.9%的幼儿会向父母提出自己想要弟弟妹妹，希望父母为其生一个弟弟妹妹。9.6%的幼儿会向父母表达自己不想要弟弟妹妹的意愿，认为爸爸妈妈应该考虑自己的想法，如果自己不想要，那爸爸妈妈就不应该要弟弟妹妹。通过年龄的对比分析，可以看出：大班幼儿向父母表达意愿的比例更高，这与大班幼儿的发展特点是相关的，这一阶段幼儿开始"以自我为中心"，会从自身的需要出发表达自己的想法。同时，仍有32.4%的幼儿没有向父母表达过自己对弟弟妹妹的看法，他们或许还没有想过这件事，或者父母也没有提及过。

因此，总体看来，幼儿主要是从自身的角度表达对弟弟妹妹的意愿，其中需要陪伴的原因占65.28%，占据最主要的位置。其次是对弟弟妹妹的喜爱，其中主要的回答就是"我喜欢他们"。中大班幼儿开始独自做事情，有想要表现自己价值的欲望，因此会想要照顾、保护、教育弟弟妹妹，以展现自己的价值。再次，对同伴有弟弟妹妹经验的体会，也是引起幼儿想要弟弟妹妹的原因之一。从弟弟妹妹的角度、父母的角度表达自己对弟弟妹妹的意愿的幼儿相对较少。

仍旧有30%的幼儿不想要弟弟妹妹，深究其原因，我们可以发现：不想要弟弟妹妹的原因中以弟弟妹妹自身的原因为最多，占据47.48%。从不想要的原因中，可以看出幼儿主要担心的问题是抢妈妈、抢玩具及弟弟妹妹太淘气、爱哭、爱闹等个性特点。其中以弟弟妹妹自身的特点为主，抢占物资资源、人力资源的数量相对较少，但是在总体中还是占据一定的比例的。其次是父母的角度，占据26.66%，从幼儿自身角度谈及的原因相对较少。母亲不想生育二孩、不能生育二孩、看不过来也是影响幼儿是否想要弟弟妹妹的原因之一。在生活中，家人对这些问题的谈及也会影响幼儿对弟弟妹妹的看法。家中的住房情况也成为幼儿考虑是否要二孩的原因之一，这也是大部分家长考虑的因素之一。

（二）大多数幼儿愿意照顾二孩，仍有一部分幼儿不愿意

表3-6 是否照顾过二孩的数量分布

是否照顾过弟弟妹妹			年龄				合计	
			4～5岁		5～6岁			
			频数	频率(%)	频数	频率(%)	频数	频率(%)
没有	性别	男	1	100	0	0	1	100
	合计		1	100	0	0	1	100

是否照顾过弟弟妹妹			年龄				合计	
			4～5岁		5～6岁			
			频数	频率(%)	频数	频率(%)	频数	频率(%)
有	性别	男	10	25.00	13	32.5	23	57.5
		女	6	15.00	11	27.5	17	42.5
	合计		16	40.00	24	60.00	40	100
合计	性别	男	11	26.8	13	31.7	24	58.5
		女	6	14.7	11	26.8	17	41.5
	合计		17	41.5	24	58.5	41	100

表 3-7　是否愿意照顾二孩的数量分布

是否愿意照顾			年龄				合计	
			4～5岁		5～6岁			
			频数	频率(%)	频数	频率(%)	频数	频率(%)
不愿意	性别	男	6	46.2	4	30.8	10	76.9
		女	2	15.4	1	7.7	3	23.1
	合计		8	61.5	5	38.5	13	100
愿意	性别	男	35	19.3	58	32.0	93	51.4
		女	33	18.2	55	30.4	88	48.6
	合计		68	37.6	113	62.4	181	100
不知道	性别	女	1	100	0	0	1	100
	合计		1	100	0	0	1	100
合计	性别	男	41	21.0	62	31.8	103	52.8
		女	36	18.5	56	28.7	92	47.2
	合计		77	39.5	118	60.5	195	100

表 3-8　愿意照顾二孩的原因

归因	代码	已编码文本段	所有编码(%)	合计(%)
幼儿的原因	喜欢帮助爸爸妈妈	19	10.05	23.28
	是我想要弟弟妹妹	11	5.82	
	我是哥哥姐姐	14	7.41	

续表

归因	代码	已编码文本段	所有编码（%）	合计（%）
弟弟妹妹的原因	他能陪我玩	19	10.05	38.09
	他们小	17	8.99	
	我的亲弟弟妹妹	17	8.99	
	漂亮/可爱	12	6.35	
	对我好	7	3.70	
父母的原因	爸爸妈妈太累	55	29.1	
	要求我照顾他们	5	2.65	33.87
	给予奖励	4	2.12	
	不知道	9	4.76	4.76
	合计	189	100	100

表 3-9　不愿意照顾二孩的原因

归因	代码	已编码文本段	所有编码（%）	合计（%）
幼儿的原因	讨厌弟弟妹妹	7	41.18	
	不会照顾	4	23.53	
	不想照顾	3	17.65	100
	没时间	2	11.76	
	没有原因	1	5.88	
	合计	17	100	100

表 3-10　是否愿意照顾二孩及相关性分析

变量		无弟弟妹妹		有弟弟妹妹		统计量	P 值
		频数	频率（%）	频数	频率（%）		
是否愿意照顾	不愿意	12	7.9	2	4.3	0.915#	0.633#
	愿意	136	88.9	45	95.7		

注：#值经过校正。

在是否愿意照顾弟弟妹妹的调查中，有无弟弟妹妹幼儿意愿并无显著性差异（$c^2=0.915$，P＝0.633）。大部分幼儿依旧表现出较强的对弟弟妹妹的照顾，都会考虑爸爸妈妈要去工作，没有时间照顾弟弟妹妹，照顾两个孩子会很累而去照顾弟弟妹妹。

是否愿意照顾弟弟妹妹的数量分布中，愿意照顾弟弟妹妹的幼儿明显高于不愿意照顾的幼儿，占据总数的90%。在性别的分布上，93%的女生愿意照顾弟弟妹妹，88％的男生有照顾弟弟妹妹的意愿。88％的4～5岁幼儿愿意照顾，92％的5～6岁幼儿喜欢照顾弟弟妹妹。究其原因，可以看出弟弟妹妹的原因占据最多的比例，主要涉及"弟弟妹妹可以陪我玩；他们太小了，需要照顾；他（她）是我的弟弟（妹妹），我应该照顾"居多，同时弟弟妹妹可爱、好玩、可以保护我等也被幼儿提及。其次是父母的因素，大部分幼儿认为"爸爸妈妈太累了，要上班，没有时间，这样他们就可以做他们的事情了"，认为自己照顾弟弟妹妹可以帮助爸爸妈妈，让爸爸妈妈不太累。幼儿同时以父母对他们的要求及照顾弟弟妹妹能够拿到奖励为原因，比如幼儿提及"是爸爸妈妈让我做的；我照顾弟弟妹妹，妈妈就会给我小红星，集齐了五个就可以换5元钱，就可以买自己想要的东西；我照顾弟弟妹妹爸爸妈妈会夸奖我"等。从幼儿自身因素来看，幼儿认为自己喜欢帮助爸爸妈妈，这样同样可以获得一定的奖励，同时由于自己想要弟弟妹妹，所以愿意照顾他们，或者由于是自己想要的，所以自己就必须要照顾他们。同时从血缘关系来讲，意识到弟弟妹妹是我的亲弟弟妹妹，我要照顾他们，这也是他们责任感的体现。比如，其中有一些幼儿不想要弟弟妹妹，但是如果爸爸妈妈生了二孩，还是愿意照顾弟弟妹妹。对41名家中已经生育二孩的幼儿的调查显示，绝大多数的幼儿都照顾过弟弟妹妹，占总人数的98％，并且在性别和年龄上不存在差异。

虽然大部分幼儿愿意照顾弟弟妹妹，仍旧有一部分幼儿不想要弟弟妹妹。其中男生有10％、女生有3％不愿意照顾弟弟妹妹。在年龄的分布上，10％的4～5岁幼儿不愿照顾，4％的5～6岁幼儿不愿意照顾；对于不愿意照顾弟弟妹妹的分布，在年龄和性别上都存在显著的差异，其中年龄较大的女生更愿意照顾弟弟妹妹，年龄较小的男生不愿意照顾弟弟妹妹。其主要的客观原因是他们认为小孩子太闹了、太淘气了，同时自己要去上幼儿园、小学，没有时间照顾他们。究其主观原因可以看出，大部分幼儿觉得自己太小了不会照顾弟弟妹妹，自己也不想照顾他们，认为太麻烦了。

（三）可以接受爸爸妈妈照顾二孩，但也会担心妈妈被抢走

表 3-11　没时间陪你怎么办

名称	频率	百分比（％）	百分比（％）（有效的）
自己玩	112	51.85	51.85
找别人陪我	28	12.96	12.96
自己陪弟弟妹妹	27	12.50	12.50
一起陪弟弟妹妹	26	12.04	12.04

续表

名称	频率	百分比（%）	百分比（%）（有效的）
不知道	6	2.78	2.78
我就去上学了	6	2.78	2.78
找爸爸妈妈	5	2.31	2.31
不让他们生了	2	0.93	0.93
生气	2	0.93	0.93
让别人陪弟弟妹妹	2	0.93	0.93
合计	216	100.00	100.00

表 3-12　没时间陪是否会生气的数量分布

是否会生气			年龄				合计	
			4～5 岁		5～6 岁			
			频数	频率（%）	频数	频率（%）	频数	频率（%）
不会	性别	男	35	20.2	57	32.9	92	53.2
		女	33	19.1	48	27.7	81	46.8
	合计		68	39.3	105	60.7	173	100
会	性别	男	6	31.6	5	26.3	11	57.9
		女	3	15.8	5	26.3	8	42.1
	合计		9	47.4	10	52.6	19	100
不知道	性别	男	0	0	1	100	1	100
	合计		0	0	1	100	1	100
不确定	性别	女	0	0	2	100	2	100
	合计		0	0	2	100	2	100
合计	性别	男	41	21.0	63	32.3	104	53.3
		女	36	18.5	55	28.2	91	46.7
	合计		77	39.5	118	60.5	195	100

表 3-13　没时间陪会生气的原因

归因	代码	已编码文本段	所有编码（%）	合计（%）
幼儿的原因	自己玩没意思	3	21.43	28.57
弟弟妹妹的原因	抢妈妈	10	64.29	71.43
	不知道	1	7.14	7.14
合计		14	100	100

表 3-14　没时间陪不会生气的原因

归因	代码	已编码文本段	所有编码（%）	合计（%）
幼儿的原因	可以自己玩	30	17.25	
	喜欢弟弟妹妹	20	11.49	
	不想生气	13	7.47	52.87
	别人会陪我	12	6.90	
	我长大了	10	5.74	
	一起陪弟弟妹妹	7	4.02	
弟弟妹妹的原因	弟弟妹妹需要照顾	36	20.69	
	是我的弟弟妹妹	4	2.30	25.29
	能陪我玩	4	2.30	
父母的原因	要工作，太累了	11	6.32	
	有时间会陪我的	10	5.75	
	是爱我的	7	4.02	17.82
	爸爸妈妈会生气	3	1.73	
	不知道	7	4.02	4.02
合计		174	100	100

从是否会生气的数量分布上可以看出，89％的幼儿不会因为妈妈爸爸不陪自己而生气，并且在年龄和性别上没有显著的差异。从幼儿如何应对爸爸妈妈不陪自己及不陪自己不会生气的原因，可以看出他们是相对应的。51.85％的幼儿在没有爸爸妈妈陪伴的情况下会选择自己玩，有些年龄较大的幼儿甚至觉得自己玩更有意思，表现出一定的独立性。1/3 的幼儿选择找人陪，不管是找别人、陪弟弟妹妹还是和父母一起照顾弟弟妹妹，他们都需要他人的陪伴。选择其他方式的幼儿占总数的 10％左右，其中消极行为较多，比如不让他们生了、让别人陪弟弟妹妹、生气等都是消极情绪的表现。对于会生气的幼儿最主要的归因在于对母亲的占有，怕弟弟妹妹把妈妈抢走，其次是自身的恐惧和无聊。这也是这一阶段幼儿出现的共同的问题之一。因此，在父母忙于照顾弟弟妹妹的同时，大部分幼儿会表现出积极的应对方式，仍旧会有一部分幼儿消极应对，这时就需要家长顾及大孩，关注他们的需求。

（四）相信爸爸妈妈依旧爱自己，仍有 1/3 幼儿担心爱会被抢走

表 3-15　是否还会像以前一样爱你

是否像以前那么爱你			年龄				合计	
			4～5 岁		5～6 岁			
			频数	频率（%）	频数	频率（%）	频数	频率（%）
不会	性别	男	8	14.8	20	37.0	28	51.9
		女	6	11.1	20	37.0	26	48.1
	合计		14	25.9	40	74.1	54	100
会	性别	男	29	21.5	40	27.4	69	48.9
		女	29	21.5	37	27.4	66	48.9
	合计		58	43.0	77	57.0	135	100
不知道	性别	男	3	37.5	3	37.5	6	75.0
		女	1	12.5	1	12.5	2	25.0
	合计		4	50.0	4	50.0	8	100
合计	性别	男	40	20.3	63	32.0	103	52.3
		女	36	18.3	58	29.4	94	47.7
	合计		76	38.6	121	61.4	197	100

表 3-16　还会像以前一样爱你的原因

归因	代码	已编码文本段	所有编码（%）	合计（%）
幼儿的原因	我喜欢爸爸妈妈	6	4.65	
	我们都是小孩	5	3.88	
	我爱弟弟妹妹	5	3.88	16.29
	我长大了	3	2.33	
	我要照顾他们	2	1.55	
弟弟妹妹的原因	后出生的	12	9.30	10.08
	太淘气	1	0.78	
父母的原因	都是妈妈生的	50	38.75	
	爸爸妈妈是爱我的	16	12.4	
	爸爸妈妈告诉我的	10	7.75	65.88
	一个人爱一个	6	4.65	
	爸爸妈妈高兴	3	2.33	
	不知道	10	7.75	7.75
合计		129	100	100

表 3-17　不会像以前一样爱你的原因

归因	代码	已编码文本段	所有编码(%)	合计(%)
幼儿的原因	我长大了	3	5.18	5.18
弟弟妹妹的 原因	太小	26	44.83	53.45
	漂亮、可爱	5	8.62	
	照顾弟弟妹妹	12	20.69	
父母的原因	喜欢小的	5	8.62	32.77
	我小时候爸爸 妈妈非常爱我	2	3.44	
	不知道	5	8.62	8.62
合计		58	100	100

69%的幼儿认为爸爸妈妈还像以前一样爱我，其中在年龄的分布上，4～5岁有77%，5～6岁有63%的幼儿坚持认为妈妈爸爸还会爱我，有的甚至认为比以前更爱了，因为我是先出生的，爸爸妈妈是最早爱我的。在性别上，男孩和女孩的数量相近，在数量上不存在显著的差异。主要的归因在父母身上，38%幼儿认为自己是妈妈生的，爸爸妈妈就会爱我，同时坚信爸爸妈妈是一直爱自己的。爸爸妈妈的告知也让一部分幼儿认为自己是被爱着的，不是被爸爸妈妈抛弃的。幼儿同时从侧面了解父母的爱，比如会得到奖励、会让爸爸妈妈高兴等也是幼儿体会到父母仍旧爱自己的方式。在幼儿自身和弟弟妹妹的原因上，以弟弟妹妹是后生的居多，认为后生的孩子爸爸妈妈爱的就少，他早出生了所以爱得多。而且，对爸爸妈妈的爱、对弟弟妹妹的喜爱、自身的独立等，也是幼儿考虑的因素之一。

27.4%的幼儿认为爸爸妈妈不会像以前那样爱自己了，大部分的归因在于弟弟妹妹身上，认为弟弟妹妹太小了，需要爸爸妈妈的照顾，妈妈就没有时间陪我了，所以爸爸妈妈就不会再像以前那样爱我了。这也是大多数幼儿和家长面对的难题之一。同时结合自身的经历，认为小时候爸爸妈妈很爱我，所以也会很爱弟弟妹妹，以及认为弟弟妹妹会比自己更爱爸爸妈妈、弟弟妹妹更可爱所以父母也会更爱他们。此外，就是认为自己已经长大了，不需要爸爸妈妈的照顾了，所以认为不会像以前那么爱爸爸妈妈了。

（五）大部分幼儿懂得谦让，同样担心玩具被抢

从表3-18可以看出，在物资资源的抢占上，63%的幼儿会出现比较集中的倾向，即让给弟弟妹妹。在他们看来弟弟妹妹来到之后，自己的角色随着

变为哥哥姐姐，坚信哥哥姐姐要让着弟弟妹妹。在面临抢玩具的解决措施上，80％幼儿会选择比较积极的应对措施：我可以玩其他的玩具；跟他商量；跟他一起玩等。同时 20％的幼儿会采取消极的应对方式，即不让给弟弟妹妹；去找爸爸妈妈告状；给他其他的玩具等。在物资资源的分享上，大部分幼儿处于会分享、不会因为抢玩具而生气的状态。但是不愿意分享的幼儿是不容忽视的，正是因为他们对物资资源占有欲极强，所以更应该重视他们的真实想法。

表 3-18　抢玩具怎么办

名称	频率	百分比（％）	百分比（％）（有效的）
让给他	143	63.00	63.00
不让给他	18	7.93	7.93
玩其他的玩具	17	7.49	7.49
跟他商量	15	6.61	6.61
告诉爸爸妈妈	15	6.61	6.61
跟他一起玩	7	3.08	3.08
给他其他的玩具	5	2.20	2.20
不知道	4	1.76	1.76
再去买一个	3	1.32	1.32
总计	227	100.00	100.00

表 3-19　抢玩具是否会生气的数量分布

抢玩具是否会生气			4～5岁 频数	4～5岁 频率（％）	5～6岁 频数	5～6岁 频率（％）	合计 频数	合计 频率（％）
不会	性别	男	35	21.6	48	29.6	83	51.2
		女	33	20.4	46	28.4	79	48.8
	合计		68	42.0	94	58.0	162	100
会	性别	男	6	20.0	13	43.3	19	63.3
		女	3	10.0	8	26.7	11	36.7
	合计		9	30.0	21	70.0	30	100
不确定	性别	男	0	0.0	2	100.0	2	100
	合计		0	0.0	2	100.0	2	100
合计	性别	男	41	21.1	63	32.5	104	53.6
		女	36	18.6	54	27.8	90	46.4
	合计		77	39.7	117	60.3	194	100

表 3-20　抢玩具会生气的原因

归因	代码	已编码文本段	所有编码（%）	合计（%）
幼儿的原因	我先拿到的	3	10.34	
	我的玩具	2	6.9	27.58
	讨厌弟弟妹妹	3	10.34	
弟弟妹妹的原因	跟我抢玩具	19	34.49	65.52
	不知道	2	6.9	6.9
合计		29	100	100

表 3-21　抢玩具不会生气的原因

归因	代码	已编码文本段	所有编码（%）	合计（%）
幼儿的原因	还有其他玩具	26	14.95	
	喜欢弟弟妹妹	14	8.05	
	我比他大	13	7.48	
	我跟他商量	7	4.02	41.39
	不想生气	4	2.30	
	再买一个	4	2.30	
	没有原因	3	1.72	
	抢回来	1	0.57	
弟弟妹妹的原因	他小得让着她	64	36.78	
	是我的弟弟妹妹	17	9.77	
	对他们不好	6	3.45	52.87
	他喜欢的不是我喜欢的玩具	5	2.87	
父母的原因	爸爸妈妈会说我	5	2.87	3.44
	爸爸妈妈会奖励我	1	0.57	
	不知道	4	2.30	2.30
合计		174	100	100

　　大部分幼儿在弟弟妹妹抢占物资资源上选择谦让，那谦让之后他们会不会生气呢？从表 3-19 中可以看出，84％的幼儿不会生气，但是仍旧有 15％的幼儿会生气。这与幼儿弟弟妹妹抢玩具之后的应对措施是相对应的。男生选择不生气或生气的比例都明显高于女生，5～6 岁幼儿在生气和不生气中的比例也是明显高于 4～5 岁的幼儿，在年龄和性别上有一定的差异。

　　从原因上，也可以看出大部分幼儿从弟弟妹妹的角度解释不会生气的原因如：弟弟妹妹太小了；他们是我的亲弟弟妹妹，所以得让着他们。有一部分幼儿是因为：弟弟妹妹喜欢的玩具不是我喜欢的；不需要跟弟弟妹妹抢玩具；完全不用考虑弟弟妹妹会占用自己的物资资源。从自身的角度认为：不会生气是因为家中有很多玩具，不用担心会被抢；爸爸妈妈已经准备好弟弟妹妹的玩具了，不需要担心。对弟弟妹妹的喜爱也是他不会生气的原因之一，因为他们想要弟弟妹妹所以他们也会以积极的态度对待他们。再次幼儿会采取积极的应对措施，比如：跟弟弟商量轮流玩；不想生气，生气不好；让爸爸妈妈再去买一个等。

虽然有多数幼儿不会生气，但是仍有幼儿会因为弟弟妹妹抢玩具而生气。其中以弟弟妹妹抢占自己的东西所占比例最大，认为：弟弟妹妹会把我的玩具弄坏；让给他以后他不还给我；她不跟我商量就拿我的玩具；他拿我的玩具就是欺负我。幼儿有很强的物资占有欲，不愿意他人抢占自己的东西。幼儿同样从自身的角度来探究会生气的原因，主要是：玩具是我先拿到的，应该我先玩；那是我的玩具为什么要给他呢；爸爸妈妈要求的没办法必须给他，但是自己会生气等。这些原因都表现了幼儿比较消极应对的一面，是需要家长注意的。

三、有无弟弟妹妹的幼儿在二孩观上存在差异

通过对幼儿二孩观现状的调查，我们可以看出大部分幼儿是能够接纳弟弟妹妹的到来的，希望妈妈爸爸给自己生弟弟妹妹，陪自己玩。由于本研究大部分的幼儿属于没有弟弟妹妹的类型，他们还没有真正地经历妈妈怀孕及弟弟妹妹出生后的真实情景，都是自己当时的想法。妈妈怀孕或者弟弟妹妹出生后，是否会仍旧想要弟弟妹妹，仍旧坚信爸爸妈妈依旧爱自己呢？因此，本研究对有弟弟妹妹和没有弟弟妹妹的幼儿做了进一步的对比分析，比较两类幼儿在弟弟妹妹出生后，在二孩观上是否存在差异。

（一）在接纳程度上，有弟弟妹妹的幼儿更希望二孩的陪伴

通过是否有弟弟妹妹将幼儿分为两组，分析两组儿童的二孩观是否存在差异。分析结果显示，两组幼儿在"想不想要妹妹""自己好还是有弟弟妹妹好""父母生二孩是否同意""有弟弟妹妹是否开心""是否跟爸爸妈妈说过"及"是否欢迎弟弟妹妹"均存在显著性差异（$P < 0.05$）。弟弟妹妹出生后，幼儿会表现出更多的对弟弟妹妹的接纳和意愿。即使一开始不想要弟弟妹妹的幼儿也会慢慢地适应和接纳弟弟妹妹的到来。其中是否跟爸爸妈妈谈及过弟弟妹

妹的幼儿表现出较显著的差异(P<0.001)，同时在与幼儿自身情感相关的变量上，尤其在是否会开心、是否想要的差异也比较显著。当他们自身有要弟弟妹妹的意愿时，更容易接纳弟弟妹妹，总体表现为有弟弟妹妹的幼儿更想要弟弟妹妹。

表 3-22　幼儿二孩观的现状及相关性分析

变量		无弟弟妹妹		有弟弟妹妹		统计量	P 值
		频数	频率(%)	频数	频率(%)		
年龄	4～5 岁	61	39.87	15	36.59	1.393	0.498
	5～6 岁	92	60.13	26	63.41		
性别	男	76	49.67	24	58.54	3.377	0.185
	女	77	50.33	17	41.46		
想不想要弟弟妹妹	不想	56	36.6	5	10.6	11.434#	0.001#
	想	97	63.4	42	89.4		
想要弟弟还是妹妹	弟弟	46	30.1	23	48.9	10.214#	0.069#
	妹妹	63	41.2	20	42.6		
	都行	11	7.2	3	6.4		
	都不要	8	5.2	0	0		
	不确定	1	0.7	1	2.1		
自己好还是有弟弟妹妹好	再生一个	106	69.3	43	91.5	10.79#	0.005#
	就一个	45	29.4	4	8.5		
	都好	1	0.7	0	0		
是否需要商量	不需要	42	27.5	20	42.6	4.54#	0.103#
	需要	105	68.6	26	55.3		
	不知道	2	1.3	0	0		
是否同意	不同意	37	24.2	3	6.4	12.94#	0.012#
	同意	107	69.9	44	93.6		
	不确定	4	2.6	0	0		
	无所谓	1	0.7	0	0		
	不知道	1	0.7	0	0		
是否开心	不开心	34	22.2	1	2.1	16.24#	0.001#
	开心	112	73.2	46	97.9		
	不确定	2	1.3	0	0		
	不知道	1	0.7	0	0		
是否跟爸爸妈妈说过	没说	38	24.8	26	55.3	18.6	<0.001

变量		无弟弟妹妹		有弟弟妹妹		统计量	P 值
		频数	频率（%）	频数	频率（%）		
	说过	113	73.8	20	42.6		
是否会欢迎	不会	18	11.8	0	0	6.25#	0.012#
	会	131	85.6	47	100		

注：#值经过校正。

（二）在分享程度上，有弟弟妹妹的幼儿占有欲更强

考虑到不同组别在二孩意愿中表现出的显著性差异，现对他们作进一步调查。主要从弟弟妹妹是否会抢占人力资源、精神资源和物质资源三方面分析。分析结果显示，80.9%有弟弟妹妹的幼儿表示父母会像以前那么爱自己，显著高于无弟弟妹妹的幼儿（$c^2=7.02$，$P=0.03$），然而，从弟弟妹妹抢占玩具后的表现来看，82.4%的无弟弟妹妹幼儿表示会将玩具让给他，显著高于有弟弟妹妹的幼儿（$c^2=27.26$，$P<0.001$）。在其他方面，两组无显著性差异。由此可以看出，有弟弟妹妹的幼儿有更强的占有欲。

表 3-23　是否抢占资源现状及相关性分析

变量		无弟弟妹妹		有弟弟妹妹		统计量	P 值
		频数	频率（%）	频数	频率（%）		
人力资源	不会	134	87.6	39	83	2.97	0.397
	会	12	7.8	7	14.9		
	不知道	1	0.7				
	不确定	1	0.7	1	2.1		
精神资源	不会	48	31.4	6	12.8	7.02	0.03
	会	97	63.4	38	80.9		
	不知道	5	3.3	3	6.4		
物资资源	不让	8	5.2	9	19.1	27.26	<0.001
	让	126	82.4	26	55.3		
	换一个	2	1.3	4	8.5		
	不知道	2	1.3	0	0		
	再买	1	0.7	0	0		
	不确定	4	2.6	4	8.5		
	协商	2	1.3	4	8.5		

如图 3-2 和图 3-3 所示，在能够接纳的幼儿中，他们在每一个问题上的分布大致呈现相同的趋势，即无论是否有弟弟妹妹，绝大多数幼儿都是希望有弟弟妹妹的。在接纳程度上，有无弟弟妹妹的幼儿在想要弟弟妹妹的原因、觉得再生一个更好的原因、会同意的原因、会开心的原因及会欢迎的原因上主要的归因都是"陪我玩"，在想要什么样的弟弟妹妹上，都是以外貌和性格为主。在需要商量的问题上，不论是否有弟弟妹妹都是需要商量的。在关爱程度上，没有弟弟妹妹的幼儿会照顾弟弟妹妹的原因主要是"爸爸妈妈太累了"，而有弟弟妹妹的幼儿的主要原因是"可以陪我玩"。在分享程度上，针对物资资源，没有弟弟妹妹的幼儿 88% 的会让给弟弟妹妹，有弟弟妹妹的幼儿 72% 的会让给。针对人力资源，有弟弟妹妹的幼儿有 19% 认为"弟弟妹妹太小需要照顾"，而没有弟弟妹妹的幼儿有 29% 的幼儿持相同的观点。针对精神资源，没有弟弟妹妹的幼儿最主要的原因是"都是爸爸妈妈生的"，有弟弟妹妹的幼儿认为最主要的原因是"两个都爱"。

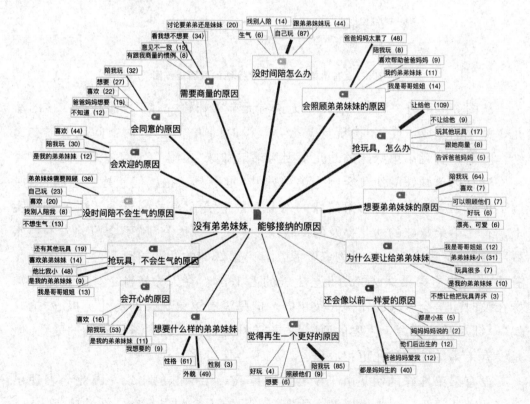

图 3-2　没有弟弟妹妹，能够接纳的原因矩阵图

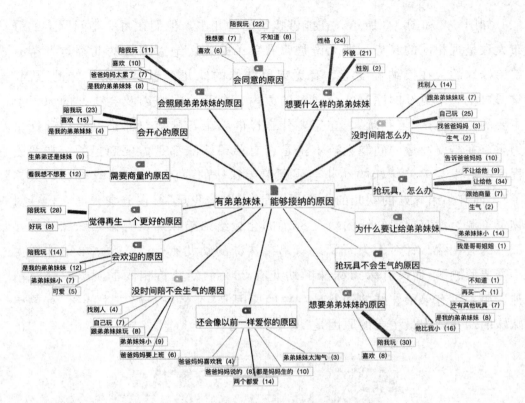

图 3-3 有弟弟妹妹，能够接纳的原因矩阵图

从图 3-4 和图 3-5 可以看出，无论有无弟弟妹妹，对于不想接纳二孩的幼儿，关注的主要点在于"抢玩具怎么办及没时间陪怎么办"两个问题上。在接纳程度上，有无弟弟妹妹的幼儿都因为弟弟妹妹"太淘气"而不想接纳。

没有弟弟妹妹的幼儿会因为弟弟妹妹"抢玩具、抢妈妈、抢占空间"等原因不想要弟弟妹妹，有弟弟妹妹的幼儿对这些方面提及的较少。在关爱程度上，有无弟弟妹妹的幼儿提及的都较少，主要的原因在于"不会照顾、不想照顾"。在分享程度上，针对物资资源，有弟弟妹妹的幼儿抢玩具会生气的幼儿有 32%，没有弟弟妹妹的幼儿会生气的占 13%。在人力资源上，有无弟弟妹妹在没时间陪会生气的比例大致相同，但是没有弟弟妹妹的幼儿更担心"抢妈妈"。针对精神资源，主要的原因是"弟弟妹妹还小，需要爸爸妈妈的爱"，但是没有弟弟妹妹的幼儿更担心爸爸妈妈不会像以前一样爱自己。

没有弟弟妹妹的幼儿由于没有真正体验弟弟妹妹的出现，因此会表现出更多的谦让行为，对人力资源、物资资源没有太多的占有欲。在情感资源上，有弟弟妹妹的幼儿表现出更多的坚信爸爸妈妈依然像以前一样自己，明显高于没有弟弟妹妹的幼儿。但是，不同类型的幼儿都愿意照顾弟弟妹妹，更希望自己能够帮助爸爸妈妈做事。

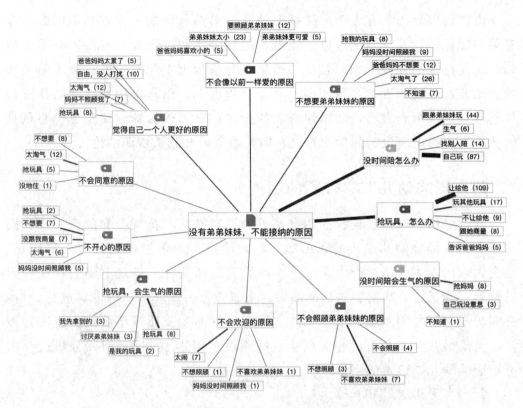

图 3-4　没有弟弟妹妹，不能接纳的原因矩阵图

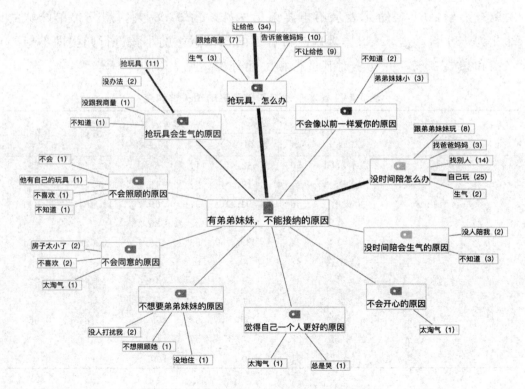

图 3-5　有弟弟妹妹，不能接纳的原因矩阵图

由此可以看出，有无弟弟妹妹的幼儿对弟弟妹妹的关注点是不同的，没有弟弟妹妹的幼儿在接纳程度上较低，但在分享程度上相对较高；有弟弟妹妹的幼儿在接纳程度上相对较高，但是在分享程度上相对较低；有无弟弟妹妹的幼儿在关爱程度上大致相同。在分享程度上，没有弟弟妹妹的幼儿更担忧爸爸妈妈不再爱自己，即精神资源的抢占；有弟弟妹妹的幼儿更担心玩具被抢走、妈妈爸爸没时间照顾自己，即人力资源和物资资源的抢占。

四、影响幼儿"二孩观"的因素

通过对幼儿二孩观现状的调查及不同类型幼儿二孩观差异的调查，我们可以看出大部分幼儿是想要弟弟妹妹的，愿意帮助爸爸妈妈照顾弟弟妹妹，也会表现出较多的谦让行为。但是不同类型的幼儿在二孩观上仍旧存在一定的差异。为了进一步解释背后的原因，本研究再一次对访谈的内容进行分析，探究访谈中哪些因素影响了幼儿的二孩观。本书主要通过单因素分析法初步了解与幼龄儿童二孩观的相关因素，并通过多因素 Logistic 回归分析进一步分析影响幼儿二孩观的因素。

(一)有无弟弟妹妹

通过调查幼儿对"是否需要弟弟妹妹"的意见，来考察幼儿的二孩观。本次调查显示，61 名幼儿表示不想要弟弟妹妹，占 37.89%，想要弟弟妹妹的幼儿为 139 名，占 62.11%。现对持有不同二孩意愿的小孩进行归类即不想要二孩和想要二孩，并初步对其进行相关性分析，见表 3-24。

表 3-24　基本信息与二孩意愿的相关性调查

变量		不想要		想要		卡方值	P 值
		频数	频率（%）	频数	频率（%）		
类别	示范园	50	82	117	84.2	0.150	0.699
	无级无类	11	18	22	15.8		
是否有弟妹	没有	56	91.80	97	69.78	11.434	0.001
	有	5	8.20	42	30.22		
年龄	4～5 岁	24	39.3	53	38.1	0.026	0.871
	5～6 岁	37	60.7	86	61.9		
性别	男	36	59	69	49.6	1.495	0.222
	女	25	41	70	50.4		
班级	大班	34	55.7	82	59	0.184	0.668
	中班	27	44.3	57	41		
	合计	61	100	139	100		

表 3-24 显示，二孩意愿分布在是否有弟弟妹妹的人群中存在显著性差异（$c^2 = 11.434$，$P = 0.001$），且有弟弟妹妹的幼儿中想要二孩的比例较没有弟弟妹妹的儿童中大。然而，在不同幼儿园类别、年龄、性别及班级中，对二孩的意愿不存在统计学差异。有弟弟妹妹的幼儿在弟弟妹妹出生后表现出更多的是对弟弟妹妹的适应和接纳。

表 3-25 结果显示，49.6％想要弟弟妹妹的幼儿选择想要个妹妹，而只有 40.3％幼儿表示想要个弟弟，10.1％的幼儿觉得弟弟妹妹都行。在问及如果爸爸妈妈想要生二孩时，不同意愿幼儿的回答截然不同。其中想要二孩的幼儿均对弟弟妹妹表示欢迎，而不想要二孩的幼儿欢迎弟弟妹妹的比例只有 34.4％。如果弟弟妹妹出生以后，大部分幼儿觉得弟弟妹妹会给自己带来影响，但是想要弟弟妹妹的幼儿对这个影响表现得相对乐观。

表 3-25　是否想要弟弟妹妹的描述性分析

变量		不想要		想要	
		频数	频率（%）	频数	频率（%）
是否需要商量	不需要	18	29.5	46	33.1
	需要	43	70.5	93	66.9
是否同意	不同意	39	63.9	1	0.7
	同意	16	26.2	135	97.1
	不确定	6	9.9	2	1.4
是否开心	不开心	39	63.9	2	1.4
	开心	22	36.1	137	98.6
是否跟爸爸妈妈说过	没说	23	37.7	41	29.5
	说过	38	62.3	97	69.8
是否欢迎	会	21	34.4	139	100
	不会	40	65.6	0	0
合计		61	100	138	100

表 3-26 显示，假设二孩出生后，幼儿对弟弟妹妹的态度存在显著性差异，其中想要弟弟妹妹的幼儿中，愿意照顾弟弟妹妹的比例显著高于不想要弟弟妹妹的幼儿（$c^2 = 15.639$，$P < 0.001$），且想要弟弟妹妹的幼儿相信父母还会像以前那么爱自己的比例也显著高于不想要弟弟妹妹的幼儿（$c^2 = 7.48$，$P = 0.024$），而且他们表现出更多的谦让意识和行为，88.5％的幼儿认为如果弟弟妹妹抢玩具自己不会生气，显著低于不想要二孩的儿童（$c^2 = 13.373$，$P = 0.001$）。

表 3-26 二孩观影响因素分析

变量		不想要		想要		卡方值	P 值
		频数	频率（%）	频数	频率（%）		
是否愿意照顾	不愿意	14	23	3	3.6	15.639	0.000
	愿意	47	77	136	96.4		
妈妈不能陪同是否会生气	不会	48	78.7	128	92.1	4.95	0.175
	会	13	21.3	11	7.9		
是否像以前那么爱你	不会	25	41	32	23	7.48	0.024
	会	33	54.1	102	73.4		
	不知道	3	4.9	5	3.6		
抢玩具怎么办	不让给他	7	11.5	10	7.2	7.04	0.317
	让给他	43	70.5	109	78.4		
	换一个	4	6.4	5	3.6		
	再买一个	2	3.3	6	4.2		
	不确定	3	4.9	5	3.6		
	跟他商量	2	3.3	4	2.9		
抢玩具会生气吗	不会	39	63.9	123	88.5	13.373	0.001
	会	17	27.9	13	9.4		
	不确定	5	8.2	3	2.1		

（二）物资、人力及精神资源

通过单因素分析可知，是否有弟弟妹妹、是否愿意照顾弟弟妹妹、父母是否会像以前那么爱自己及弟弟妹妹是否会抢玩具可能是影响他们二孩观的因素。为进一步探索影响幼儿二孩观的因素，将这些影响因素纳入 Logistic 回归模型进行分析。鉴于可能影响幼儿二孩观的因素较多，现通过多因素 Logistic 回归分析将以上可能影响因素进行校正分析。

分析结果显示，是否有弟弟妹妹（P＝0.001）、是否愿意照顾弟弟妹妹（P＝0.018）及抢玩具是否生气均为影响幼儿二孩观的因素（P＝0.002），且它们的 OR 值分别为 6.984，6.191 和 0.243。

表 3-27 幼儿二孩观 Logistic 回归分析

项	回归系数	标准误	Wald 值	P 值	OR 值	OR95%CI	
						下限	上限
是否有弟弟妹妹	1.944	0.583	11.105	0.001	6.984	2.227	21.904
是否愿意照顾弟弟妹妹	1.823	0.769	5.622	0.018	6.191	1.372	27.946
是否像以前那么爱自己	0.347	0.335	1.07	0.301	1.414	0.733	2.728
抢玩具是否生气	−1.415	0.466	9.236	0.002	0.243	0.098	0.605
常数	−3.151	1.019	9.556	0.002	0.043		

根据幼儿二孩观影响因素的分析，可以看出，北京市四所幼儿园中 200 名幼儿的二孩观是有一定的差异的。其中幼儿园的级别、幼儿的性别、年龄对幼儿的二孩观不存在显著的影响。幼儿的类别，即是否有弟弟妹妹对幼儿的二孩观是有一定的影响的，有弟弟妹妹的幼儿更希望弟弟妹妹的陪伴，这与不同类型幼儿对比的结果也是一致的。不同类型幼儿在是否愿意照顾弟弟妹妹上不存在显著差异，即是否愿意照顾弟弟妹妹对幼儿的二孩观没有显著影响，大部分幼儿都是愿意照顾弟弟妹妹的。同时，人力资源、物资资源、精神资源的占有是影响幼儿二孩观的因素。

五、二孩到来后给幼儿带来的冲击与应对

(一)二孩到来后给幼儿带来的冲击

1. 二孩的到来给幼儿带来了巨大的冲击

通过研究发现，65.5%的幼儿认为爸爸妈妈在怀有弟弟妹妹之前是需要跟他们商量的，爸爸妈妈跟他们商量的话，75.5%的幼儿是会同意爸爸妈妈生育弟弟妹妹的。在有无弟弟妹妹幼儿二孩观差异分析中，其中是否跟爸爸妈妈谈及过弟弟妹妹的幼儿表现出较显著的差异($P<0.001$)。幼儿作为家中的一员对家庭结构的变化是有知情权的，如不事先告知，当真正来临之时，他们会出现非常惊喜或非常惊讶的极端情绪。尤其是跟他们有着直接关系的弟弟妹妹的到来，更应事先告知，尊重幼儿在家庭中的知情权、重视幼儿在家庭中的位置。

新的家庭成员的到来，对幼儿而言会冲击原有的家庭结构，自己独占的爸爸妈妈、姥姥姥爷、爷爷奶奶都会因为二孩的到来，忽视他在家庭中地位的变化。家长给幼儿一个新的角色即哥哥姐姐，作为哥哥姐姐就应该照顾弟弟妹妹、就应该让着弟弟妹妹、就要学会分享，所有这些额外的要求都对幼

儿带来了一定的心理压力。

因此，家长及时的沟通就显得尤为重要，事先的沟通不仅仅是告知幼儿父母有想生二孩的意愿，同时也是父母了解幼儿是否想要二孩、为什么不想要二孩，幼儿了解父母为什么要生二孩的双重时机。家庭结构的变化不仅给家长带来了一定的影响，同时也对幼儿带来了一定的冲击。面对突如其来的"入侵者"，对幼儿的影响是相对于给父母带来的影响更为重要，是更为值得关注的问题。

2. 我国幼儿面对二孩存在相同问题的同时，具有我国独有的特点

从亲子依恋对幼儿二孩观的文献综述中可以看出，不同依恋类型的幼儿，在面对即将来临的二孩时会有不同的看法和态度。安全性依恋的幼儿表现出较少的攻击和自我保护、较多的安慰和照顾行为。在手足关系上，幼儿之间会出现一定的竞争和争抢，一孩会出现一定的自卑、自私、担忧的心理。

通过本研究发现，有无弟弟妹妹的幼儿在分享程度上存在一定的差异。有弟弟妹妹幼儿更担心物资资源、人力资源被抢占，没有弟弟妹妹的幼儿更担心精神资源被强占。有弟弟妹妹的幼儿接纳程度高，但是分享程度低，没有弟弟妹妹的幼儿接纳程度低，分享程度高。这同样折射出幼儿在二孩问题上存在的心理问题。我国幼儿的二孩观同样反映了幼儿面对二孩时在亲子依恋和手足关系上的问题。对于没有弟弟妹妹的幼儿而言，他们主要担心的是精神资源即爸爸妈妈的爱被强占，害怕爸爸妈妈不再爱自己，有一定的自卑心理。有弟弟妹妹的幼儿主要担忧物资资源和人力资源被抢占，即玩具和爸爸妈妈的时间被二孩占有，产生一定的嫉妒、自私的心理。因此，在手足关系之间会出现较多的争抢、竞争、嫉妒的看法和态度。

本研究在关爱程度上的调查发现几乎所有的幼儿都会照顾弟弟妹妹，有无弟弟妹妹的幼儿在关爱程度上不存在差异。国外的研究中指出在关爱程度上，非安全依恋的幼儿在母亲不在的时候会表现出较少的照顾行为，当母亲照顾弟弟妹妹时候会表现出较多的黏人、抵抗行为。这与我国幼儿的看法和态度是不一致的，反映出了我国独有的特点。这也与我国独有的文化背景——尊老爱幼、哥哥姐姐应照顾弟弟妹妹的传统文化是相呼应的。

因此，在幼儿的二孩观上，针对相同的问题，我们应借鉴国外的有益经验，缓解幼儿面临的压力和心理问题。针对我国独有的特点，我们应根据我国的文化背景，不断地发扬手足之间互相照顾的优良传统。

(二)对策与建议

幼儿的生活方式通常在 4 岁或 5 岁的时候就已经形成[①]，在这个年龄阶段，他必须培养社会情感和锻炼调节适应社会的能力。在 5～6 岁，幼儿对周围环境的态度已经固定下来，他今后的发展都会朝着大致的方向。幼儿不会跳出他当时看待事物的视野。这时形成的思维运作模式和由此产生的行为、情感会不断地重复，并影响他一生的发展。因此，结合本研究的研究结论，针对幼儿面对的诸多问题，该如何重视幼儿在"二孩政策"中位置呢？如何采取措施缓解幼儿的压力呢？如何帮助幼儿更好地迎接、接纳和适应二孩呢？针对以上问题，提出如下建议。

1. 幼儿作为"全面二孩"政策的利益相关者，亟待研究与关注

"全面二孩"政策是惠及每个家庭的人口政策，作为人口政策的直接影响单位——家庭，是最直接的政策受益人群。在政策实施中，应该顾及对每一个利益相关者的影响，尤其是家中处于幼儿阶段的第一个孩子。他们处于发展的初级阶段，如何正确地应对弟弟妹妹的出现，会影响他们一生的发展。每一个家庭中的第一个幼儿都正在经历着独生子女的唯我独尊时光，当得知第二个孩子将要来临时，他便要强迫自己去适应另一个新的环境。当他正处于所有家人的关怀和宠爱的时候，突然得知自己要被逐下"王座"[②]。他必须与弟弟妹妹分享父母的关怀、分享自己的玩具、分享爱他的爸爸妈妈，他将不再唯我独尊了。如果在此阶段不能正确地处理弟弟妹妹的到来，父母不能重视二孩的出现对大孩造成的影响，在二孩政策推行中不能将大孩的感受予以重视，他们将会在二孩来临之际，被淹没在二孩的世界里，成为被家长、社会忽视的人群。

"全面二孩"政策实施以来，研究的重点对象即家长，尤其是家长的生育意愿。翟振武、张现苓、靳永爱的研究发现，目前妇女生育意愿仍处于较高水平，至少 60%[③]以上的妇女想要生育第二个孩子。家长在期待二孩的同时，本研究同样发现，70%的幼儿同样想要弟弟妹妹的陪伴，期待弟弟妹妹的到

---

① [法]阿尔弗雷德著：《儿童的人格形成及其培养》，韦启昌译，85 页，北京，北京大学出版社，2014。

② [奥]阿德勒著：《阿德勒谈灵魂与情感》，石磊译，138 页，天津，天津社会科学院出版社，2011。

③ 翟振武、张现苓、靳永爱：《立即全面放开二胎政策的人口学后果分析》，载《人口研究》，2014(2)。

来。随着"全面二孩"的推进，幼儿也已经开始逐渐意识到家中不止一个孩子的现状。不论是通过家长的沟通，还是同伴的影响，绝大多数幼儿在潜移默化中已经慢慢适应、接纳二孩的到来。但是仍旧有 30% 的幼儿是不想接纳二孩的到来的，有无弟弟妹妹的幼儿都存在一定的担忧和焦虑。有弟弟妹妹幼儿的接纳程度高于没有的，弟弟妹妹出生以后，不论幼儿事先是否愿意爸爸妈妈生育二孩，幼儿都会慢慢地适应和接纳二孩。但是有弟弟妹妹的幼儿有更强的占有欲，他们更担忧自己的独有的物资、人力、精神资源被抢占。没有弟弟妹妹的幼儿接纳程度相对较低，主要是害怕弟弟妹妹抢占爸爸妈妈的爱，怕被爸爸妈妈抛弃，甚至会出现一些极端的行为。

由此可以看出，幼儿是可以接纳二孩的到来的，虽然有不同程度、不同方面的担忧和焦虑，但是他们面临的压力和问题是值得我们关注的，也是急需被解决的。

2. 在二孩问题上，关注幼儿的心理需求和期待

（1）家长应走进一孩的心理世界，了解一孩的期待、担忧和焦虑。

幼儿作为家庭中的一员，同样有发表自身看法和态度的权利，尤其是针对与自身密切相关的家庭变化时，家长更应该倾听幼儿的声音，走进幼儿的心理世界。了解幼儿对二孩的真实想法及其背后的原因，并深入了解幼儿期待什么、担心什么、焦虑什么，为什么会出现这样的反应。针对幼儿的反应，家长又该如何应对呢？这就需要家长在培养幼儿的过程中及时了解幼儿的心理特点、认知特点，了解背后的原因。

由于不断加快的生活节奏，大部分的幼儿都处于无人陪伴的状态，尤其是没有同龄人的陪伴。当家长因为生活压力、经济压力不考虑生育二孩时，也应该与幼儿沟通，尊重他在家庭中的发言权。当幼儿因为无人陪伴而渴望有弟弟妹妹的陪伴时，家长也应把幼儿的期待考虑在内。

当家长想要二孩，但是幼儿不想要弟弟妹妹的时候，家长应与幼儿沟通不想要背后的原因，了解幼儿担心和焦虑的内容。针对幼儿的问题，采取积极的应对措施。培养幼儿分享、谦让的良好品质，树立正确的二孩观。

（2）教师应掌握相关的专业知识，了解多子女家庭幼儿的心理特征。

"全面二孩"政策的推进中，教师也是重要的参与者。教师作为教育者应及时转变教育理念，关注二孩到来后对幼儿带来的影响。应加强对幼儿心理发展的学习和了解，掌握一定的专业理论知识，了解非独生子女的成长特点和心理变化。增强幼儿作为政策利益相关者同样会受到一定影响的意识，能

够及时关注到幼儿出现的问题。当幼儿出现问题时，采取正确的应对措施，保障幼儿的健康发展。尤其重视幼儿同伴关系的发展，重视培养幼儿分享、关爱、接纳、谦让的优良品质，帮助幼儿及早树立正确的二孩意识，为弟弟妹妹的到来做好一定的心理准备。

（3）政府应关注幼儿的需要，增加对一孩的研究，储备必要的知识。

幼儿也是二孩政策推行中的政策利益相关者之一，是不容忽视的人群。学前阶段的幼儿处于一生发展中的关键时期，幼儿期经历直接影响其一生的发展。在政策推进中，幼儿针对其自身发展的需要，需要政府给予一定的支持和关注。政府应加大父母关注大孩感受的宣传力度，生育二孩的同时顾及大孩的想法。针对二孩的到来，为其提供一些积极的、正向的学习支持。例如一些具体的绘本、少儿节目等，潜移默化地帮助幼儿树立正确的二孩观。关注幼儿面临的心理压力，为幼儿提供一定的心理辅导和咨询，同时，关注二孩的发展。

由于我国一直以来的独生子女政策，对非独生子女手足关系、家长如何处理手足冲突、如何使第一个孩子更好地接纳和适应二孩的出现的研究相对较少。"全面二孩"政策实施以来，大部分的研究对象在人口的预测、家长的生育意愿上，对于如何帮助家长、教师处理二孩出生之后的教育问题的研究相对较少，缺少相应的研究和知识支持。因此，政府应该加大对非独生子女的研究投入，鼓励研究者和教师参与相应的研究，了解非独生子女总的心理需求和期待，为家长、教师、政府在政策推进中更好地支持幼儿的发展提供一定的研究支持。

3. 即将孕育二孩的家庭，重视精神资源的准备，提高幼儿的接纳程度

（1）选择合适的时机告知幼儿，增加幼儿的参与度。

选择合适的时机告知幼儿将要成为哥哥姐姐了。当得知自己怀有二孩的时候，父母是否应该告知家中的第一个幼儿？什么时候告知幼儿呢？还是应该让幼儿自己发现妈妈的变化呢？还是让幼儿从别人的口中得知妈妈已经怀弟弟妹妹了呢？这些都是有生育意愿家长必须面对的问题。作为家长首先应该做的就是要告知幼儿弟弟妹妹不久将要出生了，但是什么时候告知，以什么样的方式告知，就要依据幼儿自身的年龄发展特点、兴趣和发展程度而定。家长可以根据怀孕之前的商量，依据幼儿的接纳程度和理解程度选择合适的方式和时机。不论幼儿的反应如何，家长都应理性地面对，积极地应对。

怀孕期间要让幼儿参与弟弟妹妹的生育过程，在幼儿提问有关弟弟妹妹

如何来的问题时，家长应采取合适的回答告知幼儿。同时可以拿出幼儿小时候的照片给幼儿看自己成长的过程，了解他小时候的样子。和幼儿一起阅读有关弟弟妹妹的图画书，通过各种媒介告知幼儿弟弟妹妹到来对他意味着什么、他应该怎么样对待弟弟妹妹等。

与幼儿分享弟弟妹妹的成长过程，让幼儿感受弟弟妹妹在妈妈肚子里面的跳动，和幼儿一起期待弟弟妹妹的出生。当妈妈去医院生产时，可以让幼儿陪伴父母，一起等待弟弟妹妹的降生。不让幼儿有因为爸爸妈妈去医院生宝宝，而自己被遗弃的感觉。这个时候幼儿在父母身边显得尤为重要，幼儿出现的一系列问题就是从这个时候开始的，如入睡困难、怕黑等。让幼儿多与比他小的宝宝接触，了解宝宝的基本特征，不至于弟弟妹妹刚出生时接受不了。在幼儿与弟弟妹妹接触的过程中，学会照顾他们、谦让他们、帮助他们。

（2）为幼儿做好精神资源的准备，保障幼儿的安全依恋。

幼儿对精神资源的需要在研究中比较明显，说明幼儿非常重视爸爸妈妈对他的爱。幼儿会因为弟弟妹妹的出现担心爸爸妈妈不再爱自己，同时也有幼儿会认为爸爸妈妈会更爱我，因为我是最早出生的。之所以出现这样的两极分化，既归因于幼儿自身，同时也与父母自身相关。父母应该善于表达对幼儿的爱，经常告知幼儿爸爸妈妈是爱他的，有了弟弟妹妹以后还会像以前一样爱他。同时，父母要培养幼儿爱他人的品质，学会爱他人，学会接纳他人。二孩出生以后，父母在照顾二孩的同时，要关注大孩的变化，及时地发现他的问题，抽出时间陪伴他，让他明确地知道爸爸妈妈依旧像以前一样。母亲要经常让父亲照顾大孩，增加幼儿与父亲相处的时间，锻炼幼儿即使不与母亲在一起，与父亲在一起一样可以形成安全依恋的能力，为二孩出生后母亲不能时常陪伴大孩做好准备。

（3）培养幼儿与他人分享、帮助他人、照顾他人的良好品质。

在影响幼儿二孩观的因素中，主要的影响因素是是否会照顾弟弟妹妹及对物资资源、人力资源、精神资源的占有。因此，通过研究结果我们可以看出，大部分幼儿在照顾、分享、帮助等良好品质的培养上有所欠缺。作为家中独生子女的幼儿一直处于唯我独尊的地位，所有的人、事、物都是围绕着他转的。突然闯进来的弟弟妹妹要分享他的东西，肯定一时无法接受，尤其是处于"以自我为中心"的幼儿阶段。这时就需要家长平时多让幼儿参与集体活动，学会与他人分享。同时，让他懂得自己成为哥哥姐姐以后，要承担起哥哥姐姐的责任，要学会谦让、照顾弟弟妹妹。

（4）培养幼儿独立自主的生活习惯。

经过研究发现，幼儿在弟弟妹妹出生以后会出现倒退行为，如害怕自己睡觉、不能顺利如厕、不想自己穿衣服、经常黏着爸爸妈妈、经常哭泣等行为。针对幼儿可能会出现的倒退行为，家长应该提前做好准备。首先，让幼儿学会自己睡觉，给幼儿一个独自的空间。其次，要锻炼幼儿的自理能力，让他学会熟练地穿衣、吃饭、睡觉等。最后，让幼儿适应其他照顾者，如给予孩子和爸爸经常在一起的时间和机会，让幼儿有爸爸照顾也挺好的感觉。

（5）教师应关注将要成为哥哥姐姐的幼儿，及时发现问题并与家长沟通。

教师要增强自身对幼儿的敏感性，有意识地关注班级中有弟弟妹妹和即将有弟弟妹妹的幼儿出现的变化，及时与幼儿沟通。在教学活动中增加一些促进幼儿形成正确二孩观、学会分享、谦让的教学内容，潜移默化地促进幼儿的发展。做好家园沟通，发现幼儿出现问题及时与家长沟通、交流，了解家长面临的教育困难。结合自身的专业知识、教学经验和对幼儿的了解，指导家长正确育儿。

同时，幼儿园应定期组织家长育儿培训和指导，开展家长教育交流活动，分享教养经验，让家长之间、家长与教师、家长与幼儿进行良好的互动和沟通，共同促进两个孩子的发展，使家长形成正确的育儿观念。

（6）完善配套举措，为家长提供育儿指导，缓解家长的生育担忧和顾虑。

家长作为"全面二孩"政策的直接受益人，应是政策推进中最先考虑的对象。二孩政策的推行就是为了增加人口的出生率，减少人口老龄化带来的问题。因此，家长是不是想生二孩是最重要的问题。在影响家长生育意愿的因素中，第一个孩子成为主要因素之一。家长担心处理不好第一个孩子面临的问题、两个孩子之间的冲突，而犹豫是否要生育二孩，这些顾虑也是政府应该考虑的问题之一。

为了缓解家长的生育顾虑，政府应完善相应的配套措施。尤其是发挥社区的家庭服务功能。为家长定期提供一定的育儿指导讲座、培训，为处理二孩问题提供专业的知识。同时举办一定的社区亲子活动，促进幼儿社会性的发展，加强幼儿与同伴的沟通与交流，使幼儿在社区大家庭的环境中更好地接纳二孩的到来。同时，完善社区早教服务，为家长提供免费的早教服务，为幼儿的发展提供一定的财政支持和教育支持。

4. 已经孕育二孩的家庭，合理分配人力、物资资源，提高幼儿的分享程度

（1）家长应关注一孩是否已经接纳二孩及其背后的原因。

经过研究发现，有无弟弟妹妹的幼儿的二孩观是存在差异的，因此，当二孩出生以后，家长应关注幼儿出现的诸多变化和问题。及时地与幼儿沟通自己对弟弟妹妹的看法，深入了解幼儿是否能够真正地接纳、适应二孩的到来，了解背后的原因。通过平时的观察和与幼儿的沟通，发现幼儿焦虑和担心的内容，并针对具体的内容采取具体的措施。比如，如果幼儿担心玩具被抢走，可以将幼儿的玩具放置在安全的不被弟弟妹妹拿到的位置，或者为两个孩子准备充足的玩具，不让其出现争抢的局面，或者家长尝试培养幼儿的分享和谦让，让幼儿意识到玩具可以被分享，同样，父母的爱和时间也是可以被分享的，不是被自己独占的。

（2）公平、公正地应对一孩与二孩在物资资源上的冲突和竞争。

当一孩与二孩发生矛盾冲突时，家长应采取积极的措施应对，不要一味地认为"大的就应该让着小的，大的就应该照顾小的"，这样会给幼儿带来一定的心理压力。首先，应创造良好的家庭环境，采取开放式的教养方式，给予幼儿一定的发言权。让幼儿自己去解决面对的冲突和矛盾，当自身无法解决时，就需要家长了解事情的来龙去脉，本着公平、公正的态度，解决幼儿的矛盾和冲突。其次，家长应达成一致的教育方式，尤其是隔代教养，更应该达成一致。经常与祖辈沟通两个孩子之间出现的问题，协商解决，不是一味地听从一方的见解。在沟通和协商中，维持和谐的家庭环境。

（3）帮助幼儿与父亲形成安全依恋，合理分配人力资源。

以往的研究发现，当二孩出现时，幼儿会从安全依恋转变为不安全依恋，由此会出现一系列的问题，如行为的倒退、焦虑和担忧、与父母之间的对抗和冲突等，尤其是与母亲之间关系的变化。这时就需要父亲的介入，要发挥父亲的作用。由于母亲要一直照顾新生儿，没有太多的时间，这时就是父亲发挥作用的时刻。父亲应转移幼儿的注意力，经常代替母亲照顾幼儿，甚至可以让他感受到以前不照顾我的爸爸，现在竟然照顾我了，有一种优越感。但是也要适度，母亲不能因为父亲的介入，而不管大孩，一定要抽出时间陪伴幼儿，可以与幼儿商量好等弟弟妹妹睡着了以后再陪他等。

（4）给予一孩照顾二孩的机会，树立哥哥姐姐的角色。

二孩出生后，家长可以鼓励幼儿帮助照顾弟弟妹妹。研究发现93%的幼儿是愿意照顾弟弟妹妹的，甚至在想要弟弟妹妹的原因中也提及因为想照顾他们才想要弟弟妹妹的。二孩出生以后，父母应该让幼儿参与照顾弟弟妹妹的过程，不要让他成为局外人。鼓励幼儿抱抱弟弟妹妹、摸摸弟弟妹妹、看看弟弟妹妹长什么样子、是否和自己一样等，让幼儿亲身体验弟弟妹妹，让他们真实地感受弟弟妹妹，增加他们在身体上的接触、情感上的交流。同时让幼儿参与照顾的过程，也是让幼儿转变角色，成为哥哥姐姐的过程。让他们学会承担责任、学会帮着爸爸妈妈照顾弟弟妹妹。

（5）教师应重视多子女家庭幼儿出现的问题，帮助幼儿学会分享独有的资源。

当幼儿有弟弟妹妹以后，会在行为、情感、认知上发生一定的变化，这样的变化同样会延伸至幼儿园的生活当中。这就需要教师及时地发现班级中有弟弟妹妹的幼儿，并关注他们出现的变化。尤其是在幼儿社会性发展方面，给予幼儿一定的指导和帮助。注重培养幼儿分享、谦让的品质。在一日生活中，给予幼儿学习帮助、照顾年龄较小同伴的机会，鼓励幼儿学会分享、学会关爱同伴，与同伴建立良好的关系。同时及时地提供一定的榜样，学习其他同伴良好的品质。并给予及时的奖励和支持，深化幼儿分享和关爱的意识。

（6）政府应完善配套政策与措施，保障家庭的和睦和幸福。

针对已经孕育二孩的家庭，政府应及时地给予一定的指导和培训，帮助家长较好地处理手足之间的关系。首先应该发挥社区的作用，定期组织一定的亲子活动、父母培训和讲座，给家长提供学习、交流的机会。同时，聘请相关的专家入区指导，根据家长普遍面临的问题有针对性地沟通交流后进行指导。家长之间建立一定的群体，互相沟通良好的育儿经验，互相学习。政府在鼓励家长生育二孩的同时，一定要为家长做好充分的准备工作，及时地预见家长可能面临的问题，给予及时的指导。

因此，针对幼儿在面对二孩时出现的问题，需要家长、教师、政府的合作，共同解决幼儿出现的焦虑和担忧，满足幼儿的期待和需要，给予幼儿一定的支持和帮助，关注幼儿在"全面二孩"政策实施中作为政策利益相关者的角色，为"全面二孩"的顺利实施做好充足的准备工作，为一孩和二孩的发展提供必要的支持和引导。

第二节 家长的二孩教育困惑及社会支持研究

一、研究设计

(一)研究缘起

1. 二孩到来可能会给家庭育儿带来新的困惑

20世纪80年代，当独生子女政策推行时，出现了独生子女如何教育的困惑。当今社会"全面二孩"政策的实施，改变了传统4＋2＋1独生子女式的家庭结构，形成了目前的4＋2＋2的家庭结构。家庭结构的变化，家庭的每位成员都要适应新成员的到来，父母要适应同时带两个孩子，大孩要适应二孩的存在。在适应新环境时，现有的生活状态与原有的生活规律形成矛盾冲突，家庭如何调节这些问题显得尤为重要。生育二孩的父母大多数是"80后"，并且大部分是独生子女，独一代适应了没有兄弟姐妹的生活，也习惯了独自享用爸爸妈妈的爱。已有研究发现，独一代父母存在着生活自理能力差、教育方式存在偏差、性格孤僻等特点。因而，当独生子女父母同时面对两个孩子的教育时，可能会产生许多困惑。因此，家庭的育儿困惑也由独生子女转变成二孩家庭的育儿困惑。

如何让两个孩子身心健康地成长，成为新时期非常值得探讨的话题。已有二孩的家长不再纠结于生与不生，而是转为关注现实的育儿问题。比如：如何协调自己的时间和精力；如何平衡对大孩二孩的爱和需求；如何处理大孩二孩相处中的矛盾冲突；如何与大孩二孩建立和保持亲密关系；等等。可谓是一石激起千层浪，这些都至少说明二孩家庭的育儿困惑是现代家长最为关注的话题之一。二孩的到来，给家庭带来新变化的同时，新的育儿困惑也应运而生，并且这些困惑背后透射出家长的育儿观念、方法、知识和能力与其存在是紧密联系的。北京作为国家中心城市和文化中心，二孩政策的放开和后续工作的解决有利于在全国范围内做好引领作用。因此，如何帮助家长解决目前的育儿困惑，在顺应时代发展的同时固守教育的本真面貌，对二孩家庭的育儿困惑有一个总体的认识与把握，是当前急需解决的问题。

2. 社会的支持和帮助有助于缓解二孩家庭的育儿困惑

家庭是社会最基本、最微小的单位。随着中国传统家庭结构的消逝，家庭结构小型化、核心化的发展，家庭抗风险的能力越来越差，如果不加强对家庭的社会支持，扩展家庭的社会网络，家庭就会渐渐变成社会的孤岛。国家或者政府作为主要的社会资源提供者，在家庭的社会支持中占重要地位。因为社会支持有助于减轻父母的育儿压力，提高应对风险的能力。[1] 西方许多国家制定了完善的儿童教育支持体系，有各种类型的育儿假期、政府补贴、育儿指导平台等，不仅解决了家庭育儿的后顾之忧，而且缓解了家庭教育、经济、医疗等方面的压力。

"全面二孩"政策的推行，二孩家庭占所有家庭的比例逐渐增加，许多家庭面临抚养两个孩子所带来的照料、教育、亲子关系等方面的问题。随着我国经济发展水平的提高，养育孩子的成本大大增加，仅靠家庭自身的力量已难以完成自身的责任与义务，急切需要外部力量，即社会的支持与帮助。国内社会支持力量主要用到了弱势群体的行列，对于普通家庭的支持政策略少，社会支持体系处于刚起步的阶段。在2016年1月，中央以官方的形式颁布了政策文件，提出缓解二孩家庭的育儿压力，建立家庭发展支持体系。[2] 国内成都率先出台了针对二孩家庭的津贴补助及住房优惠政策。[3]

二孩家庭的社会支持属于社会支持体系中薄弱的部分，刚处于起步阶段，在教育、经济、医疗等方面形式单一，未能在了解家庭需求的基础上，制定完善的支持体系。因此，深入了解二孩家庭在育儿方面的社会支持现状与需求，对于推进人口新政的顺利落地实施、促进国家或政府后期特别扶助政策的出台与完善，以及家庭二孩教育质量的提升都有着十分重要的意义。通过了解二孩家长在育儿方面已经获得的社会支持及期望，对于缓解二孩家庭的育儿困惑有着重要的导向作用。

3. 有关二孩家庭的育儿困惑与社会支持的研究相对匮乏

随着"全面二孩"政策的放开，有关二孩的研究也逐渐增多，但研究的领域更多地集中在人口学和社会学背景下，针对二孩家庭育儿困惑的研究很少，并且社会支持更多针对弱势群体，针对普通二孩家庭育儿社会支持的研究不

---

[1] 박성덕, 서연실. "Relationship of father's child-fearing involvement perceived by mother to marital conflicts and mother's child-rearing stress: with priority given to the moderated mediating effects of social support," *Korean Journal of Early Childhood Education*，2016(2)，pp. 193-212.

[2] 中央政府门户网站：《关于实施全面两孩政策　改革完善计划生育服务管理的决定》，http://www.gov.cn/gongbao/content/2016/content_5033853.htm，2016-01-06.

[3] 卢晓莉：《"全面二孩"政策下成都市构建家庭支持体系的思考》，载《成都行政学院学报》，2016(6)。

多。目前已有二孩的家庭越来越多，以往独生子女的育儿困惑已经转化为了二孩家庭的育儿困惑，已有研究发现，二孩的到来给家庭带来的影响是一把双刃剑。首先，二孩到来降低了子女养老负担和独生子女不良品行和潜在风险的问题，增强了家庭抗风险的能力，体验了手足亲情。其次，二孩的到来，增加了家庭的经济压力，可自由支配的时间精力减少[①]，女性的职业生涯受阻。并且二孩出生时，大孩处于规范生态的转型期，大孩出现行为退化、乱发脾气、焦虑紧张等现象，此过渡期对于大孩来说压力巨大。[②] 最后，在父母同时陪伴两个孩子时，子女之间会出现嫉妒，并且对嫉妒的调节水平很低[③]，已有研究表明子女关系相处的质量水平与子女的行为问题成高度的相关性[④]。因此，通过已有相关研究可知，目前二孩家庭面临的问题急需关注与研究。我们需要了解"全面二孩"政策背景下二孩家庭的育儿困惑，通过直接利益相关者获取信息。

通过预访谈了解到，已有二孩家长在育儿观念、知识、能力等方面都存在着不同类型的困惑，并且每个家庭的困惑和需求在有些方面大同小异，在有些方面却存在天壤之别。因此通过普查，可以充分了解目前利益相关者面临的困惑，寻找其中的共性和差异，有针对性地帮助利益相关者解决困惑。通过访谈利益相关者，了解他们有了二孩后的感受，了解他们是如何处理子女之间的矛盾，了解他们养育两个孩子最头疼的方面，了解两个孩子的变化，等等。除了可以了解到目前二孩家庭育儿面临的困惑，还能充分了解到利益相关者自身的感受，并且有利于挖掘育儿困惑背后的原因。因此，为了解决育儿困惑需要充分倾听利益相关者的"心声"，有效应对二孩出生给家庭带来的影响。

（二）研究对象及方法

1. 访谈法

为了了解二孩家庭的育儿困惑与社会支持的现状，生动地获取二孩家长的真实感受和想法，进一步了解二孩到来给家庭带来的变化、教育子女的困

---

① 孙圣利：《浅析"二孩政策"对家庭的影响》，载《现代交际》，2015(2)。

② Volling，B. L.，"Family transitions following the birth of a sibling：an empirical review of changes in the firstborn's adjustment，"*Psychological Bulletin*，2012(3)，pp. 497-528.

③ Kolak，A. M.，& Volling，B. L.，"Sibling jealousy in early childhood：longitudinal links to sibling relationship quality，"*Infant & Child Development*，2011(2)，pp. 213-226.

④ Pike，A.，& Oliver，B. R.，"Child behavior and sibling relationship quality：a cross-lagged analysis，"*Journal of Family Psychology*，2017(2)，pp. 250-255.

惑及社会支持，又基于对相关文献的搜索得知家庭教育问题的研究主要采用访谈法来获取家长的真实想法。因此本研究主要采用访谈法，对北京市100名二孩家长进行半结构化访谈，通过与二孩家长直接对话深入了解二孩家庭的育儿困惑与支持的现状。

在正式访谈之前，本研究先进行了预访谈，了解二孩家长养育两个孩子的感受，根据二孩家长的关注点对访谈提纲进一步修改，深入挖掘二孩家长目前的育儿困惑与社会支持。正式访谈提纲主要涉及以下几方面的问题：有了二孩后的生活跟之前的差异；养育两个孩子的感受；带两个孩子相比一个孩子最大的挑战；大孩的状态；大孩二孩关系；对困难的预估、获得的社会支持及期待。访谈资料主要从以下两部分进行分析：一是二孩家庭的育儿困惑，包括二孩的来临给家庭带来的困惑和在子女教育中的困惑；二是社会支持，包括二孩家庭获得的社会支持及期待，从家庭支持、教育支持、经济支持、医疗支持四个方面来研究。访谈提纲具体维度和内容见表3-28。

表 3-28 访谈维度

维度		具体内容
育儿困惑	二孩来临后给家庭带来的困惑	生活
		工作
		情绪
	二孩家庭在子女教育中的困惑	大孩的变化
		子女相处中的问题
		家长应对子女教育的困惑
社会支持	二孩家庭已经获得的社会支持	家庭支持
		教育支持
		经济支持
		医疗支持
	二孩家庭期待的社会支持	家庭支持
		教育支持
		经济支持
		医疗支持

2. 数据分析

根据访谈提纲，对每一名家长访谈10~20分钟，访谈期间用录音笔记录下访谈的内容，共18小时的访谈录音。将访谈录音转成文本信息，为每一位家长的访谈内容建立 Word 文本，总共 100 个文本的分析资料。

在数据分析过程中，首先对文本信息采用质性分析的方式，运用质性分析软件 MAXQDA12.0 对文本内容编码归类，其次将编码内容转换为量化的数据，并对编码数据进行归纳整理。归纳整理的思路是：一是整理二孩家庭存在哪些育儿困惑，从二孩来临家庭的变化和二孩子女教育困惑两个角度出发；二是分析目前二孩家庭获得的社会支持及期待。

二、家长的二孩教育困惑

(一)二孩到来给家庭带来的困惑

1. 时间精力不足和经济压力构成最大的挑战

59.1%的二孩家长认为，有了二孩后，生活上最大的变化就是时间精力不足。家长普遍认为只有大孩时，虽然工作也很繁忙，但是时间和精力还相对充足。生了二孩后，时间精力严重不足，自由支配的时间少了，体力消耗大。有妈妈说：有了二孩后，所有的事情都变了，没生之前不觉得辛苦，生后真的挺累的；两个孩子都想得到你的关注，别的东西都可以尽量满足，但是时间和精力还是有限的，想兼顾他们俩的感受，有点为难；多了一口人，他的吃喝拉撒占用大人很大一部分精力；生活上更加忙乱了，自己的时间也被挤没了。所以，时间精力不足成为二孩家庭生活中面临的最大挑战，具体见表 3-29。

表 3-29　二孩到来，生活上的变化

二级编码	一级编码	频次	百分比	合计
时间精力	自由支配的时间少了	57	33.7%	59.1%
	体力跟不上	43	25.4%	
经济压力	钱紧了	39	23.1%	32.6%
	空间拥挤	16	9.5%	
没变化	差别不大	14	8.3%	8.3%
	合计	169	100%	100%

除了时间精力不足，还有 32.6%的家长认为生活上存在经济压力。访谈中了解到：某家长的二孩是在日本生的，孩子的医疗是百分百报销，回国之后不适应，孩子得了肺炎，结果花了几千元钱；等二孩也上学后，教育上的支出会增加很大的一部分。根据访谈内容，我们可以得出，孩子的教育和医疗费用占用很大一部分生活开支，二孩的降生会加剧这种压力。

2. 多数女性迫于现实原因回归家庭

通过访谈了解到：养孩子太辛苦了，生了二孩之后再上班的话，根本没有心力照顾孩子，如果有老人帮忙情况可能会好点；没办法，孩子小的时候，做妈妈的需要多付出。由图 3-6 可知，二孩出生后全职妈妈的比例占 54％，相比于只有大孩时新增了 43％。有了二孩后，为了更好地养育儿童，更多的女性选择回归家庭。二孩的到来对于女性的职业生涯造成了不同程度的阻力，可能是因为身体精力有限，不能胜任强度大的工作，也可能是因为心态的转变，种种因素促使女性对生活关注的重心从工作转变为家庭，而本研究中回归家庭背后的具体原因如表 3-30。

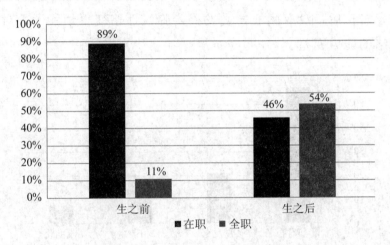

图 3-6　二孩出生前后女性的职业变化

表 3-30　全职妈妈回归家庭的原因

原因	代码	频次	百分比	合计
现实原因	无人带	30	37.5％	
	保姆费用高	36	45％	92.5％
	被迫辞职	8	10％	
自身原因	陪伴孩子成长	6	7.5％	7.5％
	合计	80	100％	100％

由表 3-30 可知，女性回归家庭的原因，92.5％是迫于现实，其中包括：45％保姆费用高、37.5％无人带、10％被迫辞职。访谈中了解到：老人的身体不好，有心无力，请保姆不放心，没有人帮忙看，只好辞职；现在请保姆一个月费用 5 000 多元，我的工资刚够支付保姆工资，与其这样，不如我自己带。因此，生了二孩，更多的女性回归家庭，是迫于现实的原因。比如：

无人帮忙照看、保姆费用高等。其中10％被迫辞职，是由于工作单位认为怀了二孩，会降低工作效率，女性在工作中受到歧视。

但是还有7.5％的女性主动回归家庭。有妈妈说：大孩的时候，是老人帮忙带的，感觉孩子跟我不亲，并且性格比较内向。二孩我一定要自己带。由此可见，少数女性意识到陪伴孩子成长、经营好家庭比职场的成功更重要。

3. 母亲调节情绪的能力变弱

通过访谈了解到：我看到两个孩子打闹，头就大了，就会对大孩吆喝，二孩刚出生那段时间非常忙乱，别说对大孩的关注了，连我自己的日常生活都混乱了；自己带孩子比较忙，比较累，很委屈。由图3-7可知，78％的家长认为有了二孩后，没有耐心，爱发火，脾气性格变得烦躁了，对于如何调节自己情绪的能力变差。

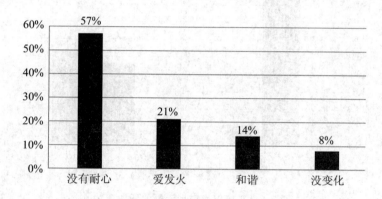

图3-7　有了二孩后情绪的变化

因此有了二孩后，面对子女的生活、相处中的问题，让父母无力应对，父母控制情绪的能力变差，尤其是母亲。因为母亲是孩子生活的主要照料者，主要时间精力都放在了照顾两个孩子的日常生活上，当两个孩子发生争吵等现象时，育儿压力挑战母亲的育儿能力，此时母亲会跟自己的情绪做斗争，如何提高调节情绪的能力成为困惑家长的难题。

由图3-8可知，自己觉得委屈是情绪不易调节最主要的原因。访谈对象中，73％的家长为"80后"，其中大部分是独生子女，是第一批独一代。通过访谈了解到："我们是独生子女，从小就娇生惯养，有了两个孩子，这种累真的很难说。""两个孩子很闹，大孩自我中心，会规定老二玩什么，真的很难协调两个孩子的关系。""我有时候真的控制不住脾气，会对孩子吆喝，每天感觉没尽头。""老大睡眠不好，白天忙完，我晚上也睡不好，这让我很抓狂。""我觉得自己是独生子女政策下的试验品。"

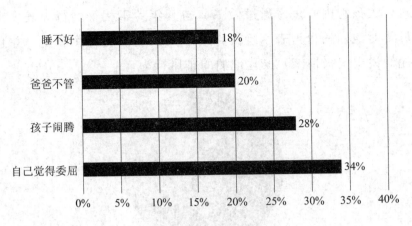

图 3-8　情绪不易调节的原因

宋仁可[①]的研究得出"80 后"城市独生子女的育儿困惑体现在四个方面：没有能力抚养下一代，对父母依赖性强；重金育儿造成负担加重；育儿方式极端；忽视思想品质的培养。欧阳洁和万湘桂[②]采用问卷法和访谈法，对湖南省多个地级市的"80 后"父母进行了抽样调查，研究结果发现，"80 后"父母的育儿方式偏重于书籍和网络育儿；育儿知识匮乏，不了解儿童的年龄特点，忽视个体差异。

综上可知，父母的育儿能力对于情绪的调节有很大的影响，自己的内在矛盾制约家长的情绪调节能力。如果父母的育儿能力和育儿方式存在偏差，面对育儿压力时，调节情绪的水平降低。

（二）二孩家庭在子女教育中的困惑

1. 二孩的来临导致多数大孩的行为出现退化现象

通过访谈了解到，90％以上的家长认为大孩二孩在日常生活中相处得还不错。但是有了二孩之后，大孩的状态如何呢？通过图 3-9，可以看到 49％的大孩出现了行为退化的现象，例如：吃奶瓶；吃磨牙棒；爱哭；让成人喂饭、穿衣；让成人抱；做婴儿的动作，等等。这里的退化行为是指幼儿出现许多不符合本年龄段的表现和行为，感觉幼儿退回到了婴儿阶段。访谈中家长提到：大孩自己会洗脸刷牙、穿衣脱衣，但是自从有了二孩之后，自己不做了；妹妹说腿疼，另一个也会说腿疼；给弟弟买玩具，姐姐也要；老大退化到宝宝了，妹妹要抱，他也要抱，关键是抱不动了……有研究说这是一种

① 宋仁可：《"80 后"城市独生子女育儿问题分析》，载《金田》，2014(7)。
② 欧阳洁、万湘桂：《当前婴幼儿家庭教育现状调查及探析——以湖南省"80 后"父母育儿观及育儿现状为例》，载《湖南第一师范学院学报》，2014(4)。

转移方式，大孩将内心焦虑通过做一些与其年龄不相符的行为表现出来。因此，父母要对他们的行为表示理解，给予大孩更多的关注和爱，并且有耐心地引导他们说出消极情绪，淡化他们的排斥行为。

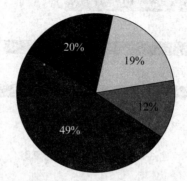

有担当　情绪失落　行为退化　没什么变化

图 3-9　有了二孩后，大孩的状态

除了退化行为的出现，还有 19％的大孩变得有担当、富有责任心。访谈中提到：出去逛街，老大帮忙看弟弟，弟弟走远了，老大就说回来，不然妈妈找不到了；出去有人欺负弟弟，他最先上去保护；回家第一件事，就是问弟弟在干什么呢；妹妹手被风吹干了，姐姐一点一点地给妹妹涂手油……根据访谈内容总结出这 19％的家长主要做了以下工作：一是要二孩之前争取了大孩的同意；二是有了二孩之后，注重引导大孩的情绪。

2. 二孩养育方式不同于大孩

表 3-31　二孩的养育方式

编码	频次	百分比	合计
粗养	86	86％	86％
精养	14	14％	14％
合计	100	100％	100％

表 3-31 中呈现的二孩的养育方式主要是相对于大孩而言的，根据对家长的访谈结果的分析，二孩的养育方式主要分为两种：精养和粗养。通过表 3-31 可知，大多数（86％）家长认为，有了二孩后的家庭对于二孩的教育主要是粗养方式。这里的养育方式是指带孩子的过程中采用的方法，比如精养还是粗养。通过访谈了解到：老大那会，什么东西都要消毒了，大人不洗手不让抱孩子，食物也都是研磨好了，所以老大的咀嚼能力也不是很好，玩具也要每天消毒一次；可是到了老二，我们就是粗养了。养老大那会很紧张，

孩子一有点毛病就往医院跑，到了老二就放松了很多，老二的体格性格反而比老大好；老大那会，都会照着书养，发育正常吗？几个月会翻身、会爬？打嗝也要上书上找原因，可以说是应了"老大照书养，老二照猪养"这句老话。之前只有大孩的时候，家里所有人的精力都在大孩身上，大孩的衣食住行被照顾得井井有条，不管是用的、吃的，都买最贵的、最好的。到了二孩，养育不再追求精致而是"粗养"。"如果只有一个孩子，我可以把他的生活照顾得更细致。有时候后悔生老二了，两个孩子都照顾不够。"还有的家长认为"粗养"的方式有利于二孩的健康成长。育儿方式产生变化的原因如下：一是有了大孩的育儿经验，对自己的育儿能力更加自信了；二是面对二孩的一些行为，不再紧张；三是心有余而力不足。

通过图 3-10 我们可以清晰了解到，69％的家长认为两个孩子相处中最让人感到头疼的方面是争抢，涉及抢东西和争妈妈。比如：一点小事就会争来争去的，还要费尽心思给他们断官司；小的会抢老大的故事书，抢过来就撕，老大就会吼弟弟；看到妈妈照顾弟弟，老大就过来捣乱，也要妈妈抱……在日常生活中，大孩二孩会经常出现争抢现象。26％的家长认为两个孩子在相处中没有什么让人头疼的问题。通过访谈信息了解到，这 26％家庭有个共同的特点是二孩还很小，统计发现都是不满 1 岁的二孩。根据儿童年龄特点，1岁之前的孩子还没有形成"自我意识"，对自己的东西没有维权意识，还没有出现自我中心行为。因而，争抢行为主要发生在 1 岁之后。

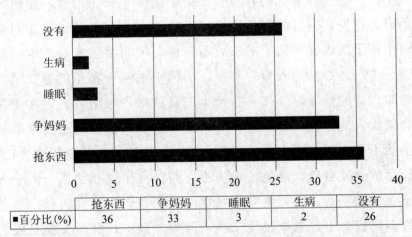

	抢东西	争妈妈	睡眠	生病	没有
■百分比(%)	36	33	3	2	26

图 3-10　两个孩子相处中最让人感到头疼的方面

3. 大孩二孩相处中经常出现争抢现象

由图 3-10 可知，争抢频次最高峰集中在二孩 3 岁左右。3 岁前后这段时期在教育学上称为"第一反抗期"，此阶段儿童的特点是喜欢说不、爱发脾气、不愿意分享。此阶段的孩子发生争抢行为符合幼儿的年龄特点，等孩子发展到去自我中心化，这种现象就会减少，因此家长要注意引导孩子学会分享而非指责。综上所述，我们可以得出：大孩二孩争抢的现象主要集中在二孩2～4岁，随着年龄的增长，争抢频次逐渐降低。

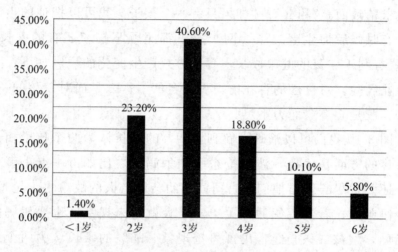

图 3-11　争抢频次与二孩年龄的关系

4. 两个孩子个性化教育成为多数家庭的困惑

由表 3-32 可知，家长在同时陪伴指导两个孩子时，遇到的困惑主要是：如何对两个孩子进行针对性的教育、如何平衡两个孩子的爱、如何处理两个孩子的矛盾。首先，54％的家长认为同时陪伴指导两个孩子时遇到最大的困难就是两个孩子的兴趣不同、需求点不一样，因而多数家长的困惑就是如何对两个孩子进行针对性的教育。其次，如何平衡两个孩子的爱。二孩的到来会出现忽略大孩的情况，大孩易会产生消极情绪。忽略的表现在于在生二孩之前，会忽视大孩作为家庭中的一员，也有选择自己要与不要弟弟或妹妹的权利。虽然不能直接决定家长是否要二孩，但是能让大孩意识到自己受尊重，表示家长会依然爱自己，避免出现消极行为。在生二孩之后，由于无法兼顾两个孩子，二孩年幼，需要更多的照顾。可能会较少关注大孩。通过访谈了解到：许多妈妈会不自觉地关注二孩，因为二孩小；并且大孩会跟二孩抢妈妈，都想妈妈抱；在育儿中，碰到的许多问题都可以归为两个孩子抢妈妈，比如大孩哭闹、要妈妈抱、黏着妈妈等。由此可知，如何平衡和协调对两个孩子的爱同样困惑着家长。最后，如何处理两个孩子之间的矛盾。通过访谈了解到：两个孩子经常因为玩具发生冲突、闹别扭；大孩的玩具，二孩也要要，可是要了也不会玩，年龄太小，有时候大孩也一样，要二孩的玩具，只要抢到了就好，玩不玩另说。由此可见，大孩二孩会因为抢东西而发生矛盾，如何在不伤彼此的情况下，处理两者的关系，显得尤为重要。

由图 3-12 可知，两个孩子之间的年龄差高频次的是差 3 岁和差 4 岁，高达 47％，然而年龄差大于 6 岁的也占比达 27％；年龄差小于 2 岁，两个孩子之间的需求相近，年龄差大于 3 岁，两个孩子之间的差异变大。通过访谈了解到：父母在指导哥哥学习时，妹妹就在一边捣乱；两个孩子年龄差距有点大，需求不同，往往都是哥哥将就妹妹的活动，两个孩子同时陪伴时，总有一个孩子要牺牲掉自己的兴趣；孩子差距小，反而好带，两个孩子很容易玩到一起，父母就可以少操心。因此如何对两个孩子有针对性的教育成为二孩家庭的难题，同样考验家长的育儿能力。两个孩子之间的年龄差距大，所以两个孩子的需求不同、发展水平不同；两个孩子的年龄差距越大，需求差异越大，家长需要了解孩子们发展特点及水平，有针对性地对两个孩子因材施教。

表 3-32　同时陪伴指导两个孩子时遇到的困惑

二级编码	一级编码	频率	百分比
如何平衡两个孩子的爱	关注二孩多	33	33％
如何处理两个孩子的矛盾	打架、打闹	23	23％
如何对两个孩子进行针对性的教育	两个孩子兴趣点不同	54	54％
合计		100	100％

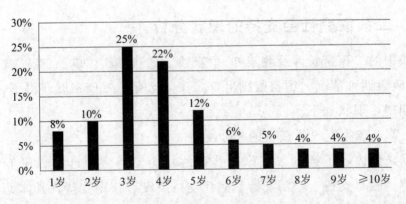

图 3-12　两个孩子之间的年龄差

5. 对育儿困难预估不足

通过访谈了解到：生之前，老大特别想要弟弟妹妹，给她设了各种困难，她说都能克服，生了之后，说不要了，没想到会是这样；想过，但是没有这么细致；想过，但是想象不出它的程度，没想到会有这么多问题，跟想象还是有距离的……由图 3-13 可知，52％的家长在生二孩之前想过可能面临的育儿困惑，但是一般都是预估不足。还有 27％的家长没有想过生了二孩可能面临的育儿困惑。根据访谈内容总结出预估不足的原因主要有三点：一是意外怀孕；二是只是单纯想给大孩生个伴；三是想得太简单，误以为养两个小孩很容易。

当两个孩子发生矛盾时，家长的处理方式更多的是让孩子自己解决或者是偏向二孩，缺乏引导，消极应对。因此，对育儿困难的预估不足，导致二孩家庭面临困难时，不知道如何应对处理两个孩子之间的关系，对此还存在较大的疑问。

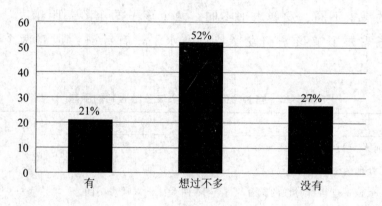

图 3-13　生二孩之前是否有想到面临育儿困难

三、二孩家庭社会支持的现状分析

访谈中的二孩家长涉及政策外、"双独二孩"政策、"单独二孩"政策及"全面二孩"政策四种情况。国家鼓励生育二孩，已有的二孩家庭获得了哪些社会支持及期望，现状如下。

（一）二孩家庭已经获得的社会支持

根据访谈内容了解到二孩家庭获得的社会支持主要涉及以下五个方面：家庭支持、教育支持、经济支持、医疗支持及没有获得支持，具体见表 3-33。

表 3-33 二孩家庭已经获得的社会支持

第二次编码	第一次编码	频次	百分比	合计
家庭支持	父亲的支持	19	17.8%	69.3%
	老人的帮助	54	50.6%	
	同事帮忙	1	0.9%	
教育支持	幼儿园关注大孩的心理	1	0.9%	3.6%
	居委会组织二孩育儿讲座	1	0.9%	
	社区育儿知识宣传海报	2	1.8%	
经济支持	单位补贴	1	0.9%	2.7%
	提前下班、假期	2	1.8%	
医疗支持	免费疫苗	1	0.9%	0.9%
没有获得支持	自己带	25	23.5%	23.5%
	合计	107	100%	100%

1. 二孩家庭主要获得了家庭支持

通过表 3-33 我们可以得出，69.3%的支持来自家庭，其中老人的帮助占 50.6%，而爸爸的支持仅占 17.8%。通过访谈了解到，许多生了二孩的家庭，当初的生育意愿是如果没有老人帮忙带，就不会生二胎了。23.5%的家庭选择自己带，并且都是全职妈妈，养育孩子的过程主要是自己在战斗，没有获得什么支持。访谈中家长谈道：我出去上班，挣的钱还没有雇保姆的费用高，并且给爸爸增加一份经济压力，与其这样不如我全职在家，还能全身心地照顾孩子。由此我们可以看出，生了二孩，育儿的社会支持主要来自家庭。

2. 极少数二孩家庭获得了教育支持

由表 3-33 可知，针对二孩教育的支持，仅有 3.6%的幼儿园和社区提供了相关教育支持，涉及的内容是大孩心理、育儿讲座及育儿知识宣传。许多大众媒体有许多呼吁教育支持的报道，但是调查发现针对二孩家庭的教育支持行动力相对薄弱，因而相关教育机构、社区需要加强关注和提高行动力。

3. 经济支持和医疗支持几乎没有

经济和医疗支持也微乎其微，政府在颁布生育政策后，后续的支持工作几乎没有跟进。由此可见政府除了"全面二孩"政策的颁布，还缺乏相关政策的配套设施。由表 3-33 可知，医疗支持方面，有家长提到免费疫苗，这属于第一类疫苗。第一类疫苗是政府免费提供的，接下来第二类疫苗也将纳入免费行列。

（二）二孩家庭期望获得的社会支持

由表 3-34 可知，二孩家庭期望获得的社会支持如下：首先，对教育支持的期望很高，占 47.4％；其次是对经济支持的期望，占 23.5％；再次是医疗和其他方面的支持分别占 6.5％和 7.2％；最后还有 13.8％的家庭不需要获得支持。

表 3-34　二孩家庭期望获得的社会支持

第二次编码	第一次编码	频次	百分比	合计
家庭支持	父亲的支持	4	1.6％	1.6％
教育支持	二孩入园问题	46	18.6％	
	育儿讲座	32	13.0％	
	寒暑假托管中心	20	8.1％	
	设置托儿所	11	4.5％	47.4％
	儿童活动中心	6	2.4％	
	关注二孩的特点	2	0.8％	
经济支持	生育补贴	45	18.2％	23.5％
	住房需求	13	5.3％	
医疗支持	增加儿科门诊	16	6.5％	6.5％
其他支持	育龄女性就业	4	1.6％	7.2％
	亲子公共设施	14	5.6％	
	不需要支持	34	13.8％	13.8％
	合计	247	100％	100％

1. 对教育支持的期望最高

（1）二孩入园问题。

由图 3-14 可知，教育支持中期望值排位是二孩入园问题＞育儿讲座＞寒暑假托管中心＞托儿所＞儿童活动中心＞关注二孩的特点。其中二孩的入园问题是二孩家庭目前最迫切需要的教育支持，占比 39.3％。通过访谈了解到：我们家是单独政策下要的二孩，2017 年 9 月老二按道理就要上幼儿园了；大孩入园的时候要看独生子女证，现在有了二孩入园没有了竞争力，孩子已经 3 岁了，目前还在排队中，幼儿园优先让独生子女的孩子入园；生了二孩，算是为国家人口增长做贡献了，可是二孩不能入园，这让我很焦虑；

只要孩子能入园，什么都好。由此可知，目前北京还存在入园难问题，现有的资源不能满足新增二孩的入园需求，教育资源分配不均衡，还不能保障二孩优先入园，这也是生育了二孩的家长最迫切需要解决的问题。希望相关教育部门和决策部门针对目前形势作出决策。

（2）丰富育儿知识，开设育儿讲座。

除了入园问题，家长还期望组织一些针对二孩教育的育儿讲座，为家长答疑解惑，丰富育儿知识。如如何对两个孩子进行针对性的教育、如何平衡对两个孩子的爱、如何解决两个孩子之间的矛盾等。由此可见，家长期望组织一些育儿讲座，不仅有利于家庭内部统一教育观念，而且方便家长解决教育上的困惑。

（3）丰富教育的服务方式。

家长希望能够丰富教育服务的方式，分别涉及寒暑假托管中心、托儿所、儿童活动中心，所占比例分别为 17.1%、9.4%、5.1%，总占比达到31.6%。访谈中了解到：希望学前教育往前延伸到托儿所，就像我们小时候有托儿所，这样不仅可以缓解人力，还能安心上班；我们上班没有寒暑假，所以如果有地方托管，我们就省心了。由此可见，家长对教育支持的期望不仅是二孩的入园问题，还有教育服务方式的多样性、选择性、方便性。

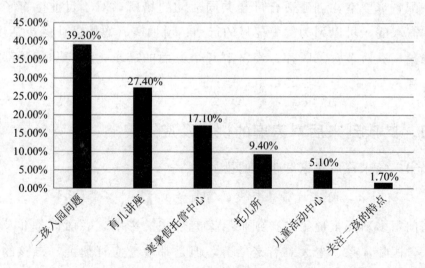

图3-14　二孩家庭期望的教育支持

2. 在经济支持方面期望获得生育补贴

由表3-34可知，对于育儿支持期望值排位第二名的是经济支持，占23.5%，其中最期望获得的经济支持是生育补贴。访谈中家长提到：不管人力还是财力都是我们自己在扛，我现在全职在家，经济压力是老公一人承担；现在号召生二孩，可是后续的政策支持都跟不上；好希望政府能够减免个人所得税或者给生了二孩的家庭补贴；像外国那样，对生二孩的家庭给予奖励；二孩家庭希望政府制定优惠政策，并跟进配套措施。

随着家庭结构小型化、核心化的发展，家庭抗压的能力越来越差，特别期望获得来自家庭以外的经济支持。2017年"两会"的召开，已经有人大代表提出给予二孩家庭生育补贴的提案。由此说明，"全面二孩"政策后，二孩家庭所面临的经济压力，已经获得了社会上相关决策人员的关注。

3. 在医疗支持方面期望增加儿科门诊

由表3-34可知，最期望获得的医疗支持是增加儿科门诊。通过访谈了解到：现在很多综合类医院都没有儿科，孩子生病就要去儿童医院，造成医疗拥堵，排队的人特别多，一个孩子看病，恨不得三四个人一起陪着。由此可见医疗分配不均衡，"全面二孩"政策后会有越来越多的新生儿出生，医疗卫生系统应该做好相关准备。

总体上来说，除了教育支持、经济支持和医疗支持，二孩家庭还希望在亲子公共设施、育龄女性就业等方面应该同步跟进。一些家长希望"在公共场所应该配备母婴室，创建适合母婴共同活动的场所；对于目前生育了二孩的住房刚需家庭，可以列为优先摇号的行列；增加产后妈妈就业的灵活度"。因此，二孩家庭对教育、医疗、经济等各个方面的需求，政府和相关部门应该予以重视。

四、二孩到来后对家庭的挑战及应对策略

(一)二孩来临后对家庭带来的挑战

1. 二孩到来，给家庭带来巨大的育儿挑战

当前很多新闻报道了二孩到来给家庭带来的影响，一般都是涉及幸福指数、完善医疗体系、老大难容老二等，但是都缺乏实证研究。二孩的到来改变了原有的家庭结构，提高了家庭的抗风险能力，缓解了养老压力，但是为了子女得到更好的照顾和教育，时间精力的消耗很多。本研究发现二孩到来给家庭带来最大的变化就是时间和精力不足。访谈中，大部分父母觉得抚养孩子非常辛苦，几乎自己的全部时间和精力都被孩子占走，能够自由支配的时间微乎其微。如何合理地分配时间精力成为每个二孩家庭生活上面临的困

惑。时间精力分配不均，生活就会忙乱，进而影响父母的心情。如何更好地分配时间对于缓解育儿压力显得格外重要。因此，为了合理地分配时间精力，需要充分调动家庭内在动力。根据两个孩子的作息来安排分配任务，合理分工，充分调动每位家庭成员的时间和精力。合理分配好时间精力，面对忙乱的生活会相对从容，具有一定掌控感，而非被时间牵着走。

其次，二孩到来加剧了家庭的经济压力。二孩的出生，意味着孩子的生活和教育支出增长两倍多，并且主要支持主要来自于家庭自身，因而家庭的经济压力增大。以往相关报道称，生二孩最先考虑生育成本，没有一定的经济基础，养不起二孩。家长考虑生不生二孩，排名前三的因素是生育成本、经济压力、工作压力。本研究中受经济压力影响的方面：一是二孩的养育方式发生转变。由于经济压力大，许多家庭采用粗养的方式，没有时间也没有足够的财力对两个孩子进行精养；二是部分女性受经济压力的影响，选择回归家庭。已有研究发现国家对女性的产假及补贴制度尚不完善。本研究中大部分女性会因为保姆费高而选择在家带孩子。三是孩子的教育和医疗费用占据了生活的主要开支。因此，二孩家庭的经济压力迫切需要得到相关部门的重视。

最后，困惑家长最多的是二孩的教育问题。家庭有了二孩之后，由于二孩年龄较小，大人的注意力很容易转移到二孩身上，此时往往会忽略大孩。Volling 等人的研究发现，二孩出生一个月之后，大孩出现了行为退化、回避父母的爱、焦虑紧张等行为。[1] 二孩的出生对大孩的行为情绪造成了影响。美国哥伦比亚大学的研究者发现，二孩的降生对于大孩来说就是一种压力，他们彼此会体验到强烈的嫉妒心理。在处理子女关系上，家长要了解二孩的心理特点，正确地陪伴指导两个孩子。因为两个孩子的年龄不同、心理特点不同、发展水平不同，所以孩子的需求也不同。如何同时满足两个孩子的不同需求及如何平衡对两个孩子的爱成为难题。所以要同时关注到两个孩子的成长和教育，进行针对性的教育，需要家庭内部成员的相互配合和支持。由于两个孩子的发展不同、需求不同，因此家长需要针对子女不同的特点给予引导，共同促进两个孩子的健康发展。

---

① Volling, B. L., Yu, T., Gonzalez, R., Kennedy, D. E., Rosenberg, L. & Oh, W., "Children's responses to mother-infant and father-infant interaction with a baby sibling: jealousy or joy?" *Journal of Family Psychology*, 2014(5), p. 634.

2. 二孩家庭育儿社会支持体系尚需完善

通过研究发现，在育儿中获得的社会支持相对较少，然而二孩家庭期望获得的社会支持却很丰富。因此为了缓解当前二孩家庭的育儿困惑，应该以二孩家长的需求为切入点，完善相关配套的育儿社会支持。在 2016 年 1 月，中央颁布了《关于实施全面二孩政策 改革完善计划生育服务管理的决定》的政策文件，第一次以官方的形式提出"全面二孩"政策下，要缓解再生育父母的压力，需要建立家庭发展支持体系。[①]

本研究发现教育支持和经济支持是目前二孩家庭关注度最高的。首先，教育支持主要涉及学前教育资源紧张的问题。二孩到来，人口增长，牵一发而动全身，对教育事业的发展提出了挑战。据预测，"全面二孩"政策的放开，我国每年会新增三百万学前儿童，因此按照学制三年，会新增九百万入园儿童。[②] 面对新增人口，当前的学前教育资源是否能满足二孩的到来？此挑战是直观的，家长能直接感受到的。面对学前教育资源紧张的现状，家长最先想到的就是二孩的入园问题。目前北京也存在入园难的问题，入园优先独生子女，二孩到了年龄，还没有排到学位，所以二孩入园成为难题。那么，需要增加多少托幼机构、补充多少学位、丰富多少老师等，这些方方面面的教育支持成为难题。目前国外对于教育支持的重心放在孩子本身发展和父母的育儿能力上，偏重微观。国内对于教育支持出台了相关政策，但都偏重宏观意义上的，因此除了追求硬件配套设施量的增加，还需关注质的提高，关注育儿品质的提高和育儿形式的丰富。

其次，二孩到来对家庭经济提出了挑战。随着家庭结构的小型化、核心化，家庭的抗压能力减弱，特别希望获得来自家庭以外的经济支持。现代社会经济发展迅速，家庭的消费水平也相应提高。生了二孩之后，生活支出、教育支出都要双倍，给普通家庭带来了很大的压力。国内成都在"全面二孩"的政策背景下，提出构建家庭支持服务体系，对于二孩家庭的津贴补助按照当地工资的百分之八十发放，对于住房刚需的二孩家庭，经济适用房和廉租房可以优先摇号选择。[③] 因而国家出台政策，鼓励生二孩，并且需要配备相

---

① 中央政府门户网站：《关于实施全面两孩政策 改革完善计划生育服务管理的决定》，ht-tp://www.gov.cn/gongbao/content/2016/content_5033853.htm，2016-01-06。

② 庞丽娟：《"全面二孩"时代学前教育如何补短板》，载《教育导刊月刊》，2016(5)。

③ 卢晓莉：《"全面二孩"政策下成都市构建家庭支持体系的思考》，载《成都行政学院学报》，2016(6)。

关的福利鼓励津贴、个人所得税减免，需要相关部门的决策。

除此之外，还有家庭支持和医疗支持，希望父亲承担教育孩子的责任，医疗支持能够解决儿童的就医压力。通过综述发现，家庭支持对于家庭的和谐发展有很大的帮助，尤其是父亲参与教养的行为是对母亲很大的支持，利于母亲调节情绪压力。面对二孩的放开，许多医疗单位已经开始针对目前的医疗现状，采取适当的方法。受经济发展的限制，国内的育儿社会支持属于补缺型的模式，即福利对象主要是残疾人士、困难群众、弱势群体等，所以政府和相关决策部门应该对二孩家庭有所关注，根据现状，贴近家长的需求，调整工作的动向，完善育儿方面的社会支持体系。

(二)对策与建议

1. 丰富家长自身的育儿知识，提高育儿能力

(1)合理分配时间精力，缓解育儿焦虑。

经过研究发现，大多数二孩家长在育儿中感到时间精力不足。弗洛伊德曾提到的心理防御机制，就是当我们感到压力时，就会产生焦虑的反应。焦虑是会传递的，尤其是女性，在家庭中扮演着重要角色。焦虑的情绪不仅会对子女的健康成长造成不同程度的伤害，也会影响婚姻的满意度和家庭的和谐氛围。

因此，家庭内部做好分工，合理分配时间和精力，对于家庭内部每位成员的成长都有帮助。除此之外，面对两个孩子的教育问题时，父母自身的成长显得格外重要。对于已有二孩的家长来说，在孩子的互动和冲突中，不断地学习和探索，完善自我，缓解育儿焦虑。

(2)了解儿童心理发展规律，关注大宝的心理健康。

已有研究发现，"80后"父母中独生子女所占比例居多，独一代父母"80后"在育儿方式上存在一定偏差，生活上追求把最好的一切都给宝宝，不根据自己的经济实力量力而行；教育上有偏差，不了解孩子的心理和行为，干预成长，忽略了孩子的个体差异。本研究发现，大孩的退化行为是大孩不适应二孩的到来，做出许多不符合本年龄特点的行为，如吃奶瓶、吃磨牙棒等。这是一种转移方式，大孩将内心焦虑通过做一些与其年龄不相符的行为表现出来。孩子行为出现退化现象是在表达自己的心情，想得到大人的照顾或者是希望得到别人的关注。

因此，首先家长应该了解儿童心理发展的规律，总结自己的育儿经验；其次，正确地看待大孩的退化行为，针对大孩出现退化现象进行积极的引导

和教育，关注大孩的心理健康；再次，给予大孩照顾二孩的机会，让大孩做一些力所能及的事情，树立哥哥姐姐的角色，增加两个孩子身体、情感上的接触，体验幸福感，淡化排斥的心理；最后，给予大孩高质量的陪伴，善于关注大孩行为背后的原因。所谓高质量的陪伴就是时间可以不受限制，但是保证陪伴的时间是专心的，让大孩完全享受到父母的爱。

（3）正确看待物资上的争抢现象，引导幼儿学会分享。

经过研究发现，大多数家长认为两个孩子相处中最让人感到头疼的方面是争抢。当大孩与二孩发生物资上的争抢时，家长应该正确引导，不能一味地帮他们解决或让大孩让着二孩或者拿一个新的玩具来转移一个孩子的注意力。这样时间长了，会给大孩造成心理压力。

首先，家长应该探寻争抢背后的原因。两个孩子之间发生争抢现象往往是因为分享意识薄弱造成的。已有研究表明：3 岁以前建立分享意识过早，因为孩子先懂得"独占"才会"分享"，先懂得"利己"才会"利他"，只有体会到自己的所有权之后，才能了解别人的所有权。[①] 大孩适应了独自拥有全部的资源，二孩的到来，大孩需要战胜自己的"独占"欲望。其次，家长应该公平地、科学地对待孩子们之间的争抢行为，注重引导两个孩子学会分享和合作，引导大孩体验分享行为的快乐。

2. 针对二孩家庭的育儿困惑，加强育儿指导

二孩来临后，大孩的行为为什么会出现退化？二孩"粗养"还是"精养"？大孩二孩相处中经常出现争抢现象怎么办？如何对两个孩子有针对性的教育？研究发现，目前二孩家庭几乎没有获得二孩教育的相关支持。因此，不管是社区政府还是托幼机构，可以组织开展有关育儿指导的活动，密切家园合作，帮助家长解决育儿困惑，丰富社会支持体系。

（1）开展育儿讲座，缓解育儿困惑。

政府、社区、托幼机构可以邀请专家对二孩家庭进行育儿知识方面的系统培训，提高家长们的育儿能力。当今二孩家庭的育儿困惑涉及很多，例如：如何平衡对两个孩子的爱；如何解决大宝二宝之间的矛盾；如何对两个孩子进行针对性的教育指导；等等。

因此，托幼机构或者社区可以集中收集二孩家庭的育儿困惑，有针对性地开展培训，帮助家庭答疑解惑，帮助家庭更好地育儿，加强对家庭的育儿

---

① 嵇珺、刘晶波：《幼儿分享教育的价值与实践改进》，载《学前教育研究》，2011(12)。

指导，达到育儿讲座的价值最大化。参加育儿讲座的家庭，针对他们的困惑成立成长袋，做好后期的追踪工作，比如困惑是否得到解决、询问新的育儿困惑，陪伴家长和孩子的成长。

(2)整合社区资源，丰富早期教育服务方式。

社区是一个多层次的集合，是由一个个小家组成的大家庭。考虑到社区在育儿教育中的这一特殊性，整合社区资源，充分发挥早期教育的功能，丰富早期教育服务方式，为儿童创建一个健康成长的环境。现在家庭越来越关注社区的服务功能。因此社区应该为二孩家庭提供不同层次、不同方式的教育服务体系。一是开设儿童活动中心；二是成立寒暑假托管中心，为全职工家庭提供方便；三是提供亲子活动的场所，加强户外运动；四是定期开展育儿讲座；等等。

社区还可以利用自己的资源跟幼儿园合作，共同举办育儿活动，实现家庭、社区、幼儿园三者互动的动态体系。建立社区网络平台，教育、医疗等方面的知识体系都可以在平台上展示，实现社区小家到大家的动态联结。有研究表明，父母获取育儿知识的主要途径是网络平台[1]，因此社区可以针对二孩家庭搭建网络平台，传播育儿知识，家长可以在里面分享育儿心得和交流经验，形成家庭互助的模式，提高早期教育服务的便利性。

3. 引导父亲参与教养，承担起教育两个孩子的责任

(1)告知父亲参与教养的重要性，增强父亲的参与意识。

通过研究发现，越来越多的女性生育了二孩之后，选择回归家庭，并且有了二孩后，生活上的忙碌向母亲的情绪提出了挑战。通过研究发现，在家庭的支持方面，爸爸的支持仅占17.8%，主要是来自祖辈的帮助。许多研究发现，父亲参与教养不仅会利于父母婚姻关系，而且有助于增强母亲调节情绪障碍的能力；父亲参与教养，有利于幼儿的自我认同，增强幼儿的规范意识。女性在育儿中牺牲很多，但是对于子女的教育，父亲与母亲同样重要，在孩子的成长中起着不可替代的作用。

(2)给予父亲照顾幼儿的空间，增强父亲的角色意识。

父亲在家庭育儿中占据着重要的角色地位。父亲参与大孩、二孩的生活，参与对大孩、二孩的教育，对大孩、二孩的健康成长有着重要意义。除了对

---

[1] 曲闯：《城市婴幼儿家庭育儿环境的当代特征研究》，硕士学位论文，华东师范大学，2009。

大孩、二孩的成长有利，父亲的参与是母亲养育二孩最大的支持，并且能让父亲的角色更加丰满完整。首先，父亲应该多关心、多理解母亲。其次，家庭内部应该做好合理的分工，比如妈妈在照顾二孩时，爸爸可以陪大孩，爸爸也可以分担一些家务。

4. 关注政策受益群体，完善相应支持的配套措施

"全面二孩"政策放开后，政策受益群体对教育、经济、医疗、公共育儿设施表达了期待。这些期待需要得到政府的关注和支持，满足二孩家庭的需求，促进社会的协调发展。因此二孩家庭育儿方面的社会支持将从教育支持、经济支持、医疗支持及其他方面的支持来给出建议。

（1）合理规划学期教育资源配置，保障二孩入园。

"全面二孩"政策将会为我国每年带来 300 万～500 万的新增出生人口。[1] 2017 年，将迎来第一批"单独二孩"入园；2020 年，将迎来第一批"全面二孩"入园。学前教育现有的园舍、教师、费用等资源能否承担二孩的入学压力？教育部原部长袁贵仁提出了缓解入园难的相应措施。第一，把人口增长和教育需求相结合，做好规划；第二，扩大学前教育资源，包括大力发展公办园、鼓励企事业办园、支持民办园三方面。[2] 教育学界和相关决策部门应该致力于解决相关问题，合理规划学前教育资源，保障二孩入园。

（2）完善生育补贴机制，缓解家庭经济压力。

随着家庭结构的小型化，家庭抗压能力不足，特别期望获得来自家庭以外的支持。通过以往研究发现政府的现金补贴对于家庭来说是最直接、最现实的社会支持，而本文的研究结果发现已有二孩的家庭对于经济支持的生育补贴有着高需求和高期望。当前我国的生育补贴制度处于刚起步的阶段，只有成都出台了发放生育补贴的条文。因此，未来需要进一步完善生育补贴机制，对于已经生育了二孩的家庭，给予合理的生育补贴，以资鼓励，切实缓解二孩家庭的经济压力。

（3）增设儿科门诊，实现医疗的再平衡。

全面放开二孩增加了人们对医疗资源的需求，尤其是儿科和妇科，是第一个面对新增人口的压力。全国人大代表、广东国鼎律师事务所主任朱列玉认为：一是人口新增和医疗资源的需求相结合，增加儿科门诊。《2015 年中

---

[1] 郑益乐：《"全面二孩"政策对我国学前教育资源供给的影响及建议——兼论我国学前教育资源供给的现状与前景展望》，载《教育科学》，2016(3)。

[2] 张玉玲：《二孩时代，入园难问题待解》，载《决策探索(上半月)》，2016(4)。

国卫生统计年鉴》公布数据显示，近 5 年来，中国儿科医生总数从 10.5 万人下降到 10 万人，平均每 1 000 名儿童只有 0.43 名儿童医生。"全面二孩"政策出台后，新增的新生人口势必会带来更严重的"儿科荒"问题；二是加强妇幼医护人员的培养，可以着重培养各妇产专科医院和综合医院妇产科急危重症救治与突发医疗状况的能力，有条件的还可以设立助产实训中心，并建立健全基层产院、产科和大医院应急转诊通道等。根据研究结果发现，目前的医疗资源分配不均，综合类医院儿科门诊匮乏，规范的儿童医院又少，导致儿科门诊拥堵，出现看病贵和看病难的现象。一个孩子看病，需要三四个成人陪着，造成人力资源的浪费。因此，相关决策部门要就现状采取一定的措施，综合类医院增设儿科门诊，使儿童就近择医；此外政府应该就婴幼儿就医的费用，建立合理的收费制度，并且合理制定报销制度，为二孩家庭提供更多的优惠。

5. 完善其他方面社会支持的配套措施

本研究育儿中的社会支持，除了教育支持、经济支持、医疗支持，还涉及其他方面的支持。首先完善公共育儿设施，方便妇女儿童的出行。家长对于亲子公共设施需求高。随着"全面二孩"政策的放开，家庭对于公共育儿设施的需求量大大提升。公共育儿设施建设具体包括：设置 0～3 岁的托儿所；适宜婴儿车通行的通道及公共出行工具；在公共区域配备婴儿哺乳室、母婴室、育儿护理台等。为满足二孩家长的需求，首先，城市规划需要提前做好规划，建立育儿友好型的大环境，既适合居住，有适合养育后代。其次，落实生育保险制度，保障女性就业权益。"全面二孩"政策开放后，二孩成为女性和企业单位的矛盾点。生育二孩后对女性的家庭和工作产生剧烈冲击。第一，身体精力的变化。生了二孩之后，由于母亲的身体精力有限，不能胜任强度大的工作。第二，心态发生转变。有了二孩之后，母亲更倾向于回归家庭，照顾子女。第三，用人单位的考虑。用人单位不会把重要的岗位交给处于特殊阶段的女性。第四，隐形的性别歧视。生育两个孩子使女职工享受更多假期，如产假、哺乳假，因此用人单位更加谨慎招聘处于婚育年龄的女性。这无形中产生了隐形的性别歧视。因此，为了鼓励更多家庭生育二孩，落实生育保险制度，排除女性生育的后顾之忧；与市场相结合，完善劳动法，保障育龄女性就业权益，消除性别歧视；减免企业税金鼓励政策与雇用生育期女性相结合。

第三节 教师眼中的"二孩"及幼儿园的应对准备研究

一、研究设计

(一)研究缘起

1. "二孩潮"到来使幼儿园教育首先受到影响

"全面二孩"政策的实施是我国人口生育政策的又一次调整与变动。人口新政开闸，会使更多符合生育条件的夫妇加入到生二孩的行列中，特别是一些年龄偏大的独生子女母亲必将抓住此次生育契机扎堆生育。伴随人口新政的稳步推行，相关人士表示每年将新增 3 000 万名学前儿童，按照现有学制，3 年内会新增 9 000 万左右的入学儿童。[①] 未来我国人口必将迎来一次小高峰。人口数量的变化会对社会生活的方方面面产生影响，特别是在教育上，人口生育政策变化将直接影响我国各个学段的教育布局和发展。学前教育作为学校教育的起点则是首当其冲，其规模、方式和质量必然会受到冲击。同时，"二孩潮"所引发的教育需求也会显著增加，教育的提前布局因此便成了一个战略议题。[②] 幼儿园如何接好二孩教育的第一棒成为当前学前教育的重要课题。

据测算，北京市符合"全面二孩"政策可生育第二个子女的常住育龄妇女的数目大约增加 236 万，预计 2017—2021 年将累计新增常住出生人口 58 万。[③] 特别是从 2016 年起，"单独二孩"政策下出生的二孩开始进入学前阶段，学龄前儿童的人口总量进入回升阶段。[④] 由此可以预测到未来北京市幼儿园二孩数量将会不断增长，二孩越来越多，托幼机构的入园需求增大，"入园难""入园贵"问题将会进一步激化。目前社会上、网络上已经有大量关于"二孩潮"即将到来，公办幼儿园学位紧缺，私立幼儿园费用昂贵的担忧，甚至已经出现了比较严重的学位与入园需求矛盾激化的社会问题。此外学前师资短缺的问题更加突出，学前教育资源如何更有效的配置等问题成为幼儿园面对

---

① 李丹丹、程思炜、彭美：《五问"全面二孩"政策》，载《宁夏画报(时政版)》，2015(6)。
② 汪明：《"全面二孩"来了，教育要提前布局》，载《云南教育：视界时政版》，2015(12)。
③ 朱敏：《"全面二孩"对托幼机构的冲击》，载《北京观察》，2016(3)。
④ 姚引妹、李芬、尹文耀：《单独二孩政策下独生子女数量、结构变动趋势预测》，载《浙江大学学报(人文社会科学版)》，2015(1)。

的新问题。这一系列变化对现有的学前教育资源和服务方式提出了新的挑战。特别是 2017 年 9 月，第一批二孩政策下的幼儿即将进入幼儿园接受学前教育，幼儿园教育在各个方面是否做好应对准备成为当下既紧迫又现实的问题。北京作为首善之区，政策的实施和应对应该为全国其他地区做出表率，幼儿园对二孩家庭幼儿的新特点和二孩教育的提前规划和布局迫在眉睫。

2. 二孩家庭幼儿呈现的特点对幼儿园教育提出了新的挑战

过去我国幼儿园教育的对象主要是独生家庭幼儿，随着双独、单独和"全面二孩"政策的逐步放开，二孩家庭幼儿的数量不断增长。在独生子女时代，一个家庭中所有人都寄希望于一个孩子身上，独生家庭幼儿的发展备受瞩目，同时也承担着巨大的压力。由于现代生存压力较大，人才竞争激烈而残酷，社会现状赋予了人们新的思想意识，人们越来越重视教育的作用，对孩子的教育有了更高的要求，特别是在北京这样的发达城市，对优质幼儿园教育的期待更加迫切。研究者在与幼儿园教师的交流中了解到目前在北京市幼儿园中每班至少有五六个二孩家庭的幼儿，其中有的班级二孩家庭幼儿的人数占到了班级人数的三分之一甚至更多。相比于二孩政策放开之前班级中二孩数量增加明显。除了数量上的变化，教师还谈到班级中二孩家庭幼儿的一些特点，例如老师说有的幼儿有了弟弟妹妹之后经常与同学分享与弟弟妹妹的趣事，因弟弟妹妹的到来而自豪，但有一些大孩经常出现焦虑、发脾气、莫名哭泣的状态和行为，更甚者会影响到老师教育活动的实施。如今，教育已经不是放养型的，都是"精养"型的。很多养育了一个孩子的家庭面临二孩的到来，教育准备不够充分，特别是大孩与二孩的共同教育问题，急需得到专业人士的指导和帮助，优生优育的现实需求越来越明显。由此给幼儿园的教育提出了新的需求，二孩家长们急切想从幼儿园、教师那里得到关于两个幼儿教育的相关指导。二孩家庭幼儿的发展特点和教育需求在越来越多的二孩正式进入幼儿园后，会更加现实地摆在幼儿园教师的实际工作面前。

随着今后越来越多的二孩出生进入幼儿接受学前教育，大孩的变化和发展特点是否具有普遍性，教师是否需要提前应对这些问题以解决未来二孩教育中可能出现更多类似的情况，是幼儿园教师应该提前思考和应对的新问题。因此幼儿园面对不断增长的二孩数量、教育需求及二孩家庭幼儿的发展特点，必然要对其做出前瞻性的准备和政策上预见性的判断。

3. 二孩家庭幼儿的教育应对缺乏关注和研究

随着 2017 年 9 月"二孩一代"进入幼儿园接受学前教育，学前教育面临的压力将是基础教育中最紧迫的。首先，幼儿园面对的是班级中二孩家庭幼儿人数的增多，这将和原来班级中绝大部分独生家庭幼儿的班级身份组成不同。原来在园幼儿多为独生幼儿，很快非独生幼儿或准非独生幼儿的数量增多，其比重必然增加。第二，教育对象的变化必然要求幼儿园教育内容和方式方法、评价指标、教育目标、教育理念等也要随之变化。这些变化促使教师急需转变过去针对独生家庭幼儿教育形成的一系列教育模式和内容，更新教育观念和理念。目前幼儿园教师对于二孩来临给幼儿园带来的变化和二孩家庭幼儿的发展特点缺乏有针对性的关注和研究，没有引起幼儿园教育工作者足够的重视。

二孩政策实施以来，较多的研究集中在适龄女性的生育意愿和生育行为上，但是自二孩政策实施到二孩一代即将入园，研究应该更加重视二孩已经来临，二孩发展可能带来什么样的问题，引发什么样的教育思考，以及需要如何应对等问题。根据对二孩家庭幼儿教育的相关文献进行检索发现，鲜有对二孩家庭幼儿教育问题的关注和研究。针对目前二孩家庭幼儿数量增长和发展特点逐渐显露的现实情况，幼儿园虽有应对，但是应对的总体情况如何，以及教师视角下幼儿园教育是否需要调整和变化仍然缺乏实证性的调查研究，这就要求研究者必须要注意到未来幼儿园教育内容的调整与变化，增加对二孩家庭幼儿的关注，重视对其教育可能带来的问题的应对和准备。

4. 教师是幼儿园教育的主要实施者

幼儿入园后，一日生活的大部分时间是在幼儿园与教师度过的。教师对幼儿的观察和认识更为全面和清晰。特别是今后二孩家庭幼儿会越来越多，其在班级中呈现出的特点也较容易引起教师的注意。教师在班级中面对的二孩家庭的幼儿不止一两个，因此，其形成的认识具有一定的普遍性，教师可以通过观察幼儿的行为表现和情绪心理变化更准确地捕捉二孩家庭幼儿的发展特点。教师作为幼儿园教育的实施者，肩负着二孩教育的主要任务，

因此，从幼儿园教师的视角入手，是最直接获取幼儿园二孩教育需要在哪些方面进行调整和改变的途径。其中园长是联结教育政策、理念和教育实践的重要枢纽，有更高水平的专业素养和理论修养，因此对二孩政策、对幼儿园的影响及二孩家庭幼儿的教育问题，在教育管理层面上有着更深刻的认识和把握。

教师相对于家长，对于教育问题具有更专业的认识和科学的方法。那么，教师如何看待二孩家庭幼儿的这些特点呢？教师对于二孩家庭幼儿与独生家

庭幼儿的教育又有哪些认识和思考呢？是否需要提前应对二孩教育？这些问题都启发了我们想要做更广泛的调查。通过考察幼儿园教师对二孩家庭幼儿发展的特点、新问题的思考和认识，可以更精准有效地应对未来二孩教育，满足二孩成长中的需求。

(二)研究对象及方法

1. 研究对象

本研究以北京市幼儿园教师为研究对象，为保证样本来源的丰富性，样本对象分布于北京市教办园、公办性质园、普惠性民办园及其他民办园，幼儿园的选择主要集中在海淀区和西城区。研究通过对幼儿园教师的访谈和调查问卷来分析教师眼中二孩家庭幼儿的发展特点，教师认为幼儿园二孩教育是否需要应对及需要哪些应对。

在研究前期，笔者通过与实习幼儿园的园长、教师访谈，从面对面的交流中了解幼儿园教师对于二孩家庭幼儿在园表现的看法和态度，基本明确了教师眼中二孩家庭幼儿在幼儿园的情绪情感表现、社会性发展等特点，在此基础上设计了调查问卷以获取更加科学全面的调查结果。研究共发放 270 份问卷，回收有效问卷 258 份，有效率为 95.6%。

2. 研究方法

本研究根据研究问题的设计，以定性研究与定量研究相结合的方式，具体采用访谈法和问卷法。在正式编制问卷之前，为了保证问卷编制的合理性，在本人实习的幼儿园先进行了预访谈、预调查和正式的初步访谈。前期的访谈调查为正式编制问卷提供了考察的维度、方向、思路和选项。因此正式问卷的编制是在预访谈结果的基础上不断修正和完善形成的，以求能够比较客观、实际地反映研究问题。

(1)访谈法。

访谈的目的在于建构正式访谈的问题、维度、调查问卷的思路与方向，以及问卷中部分题目的设计，访谈分为预访谈和正式访谈两个阶段。预防谈的对象选取了笔者实习园所的园长和小、中、大 9 个年龄班共 9 名主班教师。通过预访谈向教师了解到目前幼儿园各个年龄班已有二孩家庭幼儿的数量和即将有二孩的家庭数量，询问教师二孩家庭幼儿是否因为其家庭成员关系的变化而产生一些情绪或行为变化、具体有什么表现、二孩家庭幼儿在幼儿园是否出现了不同于独生家庭幼儿的新特点、与独生家庭幼儿相比有哪些不同等问题。向园长了解到目前该园在学位、师资等方面所采取的应对准备态度和举措。访谈发现幼儿园每个班级中二孩家庭呈现不断增长的趋势，二孩家庭中二孩的到来使大孩普遍出现一些情绪和心理、行为的变化，大孩的变化容易引起教师的注意。但是由于目前幼儿园中二孩的数量较少，二孩呈现的问题也较少。通过预防谈总结出二孩家庭中大孩在幼儿园呈现出的比较普遍的特点。

根据预访谈的结果调整了访谈的方式方法，进一步思考，编制了正式访谈提纲，正式访谈的对象随机获得，共访谈了 21 名小中大班的教师。访谈的内容主要从三方面进行：一是收集教师对二孩家庭幼儿发展变化的看法和态度；二是了解教师眼中二孩生育政策给幼儿园教育带来哪些比较大的影响；三是发掘教师眼中幼儿园二孩教育是否需要应对和研究，幼儿园教育在目标、内容和方法上是否需要有新的构想，是否需要设计相关活动、组织相关培训与讲座等。为进一步讨论幼儿园未来二孩教育应对准备探明原因。此外，访谈园长等幼儿园管理人员的目的在于求证，随着"二孩潮"来临，越来越多的二孩入园在即，北京市幼儿园正在与时俱进，主动谋划，积极应对和准备。

（2）问卷法。

研究主要采用问卷法广泛地了解北京市幼儿园教师对二孩家庭幼儿的认识和教师眼中幼儿园二孩教育是否需要应对的态度和准备。研究在前期访谈结果的基础上采用自编《二孩家庭幼儿特点与幼儿园应对需求调查问卷》，引导教师在李克特量表中选择符合自己认识和应对需求的程度。问卷主要包括三个部分：第一部分是幼儿园教师的基本情况；第二部分是幼儿园教师对大孩特点的认识和二孩家庭幼儿对独生家庭幼儿的对比认识调查；第三部分是幼儿园教师眼中二孩教育的应对需求调查。其中第二、第三部分的题目是根据访谈结果的分析和已确立的研究问题来设计的，具体如下。

第一部分是对研究对象的背景信息进行调查，包括幼儿园所在区县、幼儿园的性质、幼儿园教师的身份（主班、配班、保育员）、性别、专业、学历、教龄、职称、所带班级、是否有教师资格证、是否在编、是否有二孩和目前班级中的幼儿总数及二孩数等。这部分题目以单选题的形式呈现，这些背景信息可能会对教师眼中幼儿园教育的应对产生一定的影响或与其某些看法的形成相关，因此非常重要。

第二部分是教师对二孩家庭幼儿的特点进行符合程度的评价。由于目前还没有较多的二孩入园，因此教师对二孩家庭幼儿的认识主要反映在大孩身上。具体问题包括大孩的特点、二孩家庭幼儿与独生家庭幼儿的不同等问题。

第三部分是教师眼中幼儿园应对需求调查。具体来看分为教师眼中二孩政策带给幼儿园影响的应对需求，幼儿园二孩教育的应对需求。包括教师认为是否需要研究二孩家庭幼儿的教育、调整现有教育模式，需要在哪些方面进行应对准备等问题，了解幼儿园教师是否认为需要开展二孩教育相关活动或课程、幼儿园有没有二孩教育相关培训等。

第二和第三部分每个维度下包含有3～8道题，共25道题目。这些题目主要以量表的方式设计答案，从"非常符合""基本符合""不一定""基本不符合"到"非常不符合"五个程度，教师根据自身认识的符合程度进行选择。此外还有两道主观题，调查教师认为"二孩潮"到来带给幼儿园最大的挑战和幼儿园目前最迫切需要应对的方面。问卷题目具体维度对应的题号如表 3-35 所示。

表 3-35　二孩家庭幼儿的特点与幼儿园教育应对需求的维度及具体内容

维度		具体内容
二孩家庭幼儿的特点与幼儿园应对需求	第二部分：教师眼中二孩家庭幼儿的特点	教师对大孩特点的认识	照顾同伴的行为、自理能力、谦让行为、规则意识
			焦虑情绪、在意成人的态度、对成人的依赖、敏感、缺乏安全感
		二孩家庭幼儿与独生家庭幼儿的比较	融入集体生活能力、同伴友好行为、争抢行为、同伴交往能力、分享行为
	第三部分：教师眼中幼儿园应对需求	二孩政策影响带来的应对需求	学位紧张
			班级二孩人数增多
			设施设备不足
			师资缺乏
		幼儿园二孩教育的应对需求	需要研究二孩教育
			是否影响现有教育教学安排
			需要调整现有教育活动内容
			需要设计有针对性的教育活动
			需要二孩教育相关培训

调查问卷共有 41 道题目，其中单选题 38 道、多选题 1 道、开放性问答题 2 道。调查回收的数据使用 SPSS20.0 进行统计与分析。通过教师对大孩特点、二孩家庭幼儿园与独生家庭幼儿的不同、教师眼中二孩政策影响带来的应对需求及幼儿园二孩教育应对需求四个维度中所有题目选择符合自身认识的选项，计算出教师在每个维度的均值百分比，可对教师对二孩家庭幼儿的

认识和幼儿园应对需求有一个整体把握。

研究所使用的工具从编制初期到形成使用经过了不断的修改和完善，特别是问卷的编制是在访谈了很多幼儿园老师，以及与相关专家不断沟通与讨论中逐步形成的。以此确保研究工具在选择上具有科学性和实用性，保证问卷在语言表达、题型设计、逻辑连贯等方面有较好的呈现。

二、教师眼中二孩家庭幼儿的特点

（一）大孩普遍表现出更强的自理能力

幼儿生活自理能力的提高能够促进幼儿独立性、自信心的增强。由于家庭成员的增添，成人的精力无法对两个孩子的照顾面面俱到，二孩家庭中的大孩必须适应已经发生变化的环境。以前生活中成人包办代替的事情现在需要自己亲自去尝试。教师谈到，班级中的大孩有了弟弟妹妹后普遍发生了能够自己穿衣服、收拾玩具、做好值日生等行为变化。调查结果显示，54.65％的教师认为大孩表现出更强的自理能力，在这个方面认为大孩变化很小的教师仅占1.94％。大孩在自理能力方面发生的变化较为突出，当然选择"不一定"的教师也占一定比例，这说明不是所有的大孩都表现出更强的自理能力。

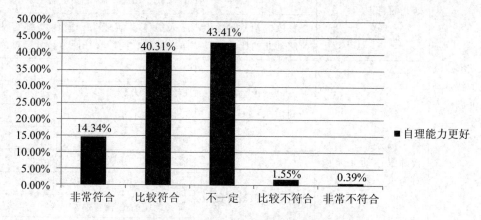

图 3-15　教师认为大孩自理能力更好的符合程度

访谈中教师谈到，由于我国长期独生子女政策的影响，一个家庭中四个甚至六个大人陪伴一个孩子，很多幼儿的自理能力比较差。家庭中只有一个孩子的时候，所有的成人围绕一个孩子，包办代替幼儿做事，很多幼儿养成了依赖成人的习惯。而二孩家庭中的大孩有了弟弟妹妹后，成人不能将所有的精力都放在大孩身上，他们常常需要独立自主地完成一些力所能及的事情。在访谈中有一位中班老师谈道："虽然我们班有一个女孩子年龄较小，但是她的妈妈经常鼓励她自己去完成一些事情，比如自己吃饭，吃完饭就可以逗妹妹玩，妈妈还常常表扬姐姐，渐渐地幼儿就会形成较好的自理能力，我认为这和家庭教育也有很大关系吧。"著名的教育家蒙台梭利指出，幼儿早期如果能多一些日常生活的动作练习，可以培养幼儿的责任感、自我管理能力和良好的生活习惯。

（二）大孩更易产生焦虑情绪，更依赖成人

幼儿情绪情感的状态、行为的变化等都能反映其心理的变化。家庭中二孩的到来，大孩虽然有一些比较好的变化，但也出现了一些退化行为。如图3-16所示，调查中有37.98％的教师认为大部分大孩因为二孩的出现产生了时间或长或短的焦虑情绪。还有46.52％的教师认为二孩的到来使大部分大孩变得敏感、缺乏安全感。大部分的大孩都会在有了弟弟妹妹之后，更容易产生焦虑情绪，比之前变得沉默或者烦躁不安等。但是教师们认为需要家长和幼儿园配合帮助大孩克服这种消极情绪。从调查结果来看，这些问题已经引起了老师的注意和重视。

根据和某幼儿园大班组教师的访谈情况，教师们谈道："二孩到来对大孩的影响因大孩本身发展的不同，影响的程度也不一样。有的大孩常常会莫名其妙地哭泣、发脾气或者变得一声不吭，这些其实都是因为他们内心焦虑，我们也常和他们的父母沟通这些问题。还有些孩子自从有了弟弟妹妹就感觉他被说不得，家长反映总觉得和孩子没有以前亲昵了，有些大孩干脆在爷爷奶奶家住，这样可能大孩的安全感更得不到满足了。大部分大孩会出现焦虑情绪，家长如果重视，经常和大孩谈心，大孩的焦虑情绪还是会比较快地有所缓解。我们班有的大孩情绪调整得比较快，老跟我说自己弟弟妹妹的事儿，但有的就从来都不提。"

图3-17所示，有63.56％的教师感受到大孩变得更在意成人的态度，52.33％的教师感受到大孩变得更加依赖成人。半数以上的教师对大孩产生的负面情绪和行为的感受说明，出现这些消极情绪的大孩认为，二孩的出生使长辈对自己的爱和注意被弟弟妹妹分走了。家长对大孩关注不到位使大孩更加敏感。因此作为教师面对这些孩子应该给予他们更多的陪伴、鼓励和支持。

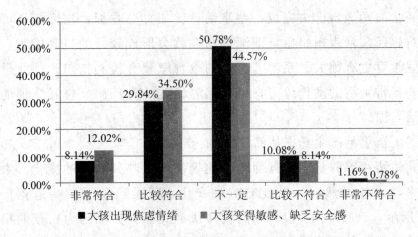

图 3-16 教师认为大孩变得焦虑、敏感和缺乏安全感的符合程度

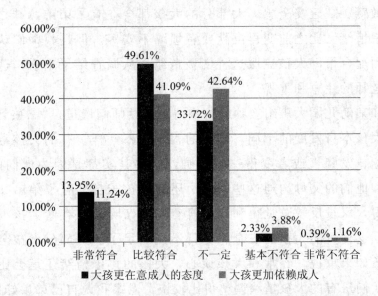

图 3-17 教师认为大孩更在意成人态度和依赖成人的符合程度

(三)二孩家庭幼儿较独生家庭幼儿表现出更强的同伴交往能力

二孩家庭的特点是家庭中两个孩子互相陪伴和成长，而独生家庭幼儿无法实现这种常态化的同伴陪伴。这种由家庭所带来的特殊环境使二孩在发展中，能较多地从自己的哥哥姐姐身上学习到比同龄人更多的交往技巧，并且在他的生活中常有一个模仿的对象。大孩也能学习到如何照顾弟弟妹妹、与弟弟妹妹分享等行为。大孩和二孩之间的游戏、学习等过程会在潜移默化中促进二孩家庭幼儿的同伴交往能力。根据图 3-17 的结果，有 60.47% 的教师认为与独生家庭幼儿相比，二孩家庭幼儿在同伴交往上会有更多的优势。

二孩家庭的幼儿可能在哪些方面表现出更强的同伴交往能力呢？大部分

教师在访谈中提到大孩、二孩在幼儿园中更能融入集体生活，常发生照顾同伴的行为和对同伴的友好行为。研究发现，53.49％的教师认为二孩家庭的幼儿常表现出照顾同伴的行为，44.58％的教师认为他们常表现出对同伴的友好行为，49.22％的教师认为他们更容易融入集体生活。而认为二孩家庭幼儿不常表现出照顾同伴行为、对同伴的友好行为和不太容易融入集体生活的教师仅占2.33％、2.32％和2.72％（如图3-19所示）。这说明大部分教师的认识是一致的，二孩家庭幼儿的同伴交往能力更强。虽然选择"不一定"的教师所占比例也较大，这可能与教师所在班级有关，访谈中了解到大班的大孩较多，因此大班教师对大孩的认识可能会更加明确，而班级中大孩较少的教师对此问题的认识可能不会非常明确。

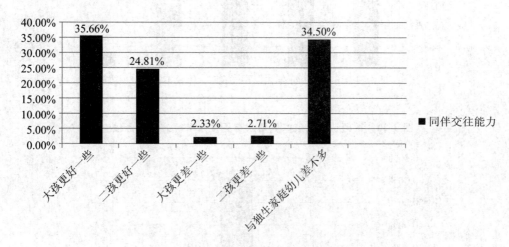

图 3-18　教师眼中二孩家庭幼儿的同伴交往能力

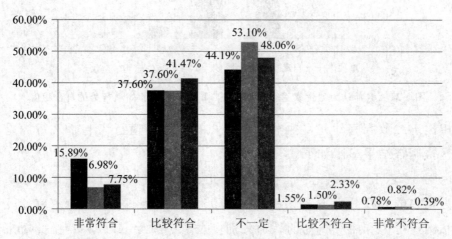

图 3-19　二孩家庭幼儿照顾同伴行为、融入集体生活和同伴友好行为的符合程度

（四）二孩家庭幼儿较独生家庭幼儿表现出更多分享行为

访谈中教师多次提到独生家庭幼儿的娇气行为和自私霸道的特点，二孩家庭的幼儿相比独生家庭幼儿会有更多的分享行为出现。问卷中对于二孩家庭幼儿的分享行为的调查结果如图 3-20 所示，有 61.3％的教师认为二孩家庭幼儿的分享行为更多。

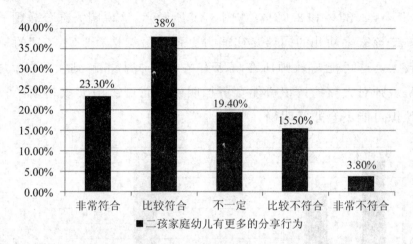

图 3-20　教师认为二孩家庭幼儿有更多分享行为的符合程度

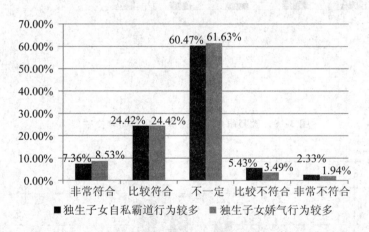

图 3-21　教师认为独生家庭幼儿有较多自私霸道行为和娇气行为的符合程度

相比于二孩家庭幼儿，独生家庭幼儿的自私霸道行为和娇气行为是否比较明显？调查结果显示如下。

由图 3-21 可知，相比于二孩家庭幼儿，认为独生家庭幼儿自私霸道和娇气行为较多的教师分别占 31.78％和 32.95％。认为不符合独生家庭幼儿有较多自私霸道行为和娇气行为的教师分别仅占 7.76％和 4.98％。由此看来独生家庭幼儿的自私霸道行为和娇气行为在教师认识里相比二孩家庭幼儿较多。但从"不一定"的结果来看，教师认为不是所有的独生子女都有这些行为表现，只是相比较而言更明显一些。

访谈中有很多老师提到，我国长期独生子女政策影响的结果是，独生家庭幼儿常常被家长视为"掌中宝"，碰不得、说不得，形成他们唯我独尊、自私霸道的性格特点。而二孩家庭的孩子父母无论是从物质还是情感的分配上，常常会考虑如何平均地分给两个孩子。当大孩有了弟弟妹妹，会被要求跟弟弟妹妹分享自己喜爱的玩具、食物等。并且父母越对大孩有较高的敏感性，大孩的分享行为会越多。二孩家庭幼儿的分享机会和方式也会较独生家庭幼儿多，教师认为二孩家庭的幼儿在这种环境下会比独生家庭幼儿更懂得分享。

三、教师眼中幼儿园应对需求

幼儿园应对需求在宏观上来看是教师对二孩政策的认识与看法，在微观上来看是教师对幼儿园教育内容与方式的提前思考和规划。根据上述研究我们发现幼儿园教师普遍认为二孩家庭中的大孩出现一些行为和心理上的新特点和发展变化，有积极方面的表现，也出现了一些倒退行为。独生家庭幼儿和二孩家庭幼儿之间存在不同的特点。这说明二孩的到来已经引起了一部分幼儿园教师的注意和重视，新问题和考验已经在教育现场出现，必然要求教师能够有新的应对。因此，从宏观层面和微观层面幼儿园需要哪些应对，具体分析如下。

（一）幼儿园需要提前应对二孩政策带来的影响

教师眼中二孩政策对幼儿园影响这个维度的内容包括四个方面：幼儿入园更加困难、幼儿园设施设备需要增加、幼儿数量越来越多及师资需求增加。整体上来看，表3-36的结果显示，选择"基本符合"和"非常符合"二孩政策影响这个维度的教师占81.7%，幼儿园原有的"入园难"、学前教育资源分布不均，师资缺乏等问题进一步加剧，二孩政策对幼儿园的影响非常明显。

表 3-36 教师眼中二孩政策对幼儿园影响的认识

维度 \ 符合程度	非常符合	比较符合	不一定	比较不符合	非常不符合	合计
二孩政策对幼儿园影响	36.7%	45.0%	16.4%	1.6%	0.3%	100%

此外，不同职称的教师在二孩政策影响的认识上存在差异。研究发现，一级职称教师得分显著高于无职称教师（P=0.002），如表3-37所示。即一级职称的教师更加认为二孩数量增加明显、幼儿师资缺乏、入园困难和设施设

备需要增加。教师职称的评定与教师的专业、学历、任职年限等相挂钩，幼儿园职称较高的教师教学经验和资历更加丰富，有些是园所教学管理人员，他们更能从学位、师资、幼儿园设施设备和二孩数量上的变化和需求感受到政策带给幼儿园的影响，因此其认识相比较而言可信度和可靠度都较高一些。提醒教师应多关注政策影响的结果，提早准备。

1. 幼儿园需应对二孩政策带来的多重挑战

对开放性题目"您认为二孩越来越多给幼儿园带来的最大挑战是什么"进行编码分析，主要有以下几方面挑战：学位紧张、家园合作、二孩教育问题、师资缺乏、幼儿数量增长、场地设施不足。各项挑战所占百分比如图 3-22 所示。

表 3-37　教师职称在二孩政策对幼儿影响维度上的差异结果

变量	教师职称					事后比较
	暂无	三级	二级	一级	F 值	4>1
二孩政策对幼儿园的影响	M(SD)	M(SD)	M(SD)	M(SD)		
	15.7407	16.4423	16.7826	17.2432	4.322*	
	(2.04833)	(2.19101)	(2.01370)	(2.28042)		

注：* 表示显著性水平为 0.05，"事后比较"中 1 代表暂无，2 代表三级，3 代表二级，4 代表一级。

从图 3-22 可以看出各项挑战中学位紧张问题首当其冲，所占百分比最高 33.06%。随着"入园难"问题的持续发酵，陈宝生部长在 2017 年的两会上提出要用"洪荒之力"解决"入园难"问题，可见公立幼儿园学位紧张已拉响警笛。二孩政策放开，二孩越来越多，教师认为二孩教育问题仅次于学位给幼儿园带来的挑战。这说明幼儿园教师能够提前思考二孩政策给幼儿园教育带来的

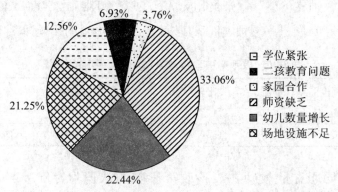

6.93%　3.76%
12.56%
33.06%
21.25%
22.44%

☐ 学位紧张
■ 二孩教育问题
☐ 家园合作
▨ 师资缺乏
▨ 幼儿数量增长
▨ 场地设施不足

图 3-22　教师认为二孩政策带给幼儿的各项挑战所占百分比

挑战。对于二孩政策带给幼儿园的挑战，有相当一部分教师认为家园合作将成为今后二孩教育中的重要内容。此外还有师资缺乏、场地设施不足等挑战也成为教师能够预测到的内容。二孩政策首先使二孩家庭幼儿数量增多，由此带给幼儿园的挑战是多重的，从调查结果来看，幼儿园教师已经有了应对意识和思考。

2. 幼儿园急需扩增学位，增补教师缺口

由图 3-23 可以看出有超过 64.15% 的教师认为全面放开二孩政策使幼儿入园更加困难。特别是在访谈中，很多老师表示，最近几年班级中二孩数量增加确实比较明显，就研究者本人在实习园所的观察，每个班目前已有三分之一的幼儿属于二孩家庭。随着"全面二孩"政策的推进，教师们认为幼儿园在原本就不足的学位问题上可能会面临更大的挑战，急需提前多方面思考和应对。据相关统计，3 年内预计将有 900 万儿童在园读书。今后越来越多的幼儿出生，幼儿园的容纳能力又一次受到考验。

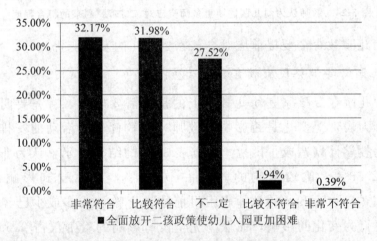

图 3-23　教师认为全面放开二孩政策使幼儿入园更加困难的符合程度

在访谈中，某幼儿园园长说："现在上公立幼儿园非常难，特别是要进好的公立幼儿园是难上加难。就比如我现在手里就有十几位朋友的孩子想要进入幼儿园，可是学位是有限的，如果不符合入园的硬性条件是没有办法入我们园的。"在 2016 年的"两会"上就已经有数名政协委员提出"入园难"的问题，为三年之后的"二孩一代"提前做好打算。其中北京市政协委员、西城区棉花胡同幼儿园园长李建丽说："每年还没到入园的时候，很多家长就天天来问，真的天天来，非常辛苦。可是学位不够，很多都进不来，2015 年有 400 多个家长提交了报名材料，但我们只能招收 100 多个孩子。"因此可以看到，入园难、学位紧缺是幼儿园面临的最大挑战。教师们的看法反映了幼儿园需要在学位上加大力度应对"二孩潮"。

二孩数量的增加必然要求在师资上能够得到保证。图 3-24 显示有89.95％的幼儿园老师认为目前幼儿园需要更多的师资应对"二孩潮"的到来。已有研究成果显示，相比学前教育园舍不够和经费不足等问题，幼儿园师资不足的问题变得更为尖锐。

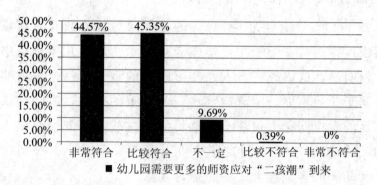

图 3-24　教师认为幼儿园需要更多师资应对"二孩潮"到来的符合程度

（二）幼儿园教育需要提前应对二孩家庭幼儿的发展变化

1. 幼儿园需要调整现有教育教学活动内容

考察幼儿园在二孩家庭幼儿教育上的是否需要应对，首先要明确二孩家庭幼儿的行为表现等变化是否影响了教师一日教育教学活动的安排，是否对教师原有的教学计划造成了困扰。根据表 3-38 的结果显示，认为非常有影响的教师占 2.33％，比较影响的教师占 10.08％，偶尔受到影响的教师占34.88％，总之，47.29％的教师表示目前的教育教学或多或少已经受到了二孩家庭幼儿行为变化的影响，而认为完全没有影响的教师仅占 9.69％，统计如表 3-38 所示。

表 3-38　教师认为二孩的变化对现有教育教学的影响程度

	非常影响	比较影响	偶尔影响	不太影响	没有影响	总计
N	6	26	90	111	25	258
百分比	2.33％	10.08％	34.88％	43.02％	9.69％	100％

有一位大班教师在访谈中谈道："目前班级中还没有大量二孩出现，还比较少，因此二孩家庭幼儿表现出的问题总是个别的，但是也有一些孩子的问题特别突出。比如我们班有一个姐姐，她在有了弟弟之后从来和弟弟不玩，弟弟和姐姐也是分开住，姐姐住在奶奶那儿，所以和爸爸妈妈的关系更加不

亲，以至于后来升到大班，她总是在区域游戏的时候不和其他小朋友一起，有时候还会突然流眼泪，这样我不得不在区域游戏的时候多去关注她，后来也和她的父母沟通。我想以后二孩不是更多了吗？可能这样的情况也会更多。"由此可见二孩家庭幼儿的一些情绪行为变化引起老师注意的同时，也会不定时地在一日生活中出现，教师不仅要注意关注到幼儿的变化，也需要随时做好应对准备工作。

因为二孩家庭幼儿产生的新变化和特点，对原有教育的内容和方式提出了新的挑战和需要，教育上一直以来针对独生家庭幼儿的特点和发展设计的内容和目标能否应对新的需求和变化，教师认为需要调整的程度如何，调查结果如图 3-25 所示。

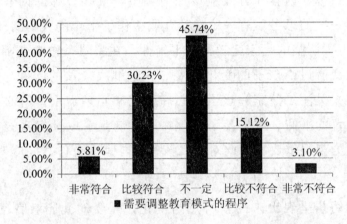

图 3-25　教师认为需要调整教育模式的程度

从图 3-25 中可以看出，认为"非常需要"和"比较需要"调整的教师约占 36%，而不需要调整的教师仅占 18%。由此得知教师们比较倾向于对教育的目标、内容和方式等进行调整以适应二孩的发展和新的教育需求。虽然有比较多的教师不确定是否需要调整现有教育模式，但结果也说明了教师们已经从意识上产生了教育调整的需求。

通过调查教师更倾向于在哪些方面对幼儿园教育进行调整，从表 3-39 呈现的结果来看：认为不需要调整的教师所占比例极小，只有 5.81%。而其他需要调整的方面，从被选项的重要程度排序来看，家园合作＞教育方式＞教育内容＞教育环境＞师资培训＞教育目标。

表 3-39　教师认为需要在哪些方面对幼儿园教育进行调整

调整内容	N	百分比
教育目标	98	37.98%
教育内容	126	48.84%
教育方式	140	54.26%
教育环境	125	48.45%
师资培训	114	44.19%
家园合作	212	82.17%
不需要调整	15	5.81%
合计	258	100%

对于教育目标、内容和方式应该如何调整，很多教师的回答能根据自己的工作经验有一些的思考。有一位在幼儿园工作了十年的大班骨干教师谈道："我觉着首先需要调整的是家庭教育的平衡性，在家园合作中老师应该多和二孩家庭的家长交流讨论孩子的变化发展，一起解决二孩的问题。其次，老师可以适当地多去关注二孩家庭孩子的心理变化和心理需求，有必要做出一些调整。家庭教育的平衡、对于孩子心理需求的满足，以及发现孩子心理的敏感变化，我认为都很重要。"因此对于二孩教育，家园合作共同应对必不可少。

2. 幼儿园需要设计有针对性的教育活动

二孩家庭幼儿呈现出来的新特点与变化，需要幼儿园教育活动来指导。鉴于"二孩课程"的必要紧迫性，在我国部分地区已有幼儿园开设了"二孩"相关课程与活动。北京市的幼儿园教师对二孩教育活动的看法如何，教师填答情况如表 3-40 显示：认为需要开设"二孩课程"的教师占到了 35%，但是认为"不确定"需要开设"二孩课程"的教师约有 39%。这表明，教师已经能够从实际问题出发，开始思考需要从教育活动或相关课程的角度来应对二孩教育问题。但是仍然需要不断思考和探索。

在访谈中有些教师认为不一定需要"二孩课程"是基于目前班级中二孩家庭幼儿的数量还不是很多，对"二孩课程"的实施还在进一步的摸索和考量中，可能随着二孩越来越多更多的教师会倾向于思考二孩教育活动或相关课程的必要性。

表 3-40　教师认为需要开设二孩教育活动的程度

	非常需要	比较需要	不确定	比较不确定	非常不确定	总计
N	12	77	102	59	8	258
百分比	4.65%	29.84%	39.53%	22.87%	3.1%	100%

目前幼儿园教育应对需求在行为层面上的表现，可以从教师是否能够提前思考，以及是否为避免二孩家庭幼儿的个别问题发展成为普遍问题而积极准备和组织二孩教育的相关活动或课程反映出来。根据表 3-41 呈现的结果，有时会组织和偶尔会组织二孩教育相关活动或课程的教师占到了约 60%，从不组织二孩教育相关活动或课程的教师只有 39.53%。这说明二孩教育相关活动已逐渐成为幼儿园教师应对二孩发展特点和问题的方式。教师在行为层面能够采用比较积极的教育应对手段。

表 3-41　幼儿园开展二孩教育活动的符合程度

	有时	偶尔	从不	合计
N	30	81	146	258
百分比	16.67%	43.8%	39.53%	100%

虽然教师已经开始在幼儿园开展二孩教育活动，但是对于活动的内容和形式还是比较单一。访谈中老师有谈到的一些二孩教育活动和课程的形式主要有：投放有关"二孩"主题的绘本、开展以大带小的混龄教育活动。其中海淀区某幼儿园老师说："我们组织过一些'大带小'的活动，每学期开学的时候，大班的哥哥姐姐都要去迎接小班幼儿入园，给小班弟弟妹妹喂饭，和他们玩，这些可能也算是培养他们与弟弟妹妹相处的活动吧。"西城区某幼儿园教师说："我们班有一对双胞胎，他们喜欢在角色扮演区玩，比如这段时间他们兄弟俩扮演的'真假美猴王'就非常精彩，看了这个表演班上很多小朋友都说想要有个弟弟妹妹，想让妈妈给自己再生一个。因此我针对这个现象会和小朋友组织谈话活动，让二孩家庭的孩子介绍自己的哥哥姐姐或者弟弟妹妹，增加他们的手足自豪感。"通过与老师们的交谈，我们发现老师们对二孩教育活动的想法还是很多的，但在实践中真正能做出精彩的二孩教育活动或课程的教师还是很有限。因此二孩教育活动与课程还需要不断丰富其内涵和形式。

3. 幼儿园需要组织应对二孩教育的培训

对于幼儿园管理者来说，幼儿园层面上的准备更能从整体上反映当前幼儿园教师二孩教育应对的需求。调查中选择"有时"组织和"偶尔"组织的教师有 59.30%，但仍有 39.54%%的教师所在幼儿园从不组织二孩教育相关培训，具体统计如表 3-42 所示。

表 3-42   幼儿园组织二孩教育相关培训的需求符合程度

	经常	有时	偶尔	从不	合计
N	3	40	113	102	258
百分比	1.16%	15.5%	43.8%	39.54%	100%

由此我们可以看到还有一部分幼儿园二孩教育应对缺乏科学指导。幼儿园教师在访谈中表达了对科学养育和教育二孩家庭幼儿，及时帮助家长处理二孩家庭教育问题的指导需求。幼儿园组织针对教师和二孩家庭家长的培训与讲座可以帮助家长学习如何正确处理两个孩子的关系和问题，可以帮助教师设计和实施有针对性的活动，正确看待二孩家庭儿童的发展特点，也有助于家园合作的展开，幼儿园二孩教育相关培训的组织还有很大的弥补空间。

四、二孩到来给幼儿园教育带来的挑战及应对

（一）二孩到来给幼儿园教育带来的挑战

1."二孩潮"到来将可能使"入园难"问题更加严峻

二孩时代来临，铺天盖地的二孩政策对教育影响的报道，提醒我们需要提前思考二孩时代带给教育的冲击和挑战。幼儿园首先面临的是班级中二孩家庭幼儿的数量增多，而有限的学位和"二孩潮"即将到来的现实使得"入园难"问题更加突出。根据本研究的结果，在幼儿园教师眼中，政策带给幼儿园的各种挑战中学位紧张排第一位，有超过 70%的老师认为二孩政策的落地实施将使幼儿入园更加困难。尤其是每年增长 300 万名儿童，对幼儿园现有学位的压力无疑是有增无减。[①] 早在 2016 年的两会上，教育部原部长袁贵仁对媒体表示，对于 3 年内将有 900 万儿童在园读书的状况，教育部将高度重视，全面应对。除了学位，师资力量的缺口是在园儿童增长下必然带来的结果。师资问题不仅体现在数量上，师资质量的要求同样不容忽视。由于二孩家庭的增加，二孩家庭幼儿表现出的新特点是教师面对的新情况，在习惯了独生子女政策的环境下，教育也形成了一定的固有思维和方式。如何教育二孩家庭的幼儿去接纳自己的弟弟妹妹，如何看待二孩家庭幼儿已经出现的新的特

---

① 张玉玲：《二孩时代，入园难问题待解》，载《决策探索（上半月）》，2016(4)。

点和问题，解决好未来二孩教育问题上的后顾之忧，是教师面对的新课题。

研究中很多幼儿园的园长和老师都表现出对未来二孩入园的担忧，预测很有可能引起新一轮的"入园难"问题，继而导致新一轮的生育矛盾。因此教师在二孩政策对学位的影响上应对需求的呼声最高。如果学位问题无法得到妥善解决或有效缓解，大批幼儿的学前教育将受到影响。目前我国的早教体系发展还不完善，学前教育还在普及阶段，人口数量增长引发的学位紧缺只会更加严重。目前北京市有一些公办园已经开始寻求新的举措，通过积极扩建分园、开办半日班等举措来缓解人口生育洪峰可能引发的学位更加紧张的问题。

2. 二孩家庭幼儿出现的新特点亟待关注、重视和研究

家庭中有了两个孩子和家庭中只有一个孩子，幼儿所表现的问题是不一样的。在独生子女时代，一个家庭中只有一个孩子，所有的目光都聚焦在这一个孩子身上，因此独生家庭幼儿被赋予了一个家庭最高的期望和要求。在这样一种家庭环境和社会要求下，独生家庭幼儿所暴露的问题具有普遍性和单一性。他们娇气霸道、唯我独尊的群体特点对教育提出的需求是独生子女时代我国教育需要解决的问题。而随着二孩时代的来临，家庭中两个孩子的教育对于教育者来说成为一项新的挑战。二孩家庭幼儿已经凸显的新特点应该引起教师的关注、重视和主动思考与研究，去重新认识教育的对象和内容。

对于幼儿园教师来说，首先看到的是二孩家庭中大孩的变化。本研究发现，教师们对二孩家庭幼儿发展变化的认识也主要集中在大孩身上。需要肯定的是，教师们对大孩的认识是一分为二的，既看到他们积极的表现，但负面特点也值得关注。对于大孩来说，弟弟妹妹的到来让他们既高兴又害怕。高兴的是他们认为生活中有一个陪自己玩耍的伙伴，害怕的是爸爸妈妈的爱会被分走，必须与弟弟妹妹分享原本只属于自己的玩具、食物等。这对于大孩来说是一个艰难的选择和适应的过程。当大孩逐渐理解和适应新的环境，他就会发展出一些比较好的行为习惯，例如部分大孩会出现照顾同伴的行为、自理能力变好、规则意识变强、谦让行为变多、出现更多的分享行为等优点。这些优点的出现需要教师给予肯定和表扬，并且需要提供他们机会去巩固积极行为。正是因为弟弟妹妹的到来，让大孩从独生子女的角色逐渐转变，去适应新的环境和作为哥哥姐姐的身份。

据当前很多的新闻报道和一些机构的调查研究，现实中家庭中二孩的出现使得大孩出现抵触情绪、问题行为等新情况，更有甚者一些家庭中的大孩

以死相逼爸爸妈妈不能生二孩，让爸爸妈妈写爱的保证书等社会现象。这些问题的出现体现了现阶段幼儿教育的扭曲和欠缺。邹林的研究显示，家庭中二孩的出现使大孩的社会性发展受到影响，特别是对于大孩自我系统的发展、情绪情感的发展、品德发展和社会交往的发展产生重要影响。[①] 在本研究中，教师认为大孩可能出现的倒退行为有易产生焦虑情绪，更加依赖成人和在意成人的看法，缺乏安全感等。这些特点都表明大孩面对弟弟妹妹的到来，心理调节能力较弱，需要教师更多的关注和关心。教师不仅要关注到幼儿的这些变化，更要在教育过程中重视去解决大孩发展中的问题，以研究的态度去看待和解决教育问题。

（二）对策与建议

幼儿园应对需求包括教师认为二孩政策影响带来的应对需求和幼儿园二孩教育应对需求。根据本研究的结果，如何解决目前二孩政策带给幼儿园入园更加难、师资更加缺的影响？如何针对二孩家庭中大孩的焦虑、敏感、缺乏安全感等问题进行相应的教育？如何让教师在二孩家庭幼儿的教育问题上具有前瞻性和预见性，主动思考未来二孩教育的方式方法和内容？从而使幼儿园更准确及时地提前应对二孩家庭幼儿的教育问题。根据以上研究结果，本研究提出以下几点建议。

1. 加强对二孩家庭幼儿新特点的关注和研究

（1）关注二孩家庭幼儿的心理健康教育。

自二孩生育政策颁布实施以来，研究者较多地关注了人们的生育意愿和生育行为，而忽视了对二孩家庭幼儿的关注，特别是二孩家庭中大孩的心理健康发展。家庭中大孩的心理变化已经引起老师的注意，特别是二孩家庭中二孩的出现使大孩产生抗拒的心理问题越来越多。二孩出生让大孩认为分走了父母对他们的爱，形成一种潜在的敌对情绪，内心常常感到压力和紧张，缺乏安全感，这种压力有时候比父母感受到的更加强烈。如果压力得不到舒缓，很可能会引发一些极端事件。[②] 有专家分析大孩的心理变化和问题，原因在于家庭中只有一个孩子的时候，家庭模式是"4＋2"的形式，幼儿习惯了集所有人的关注和宠爱于一身，就会出现更多的自私霸道和娇气的行为，缺

---

① 邹林：《老大怎么了？——家庭中老二出生对老大社会性发展的影响及对策分析》，硕士学位论文，四川师范大学，2015。

② 王文：《生二胎别忽略"老大"的心理感受》，载《中国妇女报》，2014-02-24。

少分享的习惯和能力。① 教师认为独生家庭幼儿和二孩家庭幼儿的区别也是这种家庭环境导致的结果。因此，教师应敏感地关注对二孩家庭幼儿的发展变化，关注他们的心理需求，善于从幼儿的行为表现和情绪变化中发现问题。

首先，关注幼儿的心理健康。对于大孩因为一种被"抛弃"的错误感受导致的心理问题，教师要及时引导他们认识到，只是年龄小的弟弟妹妹更需要成人的照顾。其次，教师是幼儿最亲密的陪伴者之一，要在生活中关心大孩的心理需求，让大孩认识到自己并不是被忽略的。教师要注意征求大孩的意见，给予大孩在班级中表现的机会。再次，教师要在班级中营造和谐温暖的氛围。让幼儿学会接受爱并分享爱，引导他们有一个积极的情感体验和价值观。最后，教师应在班级中创设平等的相处规则，让大孩感受到人人在规则面前是平等的。虽然幼儿年龄较小，但心思细腻，他们对公平的感受非常敏感，教师要利用这些特点让大孩感受到生活中有规则，要遵守规则，帮助他们建立原则意识。教师要尽早进行幼儿心理健康教育，避免将来出现不必要的矛盾，出现幼儿积怨爆发的状况。②

（2）注重培养大孩正确的角色意识。

二孩家庭幼儿教育很重要的内容是帮助大孩树立哥哥姐姐的形象，培养大孩作为兄长的责任意识和模范作用，鼓励他们接受弟弟妹妹的到来。幼儿园教师可以采用一些易于幼儿接受的方式，如绘本阅读。教师在图书室去投放有关哥哥姐姐与弟弟妹妹相处的绘本，例如《汤姆兔成长系列》《卡梅拉系列》等，在语言活动中也可以借助绘本帮助幼儿潜移默化地建立每个人都应该照顾弟弟妹妹、关心自己的兄弟姐妹的意识，让幼儿感受到有了弟弟妹妹的幸福感和自豪感。其次，给予大孩更多表现自己的机会，帮助大孩树立自信心，克服他们不自信的表现。例如引导大孩去主动表达对弟弟妹妹的爱，引导大孩在班级中照顾比自己年龄小的幼儿，并及时给予肯定和鼓励，逐渐让大孩认识到成为哥哥或姐姐带给自己的责任。还可利用在"娃娃家"玩角色游戏的方式让大孩体验哥哥姐姐的角色，给他们时间和方法过渡和适应。二孩出生以后，让大孩参与照顾，体验责任感和使命感，在自己成长的过程中学会呵护和关心弟弟妹妹，成为他们的榜样，还能收获弟弟妹妹的爱。家长应该给予他们充分的机会发展他们的自主性、发挥自己的价值，增强自信心。

---

① 王文：《生二胎别忽略"老大"的心理感受》，载《中国妇女报》，2014-02-24。
② 潘点点：《浅析二孩家庭幼儿的心理健康教育》，载《考试周刊》，2016(31)。

使得大孩不自私、二孩不依赖。

（3）增加对二孩特点的关注和研究。

随着二孩生育政策的稳步推行，2017 年 9 月第一批二孩即将入园，幼儿园中二孩的数量会有大幅度增长。在这样一种紧迫的局面下，教师应该增加对二孩家庭中二孩的关注，特别是二孩入园后呈现的特点，以及大孩与二孩之间的相处等新的问题。二孩一出生就比独生子女多了一个年龄差不多的伙伴，加之父母已经有了养育经验，教师对于二孩的成长和发展应该不断探索新的发现。根据二孩家庭幼儿和独生家庭幼儿的不同，教师首先要在意识上注意区别和关注，既要关注到二孩自身发展中的特点和问题，也要关注到对教育的影响。其次，教师要注重总结经验，提高应对教育对象和内容变化的能力，幼儿园也应该有一些相应的应对举措。

2. 创新多种方式提升幼儿园二孩教育应对能力

（1）设计有针对性的二孩教育活动或课程。

"全面二孩"时代，我们在教育上还需要有创新开拓的理念。二孩教育活动或课程的出现是针对二孩家庭越来越多及为了解决大孩二孩发展中的新特点应运而生的。二孩教育活动的设计应该思考从活动的目标、内容、方式等角度构建适合二孩教育特点的课程体系。其目标是帮助大孩适应有弟弟妹妹的生活，解决大孩二孩之间的矛盾与冲突、将二孩家庭幼儿的优势和长处传递给其他幼儿等。在幼儿社会交往、情绪情感、心理健康和自我系统的发展等方面中设计相关活动与游戏，培养幼儿的分享意识、交往能力，以及帮助他人、照顾同伴等良好的品质，培养幼儿独立自主的生活习惯和能力。

二孩教育不仅需要建构相关课程体系与目标，教育活动的形式可以是多样的。例如：让二孩家庭的幼儿介绍自己的家庭成员，帮助幼儿建立同胞荣誉感和自豪感；让幼儿画自己的哥哥姐姐或者弟弟妹妹来给其他小朋友介绍，表达对家庭成员的爱；创设有关二孩的主题活动；在表演区、娃娃家扮演家人、哥哥姐姐、弟弟妹妹的角色，帮助幼儿换角度思考问题；开设专门的结对游戏时间；针对二孩家庭中的大孩给他们提供一些真实的情境，让他们学习如何照顾弟弟妹妹；给幼儿播放一些关于兄弟姐妹相处的小短片、小故事；创设真实的情境，让幼儿讨论如何解决与自己的弟弟妹妹，哥哥姐姐之间的问题，开展大带小的混龄教育等。

（2）组织二孩教育相关培训帮助教师和家长科学养育。

二孩家庭幼儿出现的问题是原来独生子女教育中没有的，教师虽然较大部分家长在教育理念和认识上更加专业，但是对于教育中出现的新问题和幼儿的新特点也需要更科学的指导。北京聚集了最优秀的教育资源，幼儿园二孩教育应对在教师和家长培训上可以请一些优秀的专家团队给幼儿园开展相关的主题培训或讲座。目前能有这种应对举措的幼儿园还比较少。通过举办二孩教育相关培训帮助幼儿教师正确认识二孩家庭幼儿的特点，例如幼儿园举办一些教育讲座，从心理学角度分析幼儿出现问题行为的原因，帮助教师科学应对。讲座的内容可以包括幼儿的心理咨询和引导，教师的教育应对方法等。也可以从管理层面培训幼儿园园长和教师做好班级建设工作以应对未来幼儿园人数增长带来的班额、性别变化，师幼比例不均衡等问题。

另一方面，针对二孩家庭的家长，幼儿园可以邀请妇产专家来做专题讲座。二孩也要优生优育，为孕育二孩的家长提供一些养育二孩的医疗咨询和注意事项，特别是对出生缺陷防治、高龄生育面临的问题和临床症状以及如何预防等方面进行详细讲解。针对想要怀二胎的家庭，组织孕前保健知识讲座。对孕前要做哪些准备、高龄产妇生二胎的注意事项等方面进行科学指导。避免二孩到来出现幼儿园家长手足无措的局面。此外，家长也要面临二孩时代新的家庭关系，幼儿园可以为家长组织一些心理学讲座，指导家长如何正确处理两个孩子之间的关系，普及科学婴幼儿家庭教育知识，引导家长树立正确的教育观念，提高科学教育多子女的能力。

（3）加强家园互动，协同应对二孩家庭幼儿教育。

"二孩"来袭，家庭中大孩出现的倒退行为和消极情绪已经引起了家长和教师的注意。二孩家庭幼儿的特点不仅表现在家庭中，一天中更多的时间是在幼儿园度过的，因此这些问题行为也会延伸到在幼儿园。著名的教育家苏霍姆林斯基提出"没有家庭教育的学校教育和没有学校教育的家庭教育都不可能完成培养人这一极其细致而复杂的任务"[①]。因此虽然教师的关注和引导起到非常重要的作用，但同时更需要家园配合，协同解决二孩家庭幼儿的教育问题。二孩家庭中幼儿的消极行为的出现，教师在一日生活中多关注、多引导、多沟通、多鼓励的策略下，还要与二孩家庭幼儿的家长及时联系，了解幼儿出现问题行为的原因，如因为家长精力不够疏于照顾大孩的情绪和生活导致大孩对二孩特别排斥、缺乏作为哥哥姐姐的意识等。当教师和家长沟通了解清楚原因之后才能对幼儿的问题对症下药，选择合理的方式解决问题。

---

① ［苏］苏霍姆林斯基：《给教师的建议》，杜殿坤译，188 页，北京，教育科学出版社，2000。

例如，教师可以鼓励二孩家庭的家长平时多创造大孩和二孩一起游戏和交流的机会，带他们体验家人在一起的快乐。在组织集体谈话活动的时候，可以邀请大孩分享与弟弟妹妹在一起游戏的经历，增强大孩的家庭荣誉感等，都可以帮助大孩打消对弟弟妹妹的"敌意"。教师在班级中可以多邀请大孩做一些值日工作，家长在家庭中鼓励大孩参与家务，照顾弟弟妹妹，这样的通力合作培养幼儿的主动性和责任感。帮助大孩接受弟弟妹妹，更好地适应新环境。此外，在家庭中家长需要营造和谐温馨的家庭环境，让大孩和二孩感受到家人在一起的美好，则这样才能更好地接受彼此，学会爱和包容。只有当家庭和幼儿园一起努力，形成合力的时候，二孩家庭幼儿的教育才会有更好的效果。

3. 多措并举缓解二孩政策对幼儿园学位、师资的冲击

(1)创新多种办园模式应对幼儿园学位紧缺。

目前我国学前教育发展中的主要矛盾之一就是公立幼儿园和普惠性幼儿的学位很大程度上无法满足大量幼儿的入园需求。特别是在二孩时代，我国又将迎来人口的小高峰，幼儿"入园难"的问题急需得到解决。因此，一方面，需要政府鼓励创新多种办园模式，例如公立幼儿园开办半日班、学前班，幼儿园与社区联合组织社区学前教育日托中心等形式，解决区域内幼儿的入园难问题。另一方面，注重早期教育体系和家庭服务。幼儿城市家庭在养育时间和精力上的不足，导致家庭养育负担非常大。如果在早期教育中鼓励社会力量提供有保障的早期教育服务，促进学前教育服务行业的发展，解决在幼儿入园前部分家庭的教育问题，那么对家庭和幼儿进入幼儿园的生活有很大帮助。

(2)加大学前师资培养力度，提高幼教师资水平。

学前教师是当前学前短板中的短板，有关资料显示，目前我国学前师资缺口120万。[①] 根据本研究的调查，幼儿园教师自身已经意识到二孩大量入园带来的教师数量和质量不足的问题。从"全面二孩"政策落地实施开始计算，"二孩一代"将于2017年9月入园，2～3年的时间将有大量幼儿入园，幼师培养将成为非常紧迫的工作。特别是有质量的幼师培养需要花费更长的时间，包括幼师对岗位工作的熟悉，对幼儿的了解，进修、深造、学习的时间，在学前教育专业人才培养上的问题已非常紧迫。幼儿园师资的水平是影响幼

---

① 庞丽娟：《"全面二孩"时代学前教育如何补短板》，载《教育导刊月刊》，2016(5)。

园教育的重要因素，从当前二孩教育的应对意识和准备来看，教师能够主动思考、积极准备的人数少之又少，教师教育情怀与激情相对较弱。因此，提高幼师的素质和专业化水准，是幼儿园教育能够与时俱进、不断创新的保障之一。师资力量的弥补现阶段还需采用多种方式，例如：各大师范院校扩招学前教育专业学生人数，教委扩大教师招考力度，幼儿园多种渠道和方式引进师资力量。注重后期教师培训与自我发展，同时改善幼师的工资、社保、职称等待遇问题，从源头上保障师资充足。[①] 应对二孩教育不仅要补充幼教师资，二孩教育的新问题将成为考验教师应对能力的重要内容，因此师范院校要重视学前专业人才培养工作，提高师资水平。

---

① 张阳、翟理红、朱克岚：《全面二孩到来，学前教育应如何应对》，载《读天下》，2016(24)。

第四章

二孩时代从新生到入园：
基于二孩政策的0～6岁人口预测

第一节　研究设计

一、研究缘起

2015年10月29日，十八届五中全会通过了《中国共产党第十八届中央委员会第五次全体会议公报》，提出"全面实施一对夫妇可生育两个孩子政策，积极开展应对人口老龄化行动"。2015年12月2日，国务院通过《中华人民共和国人口与计划生育法修正案（草案）》，并提请全国人大常委会授权国务院在部分行政区域暂时调整实施有关法律规定的决定草案。随着"全面二孩"政策的落地，越来越多的家庭具备了生育二孩的资格，这极有可能对我国公共服务和资源环境造成新的压力。为了应对"全面二孩"政策所带来的人口压力，我们要充分利用已有统计数据，把握新生人口的未来变动趋势，及时跟踪官方"全面二孩"的生育总量公报的更新，以便科学预测未来人口对公共服务和资源需求的变化情况。

"全面二孩"政策实施时间不长，但已经有一些针对该政策下全国育龄人口和出生人口的人口学研究。早在2014年，翟振武等人[①]就对全面放开二孩政策带来的新生人口进行预测，以2005年全国1‰人口抽样数据为基础，通

---

① 翟振武、张现苓、靳永爱：《立即全面放开二胎政策的人口学后果分析》，载《人口研究》，2014(2)。

过推算 2012 年 0～37 岁独生子女规模（1.967 亿）估计目标育龄妇女和出生人口，结果得出 15～49 岁育龄妇女 1.52 亿，目标人群将可能在 4 年内多生育 9 700 万个孩子，从一定程度上避免了因生育率预测的复杂性和数据质量所带来的误差。对此，乔晓春[①]认为，翟振武等人的研究由于基年和预测年间隔久、囊括了不太可能生育的妇女数量、放大了政策目标群体、设定了不精确的二孩生育比例等原因而高估了出生人口，"全面二孩"政策的目标人群实际上仅为 9 652.2 万，4 年内新增婴儿在 4 642.7 万～5 955.4 万之间。以王广州[②]为代表的学者采用随机微观人口仿真模型，通过计算机模拟个人和家庭属性，分别预测了生育政策不变、"单独二孩"政策和"全面二孩"政策下的"单独"育龄妇女总量（分地域、城乡、年龄结构）的总量、结构和变动趋势及出生人口规模。在专门对"全面二孩"政策下新增目标育龄妇女和出生规模的推算中，王广州[③]以年龄—孩次递进预测模型为基础建立随机微观人口仿真模型，根据现有人口调查和生育意愿调查数据设置递进生育率和生育模式参数，结果显示若 2015 年实施"全面二孩"政策，那么新增目标人群将在 9 000 万以内，2016—2020 年每年新增出生人口 230 万～430 万。随机微观人口仿真模型克服了现有宏观模型中不能判断配偶独生属性、无法区分育龄妇女孩次结构的缺陷，但是目前国内并没有完善的基础数据可以最大程度上支持政策目标人群和新增出生人口的预测。[④] 虽然学界采用的预测方法和参数设定没有统一的要求，但是，它们都是基于现有的人口普查和抽样数据，分析和讨论不同政策方案下可能的生育率所带来的新增人口。

如果以上预测结果属实的话，"全面二孩"政策相较"单独二孩"政策将释放更大的生育势能，引发生育堆积的可能性更高，而新增的出生人口将在 3 年后变成 3～6 岁人口，因而，有必要探讨"全面二孩"政策后 0～6 岁人口的变化趋势，并且着重分析 3～6 岁的人口及在园生规模。在当前人口预测主要针对全国育龄人口和出生人口变化的情况下，急需根据地方情况进行具体预测。作为"首善之区"，北京市和谐发展的人口资源环境与长期以来极低的生

---

① 乔晓春：《实施"普遍二孩"政策后生育水平会达到多高？——兼与翟振武教授商榷》，载《人口与发展》，2014(6)。

② 王广州、张丽萍：《到底能生多少孩子？——中国人的政策生育潜力估计》，载《社会学研究》，2012(5)。

③ 王广州：《影响"全面二孩"政策新增出生人口规模的几个关键因素分析》，载《学海》，2016(1)。

④ 王广州：《生育政策调整研究中存在的问题与反思》，载《中国人口科学》，2015(2)。

育率并存，新生育政策调整后的人口变动趋势具有特殊的研究意义。

本章基于北京市第六次人口普查（以下简称"六普"）数据，采用 2010 年北京人口普查数据作为基年数据，应用由中国社科院与劳动研究中心开发的专门针对中国人口预测的软件系统 CPPS，使用封闭系统下的分要素人口预测方法对学前人口进行预测。

二、研究对象及方法

（一）研究对象

研究主要针对"全面二孩"政策后北京市未来十年 0～6 岁人口的变动情况，实施"全面二孩"政策的三种水平，包括低水平、中水平和高水平，具体预测北京市 2016—2026 年的 0～6 岁人口、2019—2029 年 3～6 岁适龄人口及相应的在园幼儿变化趋势，并进行对比分析。

（二）研究方法

采用 2010 年北京人口普查数据作为基年数据，应用由中国社科院与劳动研究中心开发的专门针对中国人口预测的软件系统 CPPS（核心是王广州人口系统仿真结构模型），使用封闭系统下的分要素人口预测方法，假设未来人口的死亡模式保持不变，分城乡人口预测的基本计算程序如下。

第一，根据北京市分城乡六普人口的年龄别死亡率计算年龄别死亡概率，进而推算分年龄别人口存活概率等人口统计量，建立北京市分城乡六普人口队列生命表。

第二，构建存活人口模型：$_nP_{t_2(x+n)} = {_nP_{t_1(x)}} \times {_nL_{(x+n)}} / {_nL_{(x)}}$。$P$ 代表存活人口，L 代表存活人年数，t 代表某一时刻，x 代表具体的年龄（0～100 岁），n 为常数，$_nP_{t(x)}$ 代表 t 时刻年龄在 x 到 $x+n$ 岁的存活人数，$_nL_x$ 代表确切年龄在 x 到 $x+n$ 岁存活人年数，$x+n$ 到 $x+2n$ 岁存活人年数除以 x 到 $x+n$ 岁存活人年数得到 $x+n$ 到 $x+2n$ 岁存活概率，它与 t_1 时刻 x 到 $x+n$ 岁的存活人数相乘，即可得到 $x+n$ 到 $x+2n$ 岁的存活人数。

第三，建立人口生育模型：$P_{t_2(0)} = (L_{(0)}/2) \times \{\Sigma_n P_{t_1(x)}^f \times {_nF_{(x)}} + {_nP_{t_1(x)}^f} \times {_nF_{(x+n)}} \times {_nL_{(x+n)}} / {_nL_{(x)}}\}$（$15 \leqslant x \leqslant 49$）。式中 P^f 代表妇女人口数，F 代表生育率，使用存活概率后推下一年龄组的妇女的人数，再乘以相应生育率，得出 0 岁人口数量。

第四，获得城乡分年龄人口数量：通过城乡存活和生育模型的建立，得到相应的 0 岁和其他年龄人口的分布，加总可以得到总人口数量，从中可以提取出生人口和 3～6 岁人口数据。

为了相对可靠地推算未来 0～6 岁人口，相应人口统计参数的设置参考现有数据和已有研究。其中，期望寿命基本遵循六普模式，总体保持在：乡村男性 75.15 岁、女性 78.86 岁，城镇男性 80.94 岁、女性 84.77 岁；出生性别比基本稳定在乡村 107.73，城镇 110.02。总和生育率则按照政策不变和"全面二孩"政策的三种方案设定。具体设定参数为：（1）"全面二孩"政策低水平的方案：参考王广州的研究，具体考虑北京市符合"单独"条件 50% 和 90% 的人生育二孩的总和递进生育率[1]，以及全国"全面二孩"政策总和生育率的估计值。在 2014 年以前维持政策不变时的总和生育率，2014—2015 年对应"单独二孩"政策时的总和生育率，此后迅速提升，至 2020 年，乡村人口总和生育率为 1.55，城镇人口总和生育率为 1.28，此后保持稳定。（2）"全面二孩"政策中、高水平方案：目前相关研究对全国总和生育率的测算值约为 1.5～1.6，最高在 1.8～1.9 之间，[2] 结合梁文艳等人的系列研究[3][4]，考虑北京市以往的生育率情况，在 2016 年以前，具体选取的总和生育率数值与低方案保持一致，此后总和生育率不断提升，到 2020 年，中方案下乡村人口总和生育率达 1.8，城镇人口总和生育率达 1.5，高方案下乡村人口总和生育率达 2.1，城镇人口总和生育率达 1.8，并稳定在此水平上。

第二节 "全面二孩"政策后北京市 0～6 岁人口预测结果的低方案

"全面二孩"政策对人口变动的影响最先涉及的是 0～6 岁人口，科学预测未来 0～6 岁人口的变化趋势对提前做好人口与发展规划有重要意义。本节重点关注"全面二孩"政策下 2016—2026 年的 0～6 岁人口的变化情况，比较不同方案间的增量差异。

---

① 王广州：《北京市生育政策调整对出生人口规模的影响》，载《北京社会科学》，2011(3)。
② 李新运、徐瑶玉、吴学锰：《"单独二孩"政策对我国人口自然变动的影响预测》，载《经济与管理评论》，2014(5)。
③ 梁文艳、王玮玮、史艳敏：《人口政策调整后学前教育适龄人口变动趋势与教育需求分析》，载《全球教育展望》，2014(9)。
④ 梁文艳、杜育红、刘金娟：《人口变动与义务教育发展规划——基于"单独二孩"政策实施后义务教育适龄人口规模的预测》，载《教育研究》，2015(3)。

一、0～6 岁人口：2016—2022 年小规模快速增长，随后新增人口不断缩减

如表 4-1 所示，在"全面二孩"政策低方案下，北京市 0～6 岁人口呈现先不断增长，后平稳回落的趋势。其中，出生人口在 2020 年达峰值 23.29 万人，到 2022 年下降至 2016 年水平之下；1～6 岁的人口峰值年随出生人口峰值年而依次后推一年，峰值基本稳定在 23 万多人，回落的年限也依次后推，1 岁人口数量于 2024 年降至 2016 年的水平之下，2 岁人口于 2026 年降至 2016 年的水平之下，到 2026 年，3～6 岁人口仍高于 2016 年的水平。总体人口峰值于 2022 年达 150.4 万人，此后 0～6 岁人口不断缩减，但是仍然高于 2016 年的水平。

表 4-1 北京市"全面二孩"政策后低方案下 2016—2026 年的 0～6 岁人口数量（单位：万人）

年份	0 岁	1 岁	2 岁	3 岁	4 岁	5 岁	6 岁	合计
2016	19.76	17.95	16.68	15.24	15.00	14.61	11.56	110.81
2017	21.29	19.75	17.94	16.68	15.24	15.00	14.61	120.52
2018	22.50	21.29	19.75	17.94	16.67	15.24	15.00	128.38
2019	23.19	22.49	21.28	19.74	17.94	16.67	15.23	136.55
2020	23.29	23.18	22.48	21.28	19.74	17.94	16.67	144.58
2021	21.30	23.28	23.18	22.48	21.28	19.74	17.93	149.19
2022	19.18	21.29	23.27	23.17	22.48	21.27	19.74	150.40
2023	17.02	19.17	21.29	23.27	23.17	22.47	21.27	147.67
2024	15.03	17.02	19.16	21.28	23.17	23.17	22.47	141.40
2025	13.26	15.02	17.01	19.16	21.28	23.26	23.17	132.18
2026	11.74	13.26	15.02	17.01	19.16	21.28	23.26	120.74

城镇新生人口先出现不断增长、后平稳下降的趋势，从 2016 年的 17.41 万人增加到 2020 年的 20.58 万人，之后新生人口又逐渐下滑，2021 年时尚且高于 2016 年的水平，之后则低于 2016 年的水平。这种先上升后下降的趋势随着人口年龄增长而逐渐后移，因而根据年龄的递增不同年龄人口的峰值年逐渐后推，整个 0～6 岁阶段人口数量的小高峰主要出现在 2020—2024 年，在 125 万～133 万人之间浮动，详见表 4-2。

表 4-2 北京市"全面二孩"政策后低方案下 2016—2026 年的 0～6 岁城镇人口数量（单位：万人）

年份	0 岁	1 岁	2 岁	3 岁	4 岁	5 岁	6 岁	合计
2016	17.41	15.81	14.67	13.42	13.21	12.88	9.84	97.25
2017	18.78	17.40	15.81	14.67	13.42	13.21	12.88	106.17
2018	19.86	18.77	17.40	15.81	14.67	13.21	13.21	113.13
2019	20.49	19.85	18.77	17.40	15.81	14.67	13.42	120.39
2020	20.58	20.48	19.85	18.77	17.40	15.80	14.66	127.53
2021	18.82	20.57	20.48	19.84	18.76	17.39	15.80	131.67
2022	16.91	18.81	20.48	20.47	19.84	18.76	17.39	132.75
2023	14.96	16.90	18.81	20.56	20.47	19.84	18.76	130.31
2024	13.15	14.96	16.90	18.81	20.56	20.47	19.84	124.68
2025	11.54	13.15	14.96	16.90	18.80	20.56	20.47	116.37
2026	10.15	11.54	13.14	14.95	16.89	18.80	20.55	106.04

表 4-3 北京市"全面二孩"政策后低方案下 2016—2026 年的 0～6 岁乡村人口数量（单位：万人）

年份	0 岁	1 岁	2 岁	3 岁	4 岁	5 岁	6 岁	合计
2016	2.35	2.13	2.01	1.82	1.79	1.73	1.72	13.55
2017	2.51	2.35	2.13	2.01	1.82	1.79	1.73	14.34
2018	2.64	2.51	2.35	2.13	2.01	1.82	1.79	15.24
2019	2.70	2.64	2.51	2.35	2.13	2.01	1.82	16.16
2020	2.71	2.70	2.63	2.51	2.35	2.13	2.01	17.05
2021	2.48	2.71	2.70	2.63	2.51	2.35	2.13	17.52
2022	2.27	2.48	2.71	2.70	2.63	2.51	2.35	17.65
2023	2.06	2.27	2.48	2.71	2.70	2.63	2.51	17.36
2024	1.88	2.06	2.27	2.48	2.71	2.70	2.63	16.72
2025	1.72	1.88	2.06	2.27	2.48	2.71	2.70	15.81
2026	1.59	1.72	1.88	2.06	2.27	2.48	2.71	14.70

2016—2020 年，乡村新生人口数量处于不断增长过程中，2020 年达峰值，约 2.7 万人，此后新生人口数量逐渐回落，到 2022 年已经低于 2016 年的水平。新生人口的出生小高峰根据年岁的增长而逐渐转移到其他年龄段，这使得乡村 0～6 岁人口数量比较多的年限集中在 2019—2024 年，但是由于乡村人口实际占总体人口比重较小，所以相较城镇学前人口的增长并不明显，详见表 4-3。

可见，"全面二孩"政策低方案下的城乡发展走势基本与总体走势保持一致。城乡 0～6 岁人口占总体比重的比值约为 9∶1。2020 年，城乡出生人口分别达峰值 20.58 万人和 2.71 万人，其 1~6 岁人口峰值年依次后移，城乡总体峰值于 2022 年分别达 132.75 万人和 17.65 万人。

二、3~6 岁人口：2019—2024 年数量较快增多，2028 年将低于 2019 年水平

在"全面二孩"政策低方案下，2019—2024 年，北京市 3~6 岁人口数量不断增加，城镇趋势与此吻合，增长比稍高于总体，将于 2024 年分别达到峰值约 90.2 万人和 79.7 万人，随后适龄人口下降规模越来越大，2029 年适龄人口将分别比 2019 年减少约 12.6 万人和 11.5 万人，比峰值缩减约 33.2 万人和 29.9 万人。相比之下，乡村适龄人口的峰值年比城镇提早一年，2023 年将达峰值约 10.6 万人，此后持续减少，到 2029 年，适龄人口数将比 2019 年减少约 1.1 万人，比峰值缩减约 3.3 万人，详见表 4-4。

表 4-4　2019—2029 年"全面二孩"政策低方案下北京市分城乡 3~6 岁人口情况

年份	总体（人）	增长比（%）	城镇（人）	增长比（%）	占总体（%）	乡村（人）	增长比（%）	占总体（%）
2019	695 878	7.31	612 838	7.32	88.07	83 040	7.21	11.93
2020	756 257	8.68	666 298	8.72	88.10	89 959	8.33	11.90
2021	814 274	7.67	718 038	7.77	88.18	96 236	6.98	11.82
2022	866 602	6.43	764 696	6.50	88.24	101 906	5.89	11.76
2023	901 845	4.07	796 326	4.14	88.30	105 519	3.55	11.70
2024	901 901	0.01	796 706	0.05	88.34	105 195	−0.31	11.66
2025	868 735	−3.68	767 225	−3.70	88.32	101 510	−3.50	11.68
2026	807 110	−7.09	712 026	−7.19	88.22	95 084	−6.33	11.78
2027	724 606	−10.22	637 852	−10.42	88.03	86 754	−8.76	11.97
2028	644 319	−11.08	565 153	−11.40	87.71	79 166	−8.75	12.29
2029	570 071	−11.52	497 656	−11.94	87.30	72 415	−8.53	12.70

表 4-5　2019—2029 年"全面二孩"政策低方案下北京市分城乡在园生规模

年份	总体（人）	增长比（%）	城镇（人）	增长比（%）	占总体（%）	乡村（人）	增长比（%）	占总体（%）
2019	683 352	8.19	601 807	8.20	88.07	81 545	8.09	11.93
2020	748 694	9.56	659 635	9.61	88.10	89 059	9.21	11.90
2021	806 131	7.67	710 858	7.77	88.18	95 274	6.98	11.82
2022	857 936	6.43	757 049	6.50	88.24	100 887	5.89	11.76

年份	总体（人）	增长比（%）	城镇（人）	增长比（%）	占总体（%）	乡村（人）	增长比（%）	占总体（%）
2023	892 827	4.07	788 363	4.14	88.30	104 464	3.55	11.70
2024	892 882	0.01	788 739	0.05	88.34	104 143	−0.31	11.66
2025	860 048	−3.68	759 553	−3.70	88.32	100 495	−3.50	11.68
2026	799 039	−7.09	704 906	−7.19	88.22	94 133	−6.33	11.78
2027	717 360	−10.22	631 473	−10.42	88.03	85 886	−8.76	11.97
2028	637 876	−11.08	559 501	−11.40	87.71	78 374	−8.75	12.29
2029	564 370	−11.52	492 679	−11.94	87.30	71 691	−8.53	12.70

相应地，北京市总体在园生规模前期不断扩大，后期开始回落并缩减。具体地，2019—2024 年入园幼儿数量持续增加，2024 年将达峰值约为 89.3 万人，此后人数开始减少，到 2028 年将降至 2019 年水平之下，预计 2029 年将比 2019 年幼儿减少约 11.9 万人，比峰值年减少约 32.9 万人。从城乡发展趋势来看，城镇增幅和降幅均大于总体，但是它与总体保持相同走势，2024 年达峰值约为 78.9 万人，到 2028 年将降至 2019 年水平之下，预计 2029 年将比 2019 年幼儿减少约 10.9 万人，比峰值缩减约 29.6 万人；乡村在园生规模的增幅和降幅则相对较小，峰值年提前 1 年，于 2023 年将达约 10.4 万人，之后开始回落，到 2028 年将降至 2019 年水平之下，预计 2029 年将比 2019 年减少约 1 万人，比峰值减少约 3.3 万人，详见表 4-5。

第三节 "全面二孩"政策后北京市 0～6 岁人口预测结果的中方案

一、0～6 岁人口：2016—2022 年中等规模快速增长，2023 年起新增人口开始回落

由表 4-6 可知，"全面二孩"政策中方案下的北京市出生人口将于 2020 年达峰值 27.26 万人，到 2023 年出生人口规模将下降至 2016 年的水平之下，1～6 岁人口的峰值年会依次推后，后期即使回落也基本上保持在 2016 年的水平之上（1 岁人口数量除外，于 2025 年下降至 2016 年水平之下）。北京市 0～6 岁人口的总体数量将于 2022 年达峰值 170.21 万人，后期人口数量有所减少，但是明显高于 2016 年的水平。

表 4-6　北京市"全面二孩"政策后中方案下 2016—2026 年的 0～6 岁人口数量（单位：万人）

年份	0 岁	1 岁	2 岁	3 岁	4 岁	5 岁	6 岁	合计
2016	20.72	17.95	16.68	15.24	15.00	14.61	11.56	111.76
2017	23.16	20.71	17.94	16.68	15.24	15.00	14.61	123.34
2018	25.20	23.15	20.70	17.94	16.67	15.24	15.00	133.90
2019	26.61	25.19	23.14	20.70	17.94	16.67	15.23	145.48
2020	27.26	26.60	25.18	23.14	20.70	17.94	16.67	157.49
2021	24.94	27.25	26.59	25.18	23.14	20.69	17.93	165.72
2022	22.45	24.93	27.24	26.59	25.17	23.14	20.69	170.21
2023	19.93	22.44	24.92	27.24	26.59	25.17	23.13	169.42
2024	17.59	19.92	22.43	24.92	27.24	26.58	25.17	163.85
2025	15.53	17.59	19.92	22.43	24.91	27.23	26.58	154.19
2026	13.75	15.52	17.58	19.91	22.43	24.91	27.23	141.33

　　人口预测中方案下的城镇人口发展趋势与总体相吻合。其出生人口在 2020 年达峰值 24.11 万人，1 岁人口在 2021 年达峰值 24.1 万人，此后两者分别于 2023 年和 2025 年下降至 2016 年的水平之下，其他年龄人口峰值年分别后移且整体数量保持在 2016 年的水平之上。城镇 0～6 岁人口总体规模于 2022 年达峰值 150.33 万人，此后即使回落也远高于 2016 年水平，整体数量较多的年限集中在 2019—2026 年，详见表 4-7。

表 4-7　北京市"全面二孩"政策后中方案下 2016—2026 年的 0～6 岁城镇人口数量（单位：万人）

年份	0 岁	1 岁	2 岁	3 岁	4 岁	5 岁	6 岁	合计
2016	18.25	15.81	14.67	13.42	13.21	12.88	9.84	98.09
2017	20.42	18.24	15.81	14.67	13.42	13.21	12.88	108.66
2018	22.25	20.42	18.24	15.81	14.67	13.42	13.21	118.01
2019	23.52	22.24	20.41	18.24	15.81	14.67	13.42	128.30
2020	24.11	23.52	22.24	20.41	18.23	15.80	14.66	138.97
2021	22.05	24.10	23.51	22.23	20.41	18.23	15.80	146.34
2022	19.81	22.05	24.10	23.51	22.23	20.41	18.23	150.33
2023	17.54	19.81	22.04	24.10	23.50	22.23	20.40	149.61
2024	15.41	17.53	19.80	22.04	24.09	23.50	22.22	144.60
2025	13.53	15.41	17.53	19.80	22.04	24.09	22.22	135.88
2026	11.90	13.52	15.40	17.52	19.80	22.03	24.09	124.26

　　乡村各年龄峰值基本保持在约 3.2 万人，整体走势与总体一致，但是 1 岁人口规模到 2026 年降至 2016 年水平之下，同比总体和城镇后移 1 年。乡

村 0～6 岁人口规模于 2022 年达峰值 19.88 万人，随后回落仍然保持在 2016 年的水平之上，整体数量较多的年限集中在 2019—2026 年，详见表 4-8。

表 4-8　北京市"全面二孩"政策后中方案下 2016—2026 年的 0～6 岁乡村人口数量（单位：万人）

年份	0 岁	1 岁	2 岁	3 岁	4 岁	5 岁	6 岁	合计
2016	2.47	2.13	2.01	1.82	1.79	1.73	1.72	13.67
2017	2.74	2.47	2.13	2.01	1.82	1.79	1.73	14.68
2018	2.95	2.73	2.47	2.13	2.01	1.82	1.79	15.89
2019	3.09	2.95	2.73	2.46	2.13	2.01	1.82	17.18
2020	3.15	3.08	2.94	2.73	2.46	2.13	2.01	18.51
2021	2.88	3.15	3.08	2.94	2.73	2.46	2.13	19.38
2022	2.63	2.88	3.15	3.08	2.94	2.73	2.46	19.88
2023	2.39	2.63	2.88	3.15	3.08	2.94	2.73	19.80
2024	2.18	2.39	2.63	2.88	3.15	3.08	2.94	19.25
2025	2.00	2.18	2.39	2.63	2.88	3.14	3.08	18.30
2026	1.85	2.00	2.18	2.39	2.63	2.88	3.14	17.07

二、3～6 岁人口：2019—2024 年较多较快增加，2029 年将低于 2019 年水平

在"全面二孩"政策中方案下，2019—2024 年，3～6 岁人口不断增加，总体和分城乡适龄幼儿数量将在 2024 年分别达峰值约 103.9 万人、91.9 万人和 12 万人。此后，3～6 岁人口规模不断缩减，2029 年，总体规模将比 2019 年减少约 3.8 万人，排除乡村减少的 119 人，城镇适龄人口减少规模与总体相等，预计总体和城乡适龄人口规模将分别比峰值年适龄人口缩减约 37.2 万人、33.5 万人和 3.6 万人，详见表 4-9。

表 4-9　2019—2029 年"全面二孩"政策中方案下北京市分城乡 3～6 岁人口情况

年份	总体（人）	增长比（%）	城镇（人）	增长比（%）	占总体（%）	乡村（人）	增长比（%）	占总体（%）
2019	705 428	8.78	621 219	8.79	88.06	84 209	8.72	11.94
2020	784 437	11.20	691 109	11.25	88.10	93 328	10.83	11.90
2021	869 427	10.83	766 730	10.94	88.19	102 697	10.04	11.81
2022	955 893	9.95	843 707	10.04	88.26	112 186	9.24	11.74
2023	1 021 290	6.84	902 292	6.94	88.35	118 998	6.07	11.65

年份	总体（人）	增长比（%）	城镇（人）	增长比（%）	占总体（%）	乡村（人）	增长比（%）	占总体（%）
2024	1 039 032	1.74	918 559	1.80	88.41	120 473	1.24	11.59
2025	1 011 576	−2.64	894 227	−2.65	88.40	117 349	−2.59	11.60
2026	944 823	−6.60	834 404	−6.69	88.31	110 419	−5.91	11.69
2027	848 225	−10.22	747 482	−10.42	88.12	100 743	−8.76	11.88
2028	754 223	−11.08	662 291	−11.40	87.81	91 932	−8.75	12.19
2029	667 283	−11.53	583 193	−11.94	87.40	84 090	−8.53	12.60

相应地，在2019—2024年，在园生人数持续增多，城乡发展趋势一致，城镇增长比较大。总体和城乡在园生规模均在2024年达峰值，将分别约为102.9万人、90.9万人和11.9万人，此后不断减少，预计到2029年，在园生规模将分别缩减约36.8万人、33.2万人和3.6万人，总体和城镇在园生人数将比2019年减少约3.2万人和3.3万人，而乡村在园生人数则将比2019年多出556人，详见表4-10。

表4-10 2019—2029年"全面二孩"政策中方案下北京市分城乡在园生规模

年份	总体（人）	增长比（%）	城镇（人）	增长比（%）	占总体（%）	乡村（人）	增长比（%）	占总体（%）
2019	692 730	9.67	610 037	9.68	88.06	82 693	9.62	11.94
2020	776 593	12.11	684 198	12.16	88.10	92 395	11.73	11.90
2021	860 733	10.83	759 063	10.94	88.19	101 670	10.04	11.81
2022	946 334	9.95	835 270	10.04	88.26	111 064	9.24	11.74
2023	1 011 077	6.84	893 269	6.94	88.35	117 808	6.07	11.65
2024	1 028 642	1.74	909 373	1.80	88.41	119 268	1.24	11.59
2025	1 001 460	−2.64	885 285	−2.65	88.40	116 176	−2.59	11.60
2026	935 375	−6.60	826 060	−6.69	88.31	109 315	−5.91	11.69
2027	839 743	−10.22	740 007	−10.42	88.12	99 736	−8.76	11.88
2028	746 681	−11.08	655 668	−11.40	87.81	91 013	−8.75	12.19
2029	660 610	−11.53	577 361	−11.94	87.40	83 249	−8.53	12.60

第四节 "全面二孩"政策后北京市
0～6岁人口预测结果的高方案

一、0～6岁人口：2016—2023年大规模快速扩大，2024年起新增人口逐渐变少

由表4-11可知，"全面二孩"政策高方案下的出生人口于2020年达峰值32.61万人，到2024年开始低于2016年的水平。其他各年龄段的峰值年依次后移，但是均保持在2016年的水平之上。高方案下0～6岁人口总体规模于2023年达峰值198.68万人，随后逐渐回落，但仍显著高于2016年的水平。

表4-11 北京市"全面二孩"政策后高方案下2016—2026年的0～6岁人口数量（单位：万人）

年份	0岁	1岁	2岁	3岁	4岁	5岁	6岁	合计
2016	22.00	17.95	16.68	15.24	15.00	14.61	11.56	113.05
2017	25.67	21.99	17.94	16.68	15.24	15.00	14.61	127.13
2018	28.83	25.66	21.99	17.94	16.67	15.24	15.00	141.32
2019	31.21	28.82	25.65	21.98	17.94	16.67	15.23	157.50
2020	32.61	31.20	28.81	25.65	21.98	17.94	16.67	174.85
2021	29.83	32.60	31.19	28.80	25.64	21.98	17.93	187.97
2022	26.85	29.82	32.59	31.18	28.80	25.64	21.97	196.85
2023	23.83	26.84	29.81	32.58	31.18	28.80	25.64	198.68
2024	21.04	23.83	26.83	29.80	32.58	31.18	28.79	194.05
2025	18.57	21.03	23.82	26.83	29.80	32.58	31.17	183.79
2026	16.43	18.56	21.03	23.82	26.83	29.80	32.57	169.03

城镇新生人口先出现不断增长、后平稳下降的趋势，从2016年的22万人增加到2020年的32.61万人，之后新生人口又逐渐下滑，2023年尚且高于2016年的水平，之后则低于2016年的水平。这种先上升后下降的趋势随着人口年龄增长而逐渐后移，因而根据年龄的递增不同年龄人口的峰值年逐渐后推，整个0～6岁阶段人口数量的小高峰主要出现在2020—2025年，在175万～183万人之间浮动，详见表4-12。

表 4-12　北京市"全面二孩"政策后高方案下 2016—2026 年的 0～6 岁城镇人口数量(单位：万人)

年份	0 岁	1 岁	2 岁	3 岁	4 岁	5 岁	6 岁	合计
2016	19.39	15.81	14.67	13.42	13.21	12.88	9.84	99.23
2017	22.67	19.39	15.81	14.67	13.42	13.21	12.88	112.04
2018	25.51	22.66	19.38	15.81	14.67	13.42	13.21	124.65
2019	27.66	25.50	22.65	19.38	15.81	14.67	13.42	139.08
2020	28.93	27.65	25.49	22.65	19.38	15.80	14.66	154.57
2021	26.46	28.93	27.65	25.49	22.65	19.37	15.80	166.35
2022	23.78	26.46	28.92	27.64	25.49	22.65	19.37	174.29
2023	21.04	23.77	26.45	28.91	27.64	25.48	22.64	175.94
2024	18.49	21.04	23.76	26.45	28.91	27.64	25.48	171.77
2025	16.23	18.49	21.03	23.76	26.44	28.91	27.63	162.49
2026	14.28	16.23	18.48	21.03	23.76	26.44	28.90	149.12

2016—2020 年，乡村新生人口数量处于不断增长过程中，2020 年达峰值，约 3.68 万人，此后新生人口数量逐渐回落，到 2024 年已经低于 2016 年的水平。新生人口的出生小高峰根据年岁的增长而逐渐转移到其他年龄段，这使得乡村 0～6 岁人口数量比较多的年限集中在 2020—2025 年，详见表 4-13。

表 4-13　北京市"全面二孩"政策后高方案下 2016—2026 年的 0～6 岁乡村人口数量(单位：万人)

年份	0 岁	1 岁	2 岁	3 岁	4 岁	5 岁	6 岁	合计
2016	2.61	2.13	2.01	1.82	1.79	1.73	1.72	13.81
2017	3.00	2.61	2.13	2.01	1.82	1.79	1.73	15.08
2018	3.32	3.00	2.61	2.13	2.01	1.82	1.79	16.67
2019	3.55	3.32	3.00	2.60	2.13	2.01	1.82	18.42
2020	3.68	3.54	3.32	3.00	2.60	2.13	2.01	20.27
2021	3.36	3.67	3.54	3.32	3.00	2.60	2.13	21.62
2022	3.07	3.36	3.67	3.54	3.31	2.99	2.60	22.56
2023	2.79	3.07	3.36	3.67	3.54	3.31	2.99	22.74
2024	2.54	2.79	3.07	3.36	3.67	3.54	3.31	22.29
2025	2.33	2.54	2.79	3.07	3.36	3.67	3.54	21.30
2026	2.16	2.33	2.54	2.79	3.07	3.36	3.67	19.91

由此可知，城乡 0～6 岁人口数量变化趋势与总体保持一致。城镇和乡村出生人口于 2020 年分别达峰值 28.93 万人和 3.68 万人，到 2024 年降至 2016

年的水平之下，其他各年龄人口数量的峰值年依次后移且人口数量一直稳定
在 2016 年的水平之上。城乡 0～6 岁人口规模都于 2023 年分别达峰值 175.94
万人和 22.74 万人，随后有所回落，但是仍显著高于 2016 年的水平。

二、3～6 岁人口：2019—2024 年大量快速扩大，随后平稳回落且仍高于 2019 年水平

在"全面二孩"政策高方案下，2019—2024 年，相应的适龄人口数不断增
加。2024 年，总体达峰值约为 122.4 万人。其中，城镇占近 89%（约 108.5
万人），乡村约占 11%（约 13.9 万人）。此后，适龄人口数不断回落，预计比
峰值分别缩减约 42.6 万人、38.5 万人和 4.1 万人，但是适龄人口规模整体将
高于 2019 年的水平，总体适龄人口高出近 8 万人，城镇和乡村分别高出约
6.7 万人和 1.2 万人，详见表 4-14。

表 4-14　2019—2029 年"全面二孩"政策高方案下北京市分城乡 3～6 岁人口情况

年份	总体（人）	增长比（%）	城镇（人）	增长比（%）	占总体（%）	乡村（人）	增长比（%）	占总体（%）
2019	718 258	10.76	632 647	10.79	88.08	85 611	10.53	11.92
2020	822 313	14.49	724 942	14.59	88.16	97 371	13.74	11.84
2021	943 582	14.75	833 128	14.92	88.29	110 454	13.44	11.71
2022	1 075 973	14.03	951 449	14.20	88.43	124 524	12.74	11.57
2023	1 181 967	9.85	1 046 790	10.02	88.56	135 177	8.55	11.44
2024	1 223 525	3.52	1 084 720	3.62	88.66	138 805	2.68	11.34
2025	1 203 767	−1.61	1 067 416	−1.60	88.67	136 351	−1.77	11.33
2026	1 130 108	−6.12	1 001 285	−6.20	88.60	128 823	−5.52	11.40
2027	1 014 514	−10.23	896 977	−10.42	88.41	117 537	−8.76	11.59
2028	902 006	−11.09	794 747	−11.40	88.11	107 259	−8.74	11.89
2029	797 935	−11.54	699 827	−11.94	87.70	98 108	−8.53	12.30

相应地，北京市在园生规模在 2019—2024 年不断增长，城镇发展势头最
猛。到 2024 年，总体和城乡在园生人数达峰值，将分别约为 121.1 万人、
107.4 万人和 13.4 万人，此后，在园幼儿规模不断缩减，到 2029 年，在园生
人数预计比峰值年减少约 42.1 万人、38.1 万人和 4 万人，但是，均高于
2019 年的水平，将分别比 2019 年高出约 8.4 万人、7.2 万人和 1.3 万人。总
体来看，在园生的绝对总量是增加的，详见表 4-15。

表 4-15　2019—2029 年"全面二孩"政策高方案下北京市分城乡在园生规模

年份	总体 （人）	增长比 （%）	城镇 （人）	增长比 （%）	占总体 （%）	乡村 （人）	增长比 （%）	占总体 （%）
2019	705 329	11.67	621 259	11.70	88.08	84 070	11.44	11.92
2020	814 090	15.42	717 693	15.52	88.16	96 397	14.66	11.84
2021	934 146	14.75	824 797	14.92	88.29	109 349	13.44	11.71
2022	1 065 213	14.03	941 935	14.20	88.43	123 279	12.74	11.57
2023	1 170 147	9.85	1 036 322	10.02	88.56	133 825	8.55	11.44
2024	1 211 290	3.52	1 073 873	3.62	88.66	137 417	2.68	11.34
2025	1 191 729	−1.61	1 056 742	−1.60	88.67	134 987	−1.77	11.33
2026	1118 807	−6.12	991 272	−6.20	88.60	127 535	−5.52	11.40
2027	1 004 369	−10.23	888 007	−10.42	88.41	116 362	−8.76	11.59
2028	892 986	−11.09	786 800	−11.40	88.11	106 186	−8.74	11.89
2029	789 956	−11.54	692 829	−11.94	87.70	97 127	−8.53	12.30

第五节　"全面二孩"政策后北京市 0～6 岁
人口预测的比较分析

一、0～6 岁人口：先快速增多后逐渐减少，随方案递进，增长和缩减趋势愈加明显

根据北京市第六次人口普查数据中的城乡总和生育率（乡村为 0.7233，城镇为 0.70238），预测出人口政策保持不变情况下 0～6 岁的人口发展趋势，将其与"全面二孩"政策下的三种方案进行比较。研究结果发现，"全面二孩"政策下的三种方案的人口增量都超过政策不变的情况。低方案 0～6 岁人口数量每年比政策不变情况下的 0～6 岁人口数量多出 8.66 万～62.11 万人，平均每年多出 39.94 万人，其中，城镇 0～6 岁人口将多出 7.47 万～53.58 万人，乡村 0～6 岁人口将多出 1.2 万～8.54 万人；中方案 0～6 岁人口数量每年比政策不变情况下的 0～6 岁人口数量多出 9.62 万～84.56 万人，平均每年多出 52.34 万人，其中，城镇 0～6 岁人口将多出 8.31 万～73.5 万人，乡村 0～6 岁人口将多出 1.31 万～11.06 万人；高方案 0～6 岁人口数量每年比政策不变情况下的 0～6 岁人口数量多出 10.09 万～114.76 万人，平均每年多出 69.04

万人，其中，城镇 0~6 岁人口将多出 9.45 万~100.66 万人，乡村 0~6 岁人口将多出 1.45 万~14.1 万人，详见表 4-16。

表 4-16 北京市"全面二孩"政策后，不同方案下 2016—2026 年的

0~6 岁分城乡人口增量(单位：万人)

方案	总体			城镇			乡村		
	峰年	谷年	均值	峰年	谷年	均值	峰年	谷年	均值
低一前	62.11	8.66	39.94	53.58	7.47	34.45	8.54	1.20	5.48
中一前	84.56	9.62	52.34	73.50	8.31	45.45	11.06	1.31	6.89
高一前	114.76	10.90	69.04	100.66	9.45	60.46	14.10	1.45	8.58
中一低	22.45	0.96	12.41	19.92	0.84	11.00	2.53	0.12	1.41
高一低	52.65	2.24	29.10	47.09	1.98	26.00	5.56	0.26	3.10
高一中	30.20	1.28	16.69	27.17	1.14	15.00	3.03	0.14	1.69

注："低一前"，"全面二孩"政策中方案下 0~6 岁人口数量减去政策不变方案下 0~6 岁人口数量所得的 0~6 岁人口增量，其他简称依此类推，下同。"峰年"和"谷年"分别对应 0~6 岁人口增量达到峰值和谷值的年限。"均值"则是年均 0~6 岁人口增量。根据总体和城乡划分，所有方案对应的增量峰年均为 2024 年，谷年均为 2016 年。

进一步考察三种方案之间的 0~6 岁人口变化，结果发现，中方案 0~6 岁人口每年将比低方案多出 0.96 万~22.45 万人，平均每年 12.41 万人，其中，城镇 0~6 岁人口将多出 0.84 万~19.92 万人，乡村 0~6 岁人口将多出 0.12 万~2.53 万人；高方案 0~6 岁人口将每年比低方案多出 2.24 万~52.65 万人，平均每年 29.1 万人，其中，城镇 0~6 岁人口将多出 1.98 万~47.09 万人，乡村 0~6 岁人口将多出 0.26 万~5.56 万人；高方案 0~6 岁人口每年将比中方案多出 1.28 万~30.2 万人，平均每年 16.69 万人，其中，城镇 0~6 岁人口将多出 1.14 万~27.17 万人，乡村 0~6 岁人口将多出 0.14 万~3.03 万人，详见表 4-16。

按照政策不变的条件，北京市 0~6 岁人口数量将不断缩减，"全面二孩"政策的实施会影响人口增量，三种不同方案下的出生人口都有不同程度的增加，各年龄人口数量增长年限逐级向后延伸，回落年限也因总和生育率的提高而向后推移，总体呈现先快速增长后平稳回落的趋势。

二、3~6 岁人口：随方案递进，逐级增多，峰值年也相应有所延后

在 3 年后，当原来的出生人口转变为 3~6 岁人口的部分或整体时，3~6 岁幼儿的发展动向是出生人口变化趋势后移效应的产物。政策的调整往往使

适龄人口在一段时间内表现出持续增长的态势，一般到 2023 年或 2024 年达到峰值，此后逐渐回落，除了"全面二孩"政策高方案之外，其他方案下的适龄人口数量都将减少至 2019 年的水平之下。城乡发展走向与总体基本吻合，所不同的是，乡村适龄人口数量可能比城镇的提早达到峰值，其增长比和下降比都不及城镇的幅度大。总之，3～6 岁人口呈现倒"U"形发展，方案之间增减幅度存在一定的差异，详见图 4-1 和图 4-2。

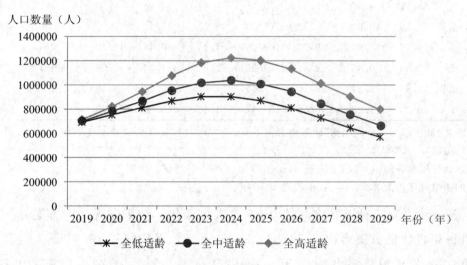

图 4-1　2019—2029 年北京市 3～6 岁人口变化趋势图

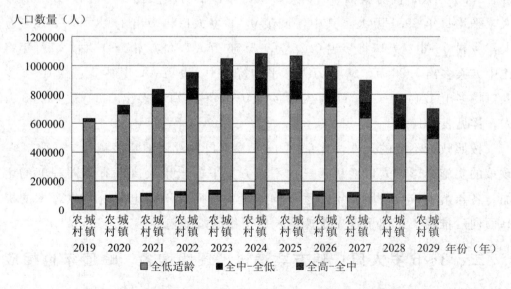

图 4-2　2019—2029 年北京市分城乡 3～6 岁人口变化趋势图

从新增 3～6 岁人口数量来看，除去部分新生儿夭折的情况，大部分婴儿都能顺利进入学前适龄阶段，因而不同方案间的增量差额与出生人口相对应。

其中，与"全面二孩"政策低方案相比，中方案和高方案每年新增适龄人口将在 1 万～3.9 万人、2.2 万～9.3 万人之间浮动。其中，城镇每年新增适龄人口将在 0.8 万～3.5 万人、2 万～8.4 万人之间浮动，乡村每年新增适龄人口将在 0.1 万～0.4 万人、0.3 万～1 万人之间浮动。相较"全面二孩"政策中方案，高方案每年的增量将在 1.3 万～5.3 万人之间浮动。其中，城镇每年新增适龄人口将在 1.1 万～4.8 万人之间浮动，乡村每年新增适龄人口将在 0.1 万～0.5 万人之间浮动。城乡新增适龄人口所占总体新增适龄人口的比重约为 9∶1，详见表 4-17。

表 4-17　2019—2029 年不同人口预测方案下北京市分城乡适龄人口增量[①]情况（一）（单位：人）

方案	总体			城镇			乡村		
	峰年	谷年	均值	峰年	谷年	均值	峰年	谷年	均值
中—低	39 709	9 550	26 842	35 340	8 381	23 752	4 369	1 169	3 089
高—低	93 143	22 380	62 939	83 531	19 809	56 141	9 612	2 571	6 798
高—中	53 434	12 830	36 097	48 191	11 428	32 389	5 243	1 402	3 708

注：根据总体和城乡划分，所有方案对应的增量峰年均为 2023 年，谷年均为 2019 年。如果以下表格峰谷年没有额外说明，那么均同此表。

相应地，"全面二孩"政策不同方案下的在园幼儿的数量将依次递增，不同方案间存在增幅差异，但是都将于 2023 年或 2024 年达到峰值，后期下降。总体上，城乡发展走势基本上与总体保持一致。其中，城镇增长和下降的幅度要高于总体，而乡村的则低于总体，整体趋缓。除了高方案以外，其他方案下的在园生人数基本上都降至 2019 年的水平之下。由于乡村在园生人数后期缩减比较小，在中、高方案下，2029 年的乡村入园幼儿数量仍高于 2019 年的水平，而城镇和总体在园生规模仅在高方案中高于 2019 年水平。不同方案下在园生数量的差距逐级递增，城乡差异很大，详见图 4-3 和图 4-4。

具体从在园生增量来看，其发展走势与适龄幼儿增量的变化情况相吻合。相较"全面二孩"政策低方案，每年中方案和高方案带来的在园幼儿增量将分别在 0.9 万～3.9 万人、2.2 万～9.2 万人之间浮动，年均增长额将为 2.7 万和 6.2 万人。其中，每年城镇在园生增量将在 0.8 万～3.5 万人、1.9 万～8.3 万人之间浮动，每年乡村在园生规模将在 0.1 万～0.4 万人、0.3 万～

---

① 3～6 岁人口增量实际上是不同人口预测方案下的适龄人口数量的差额，年均水平是预测年限内之和的均值。由于适龄人口对应 3～6 岁人口，所以为了避免重复把原有的 4～6 岁人口纳入，每年年均增量实际是指不同方案下刚进入 3 岁阶段的幼儿年均数量的差额。类似地，在园幼儿年均增量主要看是 3 岁在园生年均增量。以下配套资源预测也是以此推算而得出。

1 万人之间浮动。相较"全面二孩"政策中方案，高方案将每年在园生新增 1.3 万～5.3 万人，年均将增加 3.6 万人。每年城乡在园生增量将在 1.1 万～4.8 万人、0.1 万～0.5 万人之间浮动（见表 4-18）。

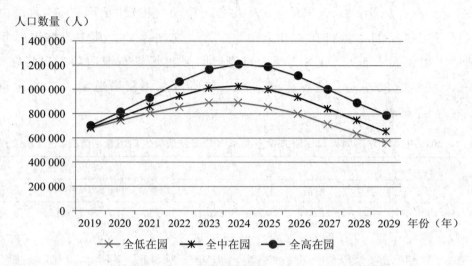

图 4-3　2019—2029 年北京市在园生规模变化趋势图

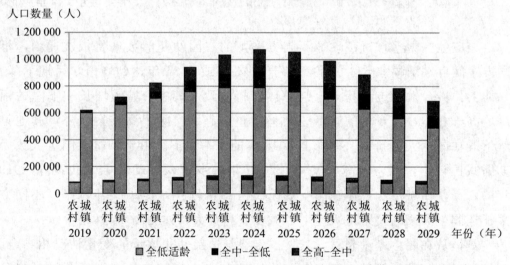

图 4-4　2019—2029 年北京市分城乡在园生规模趋势图

表 4-18　2019—2029 年不同人口预测方案下北京市分城乡在园幼儿增量情况（单位：人）

方案	总体			城镇			乡村		
	峰年	谷年	均值	峰年	谷年	均值	峰年	谷年	均值
中—低	39 312	9 378	26 566	34 987	8 230	23 509	4 325	1 148	3 058
高—低	92 212	21 977	62 293	82 696	19 452	55 565	9 516	2 525	6 728
高—中	52 900	12 599	35 727	47 709	11 222	32 057	5 191	1 377	3 670

第六节　"全面二孩"政策后北京市 0～6 岁人口预测的讨论

一、"全面二孩"政策后北京市 0～6 岁人口变化的三种可能性

在全国符合"单独二孩"政策生育条件的育龄夫妇中，只有不到两成的人申请生育二孩。[①] 截至 2015 年 8 月底，北京市只有一成多的已育一孩家庭申请生育二孩。[②] 虽然相较"单独二孩"政策，实施"全面二孩"政策能够进一步扩大目标人群，但是"全面二孩"政策是否能使生育率回归到适当水平，这成为社会各界关注的焦点。如今，"全面二孩"政策已经落地，新增可生育二孩的目标人群约 9 000 万人，占已育一孩妇女人数的 63%，预计短期内会出现明显的人口增多现象。[③] 本研究也得出了短期内出现生育小高峰的预测结果，同时随着年岁的推移，新增人口将逐渐影响到不同教育阶段，尤其是早期教育和幼儿园教育将受到较大冲击。

面对北京市长期以来的极低生育率，本研究中低方案的预测结果有可能符合未来北京市 0～6 岁人口的发展走势，即 2016—2022 年人口低量较快增长，此后快速回落，每年出生 12 万～23 万人（2022 年降至 2016 年水平之下）。这背后可能反映的是低生育水平逐渐成为一种民众自为而非仅受政策干预的常态。[④] 但是，判断中国是否陷入生育危机还为时尚早，政策调整时间、家庭经济水平和生育观念等都会影响生育水平，对政策的实施需要更长时间的考察[⑤⑥]。本研究中的中方案预结果显示，北京市 2016—2022 年人口出现较多较快扩增，此后平稳回落，每年出生 14 万～27 万人（2023 年降至 2016 年水平之下），这与王广州有关"全面二孩"政策新生人口的预测趋势相符，即

① 中央政府门户网站：《三个"降低"催生全面二孩新政》，http://www.gov.cn/xinwen/2015-11/03/content_5004197.htm. 2015-11-03.

② 北京市人口和计划生育委员会：《北京市卫生计生委解读"单独二孩"政策问答》，http://www.bjfc.gov.cn/web/static/articles/catalog_8a8c8256374927aa01379ce007f50213/article_8a8c82563ff1b364014453a25f870b73/8a8c82563ff1b364014453a25f870b73.html, 2014-02-21.

③ 李红梅：《放开二孩，人口大势会逆转吗？》，载《人民日报》，2015-12-04.

④ 李建民：《生育理性和生育决策与我国低生育水平稳定机制的转变》，载《人口研究》，2004(6).

⑤ 翟振武：《"单独二孩"申报符合预期》，载《经济日报》，2015-01-20.

⑥ 杨菊华：《中国真的已陷入生育危机了吗？》，载《人口研究》，2015(6).

预测每年新增出生人口不太可能超过 800 万人，时期总和生育率在更替水平以内的可能性较大（1.8 左右）。① 从本研究的高方案预测结果来看，北京市 2016—2020 年人口规模快速增多，此后逐渐回落，每年出生 16 万～22 万人（2024 年降至 2016 年水平之下），这与乔晓春的预测更加贴近，即未来四年每年新增人口在 300 万～1 100 万之间，对应的总和生育率则在 1.9～2.7 之间。②

二、"全面二孩"政策后北京市 0～6 岁人口变化的一般趋势——

虽然"全面二孩"政策下未来北京市 0～6 岁人口变动具有诸多不确定性，但是无论参照何种方案都会呈现前期快速增长、后期平稳回落的发展态势。具体来看，2016—2020 年北京市出生人口会快速增多，并顺延影响到其他各年龄的人口数量，0～6 岁人口总体规模于 2022 年达峰值；经历过峰值年后，三种方案下的出生人口都会逐渐减少，并依次降至 2016 年的水平之下，相应的其他各年龄人口也会不断缩减，但是整体将高于现有水平。

目前已有一些针对"全面二孩"政策后 3～6 岁人口的预测性研究，涉及了对全国范围内的或地方范围内的适龄人口的长短期预测。③④ 但是，这些研究主要针对的是 3～6 岁的入园适龄人口，而没有关注 0～3 岁的早期教育对象。根据《教育部等四部门关于实施第三期学前教育行动计划的意见》⑤，鼓励幼儿园指导开展公益性 0～3 岁早期教育，所以有必要预测相应适龄人口并提供必要的教育服务，由此可以看出，对早教潜在受益幼儿的预测性研究是十分必要的。同时，需要指出的是，"全面二孩"政策是"单独二孩"政策在实践中的进一步发展，城镇中已育一孩的夫妇和乡村中已育一男孩的夫妇成了潜在受益人群，这使对应适龄人口的增长年限被延长，增长规模也相应有所扩大，

① 王广州：《影响"全面二孩"政策新增出生人口规模的几个关键因素分析》，载《学海》，2016(1)。

② 乔晓春：《实施"普遍二孩"政策后生育水平会达到多高？——兼与翟振武教授商榷》，载《人口与发展》，2014(6)。

③ 杨顺光、李玲、张兵娟等：《"全面二孩"政策与学前教育资源配置——基于未来 20 年适龄人口的预测》，载《学前教育研究》，2016(8)。

④ 洪秀敏、马群：《"全面二孩"背景下学前教育资源配置的供需变化与挑战——以北京市为例》，载《教育学报》，2017(1)。

⑤ 中华人民共和国教育部等四部门：《教育部等四部门关于实施第三期学前教育行动计划的意见》，http://www.moe.edu.cn/srcsite/A06/s3327/201705/t20170502_303514.html，2017-04-17。

在新增人口增长势能逐渐释放后将平稳回落，这与已有研究预测的适龄人口变化趋势基本保持一致，即研究结果均呈现先快速上升后逐渐下降的态势，只是增长年限和规模存在差异。

第七节　"全面二孩"政策后北京市 0～6 岁人口增长带来的挑战及其应对策略

一、"全面二孩"政策后北京市 0～6 岁人口增长带来的挑战——

(一)出生人口：　无论何种人口预测方案，未来将遭遇出生小高峰

相较"六普"①时的出生人口，针对"全面二孩"政策的低、中、高三种预测方案中的出生人口数量均会有所增多。同时，随着方案的递进，增量差异会越来越大。根据增长趋势可知，无论哪种方案，前期都会出现快速增长态势，随后则呈现平稳回落的趋势。由此可知，前期潜在政策收益人群会出现一定程度扎堆生育的情况，而这会对未来 3～4 年出生人口数量造成一定的影响，可能会遭遇生育小高峰。这可能对现有配套公共服务造成一定的压力，如对医院产科和儿科服务的供给提出新的要求。

(二)0～6 岁人口：　未来入园幼儿数量将在短期内激增，对托幼服务造成压力

2013 年北京市 3～6 岁人口约有 56.5 万人，其中，大部分适龄人口来自城镇。根据不同人口预测方案，人口城乡增长的整体结构不变，但是较人口存量来看，无论哪种方案均会带来更多的 3～6 岁人口，这些都是新生人口逐渐成长所带来的结果。同时，需要注意的是，人口对教育的影响有一定的滞后性，"全面二孩"政策后的新生人口 3 年后会成为接受幼儿园教育的适龄对象。当然，家长在孩子 3 岁以前送其接受早期教育的可能性也很大。但是，考虑到选择接受幼儿园教育的家庭会更多，所以，受政策影响较大的学前教育主要集中在幼儿园阶段，尤其是短期内入园适龄人口的激增，这会对现有幼儿园的服务造成不小的压力。在园生增多后，原有资源供需矛盾会被进一步激化，对班额和师幼比的影响较大。

---

①　选用六普数据作为存量有两个原因：首先，六普人口数据相对最全；其次，目前北京市最新分城乡的教育统计数据是 2013 年的，那么 2010 年的出生人口数量近似于 2013 年的 3 岁人口数量。

二、对策与建议

当前，我国正处于人口政策调整阶段，一方面，准确把握3～6岁人口的变动趋势将成为资源配置的必要前提。① 另一方面，实时监测当前人口和配套公共服务数量和分布情况，不仅是城乡发展规划的基础，同时也是科学预测未来人口变化和配套资源配置的依据。在"全面二孩"政策下，未来五年的新增出生人口在230万～430万人②，其中，北京市比常年多4万～5万人，如果扩展至常住出生人口，那么这一数字会提高6万～7万人，这势必对公共服务提出新的要求。③

（一）提早规划并实施未来人口测算，实时更新政策受益人群相关信息

人口测算依赖于数据的质量、合适的方法和唯实的态度④。未来的预测模型应基于人口学和统计学方法，并综合引入多种学科方法，提高预测精度，⑤ 但是，对0～6岁人口的预测应更多基于实际因素的考虑，杜绝因统计方法的滥用而带来的不良后果。⑥ 与此同时，还需要实时收集人口存量和变化信息，尤其是育龄妇女和新生儿数据，注意统一数据统计口径，并进行持续追踪与更新。根据人口统计信息可以建立对应的人口初始信息档案，包括育龄家庭数量，以及夫妇的年龄、性别、初婚或再婚时间、户口性质、居住区域、夫妇避孕节育情况、现存子女数量、孩子的出生年月、性别等信息，还可以对现存符合政策条件的一孩家庭进行生育意愿和生育计划调查，根据定期普查和不定期抽查得到的数据组建人口信息档案库。

（二）构建0～6岁人口监测系统，建立锁定学前教育服务的人口预警机制

首先，根据人口预测和信息档案构建人口监测预警机制。为了更有针对性地应对"全面二孩"政策下的新增目标人群和出生人口，有关部门应该专门设立政策目标家庭信息实时监测项目，根据以上检测指标跟踪人口变化情况，

① 范先佐、郭清扬：《我国农村中小学布局调整的成效、问题及对策——基于中西部地区6省区的调查与分析》，载《教育研究》，2009(1)。

② 王广州：《影响"全面二孩"政策新增出生人口规模的几个关键因素分析》，载《学海》，2016(1)。

③ 严松彪：《盘活存量筹触增量》，载《中国卫生》，2016(3)。

④ 郭志刚：《六普结果表明以往人口估计和预测严重失误》，载《中国人口科学》，2011(6)。

⑤ 田飞：《人口预测方法体系研究》，载《安徽大学学报(哲学社会科学版)》，2011(5)。

⑥ 陆杰华、郭冉：《2015：中国人口学研究回顾和述评》，载《北京社会科学》，2016(6)。

并按月和季度公布和上报数据，并及时根据人口变化分析教育资源存量与其匹配度。同时，还需要定期检查和补登遗漏的 0～6 岁人口的信息。[①] 具体到学前教育，虽然"全面二孩"政策下 0～6 岁人口的增长会出现小高峰，但是增长高峰过后是人口数量的平稳回落，即人口政策调整下的 0～6 岁人口并不是一直处于增长状态的，而学位数的调整需要对 0～6 岁人口变化趋势进行实时监测和预警，这对及早合理配置学前教育资源与提高生源和学位的匹配度具有重要意义。[②] 正是考虑到人口因素和相关人口政策调整所起的关键性作用[③]，政府应分区县、乡镇街道建立二孩政策目标人群和新生人口的电子档案，形成完善的人口监测系统，统一记录在全市人口统计与管理数据库中，并定期进行身份和数量核查，结合人口科学预测结果，与配套学前教育服务相绑定，设立人口预警线，为配套人口和公共服务政策制定提供决策依据，以便保证社会经济和人口和谐发展。

[①]　乔晓春：《"单独二孩"政策下新增人口测算方法及监测系统构建》，载《人口与发展》，2014(1)。

[②]　郭元凯、胡晓江：《"单独二孩"政策对我国学前教育发展的影响——兼论未来学前教育发展的政策取向》，载《中国教育学刊》，2015(2)。

[③]　雷万鹏：《家庭教育需求的差异化与学校布局调整政策转型》，载《华中师范大学学报(人文社会科学版)》，2012(6)。

第五章

二孩人口与教育的关系："全面二孩"政策后学前教育的需求研究

第一节 研究设计

一、研究缘起

相较"单独二孩"政策，"全面二孩"政策基本上是在全国统一落地的，政策覆盖人群更为广泛，不仅涵盖"单独"家庭，还包括了"双非"家庭。据预测，"全面二孩"政策新增约 9 000 万符合政策目标的育龄妇女，在最初实施的 5 年内，每年由政策带来 230 万～430 万的新增人口，出生堆积期间每年会迎来约 1 900 万的出生人口。[①] 虽然预计人口总量增幅不大，但是 2050 年全国可新增劳动力 3000 万，[②] 故该政策首先会使未来学龄前儿童数量增加不少。0～6 岁人口的增多势必会影响到对学前教育配套资源的需求量。《中共中央关于制定国民经济和社会发展第十三个五年规划的建议》中明确提出要根据人口政策调整提高托幼服务水平。[③] 第二期 3 年行动计划也将重点放在考虑人口政策的变动上，坚持把扩充学前教育资源总量作为首要任务（尤其是普惠性学前资

---

① 王广州：《影响"全面二孩"政策新增出生人口规模的几个关键因素分析》，载《学海》，2016(1)。

② 中央政府门户网站：《全面二孩后 2029 年我国人口预计达 14.5 亿峰值》，http://www.gov.cn/xinwen/2015－11/10/content_5006849.htm，2015-11-10。

③ 中央政府门户网站：《中共中央关于制定国民经济和社会发展第十三个五年规划的建议》，http://www.gov.cn/xinwen/2015－11/03/content_5004093.htm，2015-11-04。

源）。[1]　为此，各地在"结合本区域经济社会发展状况和适龄人口分布、变化趋势"的同时，需要"科学测算入园需求和供需缺口"[2]，并调查有二孩生育意愿家庭的学前教育需求。

长期以来，我国学前教育资源配置存在总量不足、质量堪忧和分布不均的问题。[3][4]　虽然在以政府为主导、学前教育机构和社会各界的共同支持下，学前教育资源配置在幼儿园发展、教师队伍建设和财政投入的数量和质量上取得了显著的成效，尤其在优质学前教育资源的增量上。但是，中国原本就是人口基数大国，随着第三次出生人口高峰[5]的人口已进入育龄期，同时，政策调整后新出生人口很可能增多，无疑会引发人口增长的叠加效应。新增人口势必加重经济社会发展的压力，对公共服务造成一定的冲击。面向教育最先加重的是适龄幼儿的"入园难"问题，而目前的学前教育资源存量显然不能满足人口高峰所产生的需求。人口政策调整可能带来的新增需求和现存资源不足之间的供需矛盾将为学前教育资源配置带来挑战，如何缓解现有资源配置不合理与学前适龄儿童对学前教育日益增长的需求之间的矛盾，扩大总量的同时优化存量，合理规划资源布局，这已成为亟待解决的现实问题。因而，有必要在分析学前教育资源现状基础上比较供需差距，为应对人口增长和资源不足所带来的挑战提供实证依据。

北京市是中国政治、文化、科教和国际交往的中心，坚持以人为本，统筹人口资源环境，加强历史文化、生态和现代化建设。[6]　并提出"建设法治中国首善之区"。面对人口政策调整，已经连续18年户籍人口总和生育率保持在极低水平（1左右）、老龄化率超20%的北京，[7]　对其人口政策调整后的学前教育需求进行预测和调查无疑具有特殊意义。同时，北京市托幼机构不足，

---

①　李冰洁：《学前教育三年行动计划圆满完成》，载《中国教育报》，2014-02-27。

②　中华人民共和国国务院办公厅：《国务院关于当前发展学前教育的若干意见》，http://www.gov.cn/zwgk/2010－11/24/content_1752377.htm，2010-11-24。

③　洪秀敏、罗丽：《公平视域下我国城乡学前教育发展差异分析》，载《教育学报》，2012（5）。

④　崔玉芹、张晓辉：《我国学前教育资源配置的成就、困境与发展》，载《早期教育（教科研版）》，2014（10）。

⑤　中国第三次出生人口高峰是指受1962—1970年第二次出生人口高峰的影响而在1986—1992年引发的人口出生高峰，目前这批人口相继进入了育龄期。

⑥　童玉芬、王莹莹：《北京市人口动态模拟与政策分析》，载《中国人口·资源与环境》，2016（2）。

⑦　魏铭言、温薷：《北京逾6成"单独"家庭想生二孩》，载《新京报》，2013-11-21。

优质园占比较低且区域间分布不均，师资匮乏，财政投入失衡，进一步加剧了"入园难"问题。[①] 根据官方发布的北京市的教育统计数据，北京市学前教育资源存量尚不能完全满足在园生需求，生均水平有待提高，且城乡资源配置不均衡，进一步印证了北京现有资源配置不合理和有生育意愿家庭需求难以得到满足的情况。[②] 在人口政策调整后，学前教育资源配置将面临什么样的新情况，这就需要探讨"全面二孩"政策下0～6岁人口对学前教育资源配置所造成的影响，以及深入了解政策受益家庭对学前教育的需求，旨在为北京市乃至全国的学前教育资源的配置优化提供决策依据和参考意见。

二、研究对象及方法

(一)研究对象

1. 学前教育资源需求

学前教育资源需求的预测将对应现有学前教育资源的物力、人力和财力资源。具体地，物力资源需求包括对幼儿园数量、幼儿园用地和建筑面积、幼儿园玩教具的需求；人力资源需求包括对幼儿园师资数量与质量的需求；财力资源需求包括对公共财政投入和保育的需求。以未来3～6岁人口和在园人数的变动情况作为基础，并使需求估算结果符合相应政策法规所设置的基准。

2. 有二孩生育意愿家庭

有二孩生育意愿家庭是年龄在20～49周岁、已婚已育一孩的男性或女性。本研究共发放700份问卷，回收有效问卷643份，有效率为91.9%。其中，父亲132份，母亲509份；"单独"家庭460份，"双独"家庭183份；城区350份，郊区293份；有北京户口的593份，无北京户口的49份；学历在初中以下的74份，高中(含中专)95份，大专135份，本科274份，研究生及以上65份；母亲年龄20～24岁1份，25～29岁140份，30～34岁335份，35～39岁143份，40～49岁21份；母亲的职业为企事业管理人员78份，企事业普通职工182份，私营业主54份，商业服务业人员56份，产业人员13份，专业技术人员39份，办事人员27份，教育工作者53份，无业/失业/待

---

① 邓兴军：《北京学前教育调查报告发布》，载《北京青年报》，2010-01-05。
② 洪秀敏、马群：《"全面二孩"政策与北京市学前教育资源需求》，载《北京师范大学学报(社会科学版)》，2017(1)。

业者 86 份，其他 53 份；家庭月平均收入 3 000 元以下 80 份，3 000~5 000
元 126 份，5 001~10 000 元 186 份，10 001~20 000 元 147 份，20 000 元以
上 100 份；孩子主要照看者为父母 330 份，祖父母 294 份，其他亲戚 10 份，
保姆或育儿嫂 7 份。

(二)研究方法

1. 学前教育资源需求的预测方法

学前教育资源需求的预测主要依靠人口预测结果和官方发布统计年鉴，
如全国和北京市的人口统计年鉴、教育统计年鉴和教育经费统计年鉴等提供
的数据进行推算。具体地，物力资源包括以下内容。(1)幼儿园数量：为了达
到合理规划资源，在存量上适当扩大班额和园内可设班级数，将降低新建幼
儿园所带来的成本，预测中的班额统一设为 30 人。面对总体和城镇中等办园
规模占据主体的情况，考虑到后期园均班数可能会有所提高，假设园均设置
9 或 12 班；而针对乡村(极)小规模办园的情况，假设园均设置 6 或 9 班。
(2)幼儿园的用地和建筑面积：主要预测面积类型包括从幼儿园总体的用地面
积(占地面积)需求到园舍建筑面积需求，再具体到活动室和户外场地的面积
需求。同时，根据班级设置数量分成不同规模的幼儿园，参照相应标准进行
推算。根据全国和北京市对幼儿园用地面积的规定，一般标准为 6 班规模用
地 2 700 平方米，9 班规模用地 3 780 平方米，12 班规模用地 4 860 平方米，
较高标准则为 6 班对应 3 060 平方米，9 班对应 4 050 平方米，12 班对应 5
040 平方米(估计值)。一般配置下 6 班和 9 班规模的幼儿园的班级用地平均值
恰好等于较高配置下 9 班和 12 班规模幼儿园的班级用地平均值，故此计算中
会出现重叠。对幼儿园用地面积需求的预测依据一般和较高两种标准分别进
行探讨。根据全国和北京市对幼儿园建筑面积的规定，在一般标准中，6 班
规模的建筑面积为 1 858.73 平方米，9 班规模的建筑面积为 2 533.33 平方米，
12 班规模的建筑面积为 3 182 平方米，在较高标准中，6 班对应 2 212.7 平方
米，9 班对应 2 990.48 平方米，12 班对应 3 600 平方米(估计值)。对幼儿园
建筑面积需求的预测依据一般和较高两种标准分别进行探讨。根据全国和北
京市对幼儿园活动室面积的规定，活动室与寝室合设，使用面积应为 90 平方
米(其中活动室按 45 平方米计算)，若单设，则它至少应为 54 平方米。由于
无论是任何一种班级规模都是由在园生数量推算的园数决定的，那么不同的
园数和对应班级数的乘积实际上是一致的，故按照一种类型的园所规模计算，
分别对活动室单设和合设两种情况进行探讨。根据全国和北京市对幼儿园户

外场地面积的规定，户外场地分为共用和分班户外活动场地两种。按照班级规模，6班、9班和12班分别对应共用场地面积为280平方米、340平方米和400平方米。在一般标准下，6班规模户外场地为360平方米，9班规模户外场地540平方米，12班规模户外场地720平方米，较高标准则为6班对应450平方米，9班对应675平方米，12班对应900平方米。对幼儿园户外场地需求的预测依据一般和较高两种标准对户外场地面积进行探讨。(3)幼儿园玩教具：包括体育类、构造类、角色表演类、科学启蒙类、音乐类、美工类、图书和挂图、电教类、劳工类等，分析时将专门单列图书资源，并依据北京市办园条件标准，推算其他类玩教具资源合并后的总量和所需的经费。其中，图书选取7本作为一般水平、12本作为较高水平进行幼儿读物需求量的预测。而其他玩教具则按照基本和一般两种标准进行探讨，在基本标准中，6班规模的玩教具数量为1 438件，9班规模的玩教具数量为2 040件，12班规模的玩教具数量为2 659件（估计值），在一般标准中，6班对应1 831件，9班对应2 621件，12班对应3 429件（估计值）。此外，根据北京市办园条件标准给出的参考价格，在基本标准中，6班规模的玩教具成本为17 067元，9班规模的玩教具成本为23 764元，12班规模的玩教具成本为30 051元（估计值），在一般标准中，6班对应35 429元，9班对应50 515元，12班对应65 691元（估计值）。对玩教具成本预算的预测依据基本和一般两种标准分别进行探讨。

人力资源包括以下内容。(1)幼儿园师资数量：根据幼儿园保教人员配备的相关规定，全日制幼儿园每班配备2名专任教师和1名保育员，全园保教人员和幼儿的比例应为1∶7至1∶9。对幼儿园专任教师需求量的预测将以1∶9的师幼比作为一般标准，以1∶7的师幼比作为较高标准。(2)幼儿园师资学历：根据北京市相关人员配备标准，要求95％以上的教师应具备幼儿师范学校毕业程度或取得幼儿园教师资格证，对于示范园教师的要求是80％以上需要达到大学专科以上学历。据此，将80％的专任教师具备专科及以上学历作为一般标准，将85％的专任教师具备专科及以上学历作为较高标准。对应师资数量的两种预测方案，将师幼比为1∶9所对应的教师数的作为中等水平，而师幼比为1∶7所对应的教师数的作为高等水平，并与两种标准配对，对幼儿园专任教师学历的分析将围绕两种标准和两种水平所构成的四种方案进行探讨。

财力资源包括以下内容。(1)公共财政预算学前教育经费支出：这是政府投入学前教育的经费主体，公共财政预算学前教育经费支出的目标群体一般为公办或公办性质幼儿园。北京市教育委员会在中长期教育规划纲要中提出"到2020年，公办幼儿园数量达到总数的50％以上"的目标，在"十二五"时期教育规划中有改扩建园中"公办性质幼儿园占幼儿园总数的比例达到65％以上"的表述。那么，对于公共财政预算学前教育经费支出需求的预测将假定全市50％、65％或80％的幼儿园为公办或公办性质幼儿园（假设每所幼儿园的在园生规模是相同的）。城乡经费标准参照2013年生均公共财政预算学前教育经费支出的金额，北京市总体的生均公共财政预算学前教育经费支出为16 460.53元，其中，乡村幼儿园的生均公共财政预算教育经费支出为16 898.74元。（2）幼儿园的保教费：基本上均由在园幼儿的家庭承担。按照北京市2013年的水平，生均幼儿园保教费约为7 220元，按照这一生均标准，根据每年在园生总量，计算对应的保教费用。

2. 有二孩生育医院家庭的学前教育需求的调查方法

（1）访谈法。

访谈法的目的在于了解政策受益家庭对"单独二孩"政策的知晓情况和看法、是否有再生育的意愿和考虑，以及对学前教育有怎样的新需求等，为进一步展开的问卷调查提供基础和依据。

访谈对象为符合"单独二孩"政策的育龄家庭。访谈的主要内容是在"单独二孩"政策背景下，详细而深入地了解政策受益家庭对"单独二孩"政策的看法、生与不生二孩的考虑和担忧，生育二孩的计划，对择园、早期教育服务、幼儿园教育服务的需求，充分表达他们对学前教育提供的教育服务方式和质量、家庭互助、社区支持、政府支持等方面的需求和政策期待，使研究更丰富实际。通过访谈，可以深入地挖掘政策受益家庭对生育意愿抉择、学前教育需求及政策期待的家庭和社会背景原因。访谈对象为随机获得。

（2）问卷调查法。

采用问卷调查法广泛调查北京市新人口政策背景下政策受益人群的生育意愿与学前教育需求。问卷调查法适用于大型的社会调查，能够获得较为全面的数据和信息，且便于统计分析。调查问卷主要包括三个部分，即个人和家庭的基本情况、家庭生育情况和生育意愿、家庭的学前教育需求。

第一部分是个人和家庭的基本情况，包括家庭居住地、身份、家庭类型、户籍、学历、母亲的年龄和职业、家庭月平均收入和孩子的主要照看者等，以单选题的形式呈现。这些是调查的背景信息，会对生育意愿和学前教育需求产生一定影响。

第二部分是家庭生育情况和生育意愿，包括一孩的性别和年龄，这是由于一孩的情况直接影响着家庭对理想二孩的期待；还包括家庭对二孩的生育意愿，即理想子女数、是否有生二孩的打算、生二孩的意愿强度、理想生育时间、理想子女性别、生与不生的原因等。这些题目多以单选题和填空题呈现，但生与不生的原因涉及较为复杂的因素，更适合多选题。该部分主要借鉴国家和地方的人口所、计生委等实施的大型生育意愿问卷调查，并在此基础上进行编制。

第三部分是家庭对学前教育的需求，这是调查问卷的核心部分。该部分包括第一个孩子的择园情况，这是因为一孩的择园情况直接影响着家庭对学前教育的需求，主要以单选题的形式呈现；还包括家庭对早期教育服务、幼儿园教育服务、社会力量（社区、家庭等）和政府对学前教育的服务和支持等，具体涉及各阶段和各形式学前教育的服务费用、服务方式、服务内容、服务功能和服务质量等。由于家庭的需求较为多元化，所以主要以多选题的形式呈现。另外，该部分还设了两道主观题，调查政策受益家庭对政府提供配套措施的期待等。

调查问卷共有 50 道题目，主要由 3 道填空题、30 道单选题、14 道多选题、1 道排序题和 2 道开放性问答题组成。调查数据使用 SPSS 22.0 进行统计分析。

第二节　基于人口预测的学前教育需求研究

自十二届全国人大常委会第十八次会议表决通过人口与计划生育法修正案后，2016 年 1 月 1 日，"全面二孩"政策在全国范围内落地。这极有可能对我国公共服务和资源环境造成新的压力，尤其是对教育事业。其中，学前教育更处于奠基地位，直接关系到人力资源结构和社会经济的未来发展走势。长期以来，我国学前教育资源配置存在总量不足、质量堪忧和分布不均的问题。[1][2] 人口政策调整可能带来的新增需求和现存资源不足之间的供需矛盾将

---

① 洪秀敏、罗丽：《公平视域下我国城乡学前教育发展差异分析》，载《教育学报》，2012 (5)。

② 崔玉芹、张晓辉：《我国学前教育资源配置的成就、困境与发展》，载《早期教育（教科研版）》，2014(10)。

为学前教育资源配置带来挑战。在全国范围内，北京长期统筹人口资源环境和谐发展，城镇化率极高，但是其生育率持续保持在极低水平（1 左右），[①]　并且当前北京市学前教育资源尚不能完全满足在园生需求。因此，对北京市的学前教育资源配置情况及其在"全面二孩"政策下学前人口和资源的未来走向进行研究具有特殊意义。

目前，专门针对学前阶段人口变化和学前教育资源配置关系的研究主要是针对全国范围的，或者是附属于其他教育阶段，[②][③][④]　针对地方（尤其是北京）的研究[⑤]则相对匮乏，尤其是探讨二孩政策对教育适龄人口及其教育资源需求影响的则更少。如梁文艳、王玮玮、史艳敏[⑥]（2014）以全国六普数据为基础，采用 CPPS 软件，在"单独二孩"政策背景下，预测 2014—2030 年城乡3～6 岁人口的发展趋势和配套的学前教育资源需求；结果发现，相较政策不变的持续下降趋势，2017—2020 年 3～6 岁人口快速增长，此后不断下降，在园学位需求持续上升，幼儿园需求不断增加，师资需求持续扩大。但是，学前教育资源配置的变化不仅受政策调整和人口变化的影响，也需要综合考虑过去和现在资源的使用和配给情况，同时要加强对最新人口政策的关注，探讨学前教育资源配置和相应需求的关系，以便为学前教育资源配置更好地适应 3～6 岁人口变动提出合理的建议。

为此，本章旨在梳理北京市新世纪学前教育资源配置历程的基础上，结合"全面二孩"政策后人口和配套资源需求预测结果，综合分析教育资源存量和新增需求之间的关系，探讨学前教育资源配置的变化情况和面临的挑战，以期为新时代背景下学前教育资源配置的科学决策提供参考。根据人口预测结果和相应资源配置标准，分城乡推算 2019—2029 年的学前教育资源需求，包括物力、人力和财力等三方面。

---

① 魏铭言、温薷：《北京逾 6 成"单独"家庭想生二孩》，载《新京报》，2013-11-21。

② 张辉蓉、黄媛媛、李玲：《我国城乡学前教育发展资源需求探析——基于学龄人口预测》，载《教育研究》，2013（5）。

③ 刘家强、罗蓉：《学龄人口发展与人力资本提升——基于四川省 2005—2020 年学龄人口发展的分析》，载《人口研究》，2006（4）。

④ 朱勇、刘强：《学龄人口变动与人力资源——基于重庆市 2005）2020 年学龄人口变动的探讨》，载《西北人口》，2007，28（2）。

⑤ 丁卓然：《辽宁省学龄前教育需求数量研究》，载《辽宁教育行政学院学报》，2013（3）。

⑥ 梁文艳、王玮玮、史艳敏：《人口政策调整后学前教育适龄人口变动趋势与教育需求分析》，载《全球教育展望》，2014（9）。

一、北京市学前教育资源需求预测的低方案

（一）学前教育物力资源需求预测

1. 幼儿园数量需求①

在"全面二孩"政策低方案中，园数需求呈现先升后降的趋势，总体、城镇和乡村将分别于 2023 年和 2024 年达峰值，总体所需园数将分别从 2 531 所和 1 898 所提高至 3 307 所和 2 480 所，城镇所需园数将分别从 2 229 所和 1 672 所提高至 2 921 所和 2 191 所，乡村所需园数将分别从 453 所和 302 所提高至 580 所和 387 所。2028 年总体和城乡对幼儿园的需求将下降至 2019 年的水平之下，到 2029 年，总体所需园数将缩减至 2 090 所和 1 568 所，城镇所需园数将缩减至 1 825 所和 1 369 所，乡村所需园数将缩减至 398 所和 266 所，比峰值需求量减少了约三分之一，详见表 5-1。

表 5-1　2019—2029 年"全面二孩"政策低方案下北京市分城乡幼儿园数量（单位：所）

年份	总体		城镇		乡村	
	9 班	12 班	9 班	12 班	6 班	9 班
2019	2 531	1 898	2 229	1 672	453	302
2020	2 773	2 080	2 443	1 832	495	330
2021	2 986	2 239	2 633	1 975	529	353
2022	3 178	2 383	2 804	2 103	560	374
2023	3 307	2 480	2 920	2 190	580	387
2024	3 307	2 480	2 921	2 191	579	386
2025	3 185	2 389	2 813	2 110	558	372
2026	2 959	2 220	2 611	1 958	523	349
2027	2 657	1 993	2 339	1 754	477	318
2028	2 363	1 772	2 072	1 554	435	290
2029	2 090	1 568	1 825	1 369	398	266

注："9 班"对应 9 班设置下的幼儿园需求量，"12 班"对应 12 班设置下的幼儿园需求量，其他简称以此类推，下同。

----

① 根据现有教育统计数据计算可得，2013 年总体和分城乡的园均幼儿数分别为 252 人、279 人和 98 人，班级数分别是 9 个、10 个和 4 个，平均班额分别为 28 人、28 人和 24 人，相关配备标准一般取 30 人作为平均班额。为了达到合理规划资源，在存量上适当扩大班额和园内可设班级数，将降低新建幼儿园所带来的成本，预测中的班额统一设为 30 人。面对总体和城镇中等办园规模占据主体的情况，考虑到后期园均班数可能会有所提高，假设园均设置 9 班或 12 班；而针对乡村（极）小规模办园的情况，假设园均设置 6 班或 9 班。

2. 幼儿园用地和建筑面积需求①

(1)幼儿园用地需求②。

在"全面二孩"政策低方案中，园所用地需求量将呈现先上升后下降的趋势。在一般用地标准下，2019—2024年，总体和城镇用地需求量将分别从约900万平方米和800万平方米提高至约1 200万平方米和1 100万平方米，而乡村用地需求量将在2019—2023年之间不断提高，分别提升约34万平方米和32万平方米，此后逐渐缩减，2028年时已经降至2019年的水平之下，到2029年，较2019年将分别下降约160万平方米、150万平方米和15(或14)万平方米，较峰值年将分别下降约460万平方米、400多万平方米和49(或46)万平方米。参照较高用地标准，相应用地规模会有所扩大，总体峰值将分别提高约89万平方米和45万平方米，城镇峰值将分别提高约79万平方米和39万平方米，乡村峰值将分别提高约21万平方米和11万平方米，谷值将分别提高约56万平方米和28万、49万平方米和25万、14万平方米和7万平方米，详见表5-2。

(2)幼儿园建筑面积需求③。

表5-2 2019—2029年"全面二孩"政策低方案下北京市分城乡园所用地需求量(单位：万平方米)

年份	总体			城镇			乡村		
	9高	9中(12高)	12中	9高	9中(12高)	12中	6高	6中(9高)	9中
2019	1 025.03	956.69	922.53	902.71	842.53	812.44	138.63	122.32	114.16
2020	1 123.04	1 048.17	1 010.74	989.45	923.49	890.51	151.40	133.59	124.68
2021	1 209.20	1 128.58	1 088.28	1 066.29	995.20	959.66	161.97	142.91	133.38
2022	1 286.90	1 201.11	1 158.21	1 135.57	1 059.87	1 022.02	171.51	151.33	141.24
2023	1 339.24	1 249.96	1 205.32	1 182.54	1 103.71	1 064.29	177.59	156.70	146.25

① 对幼儿园的用地和建筑面积需求的预测，主要预测面积类型包括从幼儿园总体的用地面积(占地面积)需求到园舍建筑面积需求，再具体到活动室和户外场地的面积需求。同时，根据班级设置数量分成不同规模的幼儿园，参照相应标准进行推算。

② 根据全国和北京市对幼儿园用地面积的规定，一般标准为6班规模用地2700平方米，9班规模用地3780平方米，12班规模用地4860平方米，较高标准则为6班对应3060平方米，9班对应4050平方米，12班对应5040平方米(估计值)。一般配置下6班和9班规模的幼儿园的班级用地平均值恰好等于较高配置下9班和12班规模幼儿园的班级用地平均值，故以计算中会出现重叠。对幼儿园用地面积需求的预测依据一般和较高两种标准分别进行探讨。

③ 根据全国和北京市对幼儿园建筑面积的规定，在一般标准中，6班规模的建筑面积为1858.73平方米，9班规模的建筑面积为2533.33平方米，12班规模的建筑面积为3182平方米，在较高标准中，6班对应2212.7平方米，9班对应2990.48平方米，12班对应3600平方米(估计值)。对幼儿园建筑面积需求的预测依据一般和较高两种标准分别进行探讨。

年份	总体			城镇			乡村		
	9 高	9 中(12 高)	12 中	9 高	9 中(12 高)	12 中	6 高	6 中(9 高)	9 中
2024	1 339.32	1 250.03	1 205.39	1 183.11	1 104.23	1 064.80	177.04	156.21	145.80
2025	1 290.07	1 204.07	1 161.06	1 139.33	1 063.37	1 025.40	170.84	150.74	140.69
2026	1 198.56	1 118.65	1 078.70	1 057.36	986.87	951.62	160.03	141.20	131.79
2027	1 076.04	1 004.30	968.44	947.21	884.06	852.49	146.01	128.83	120.24
2028	956.81	893.03	861.13	839.25	783.30	755.33	133.24	117.56	109.72
2029	846.56	790.12	761.90	739.02	689.75	665.12	121.87	107.54	100.37

注："9 高"对应 9 班较高标准下的用地需求量，"9 中"对应 9 班一般标准下的用地需求量，其他简称依此类推，下同。

在一般建筑面积标准下，2019—2024 年，总体建筑面积需求将分别从 641 万平方米和 604 多万平方米提高至约 838 万平方米和 789 万平方米，城镇建筑面积需求将分别从约 565 万平方米和 532 万平方米提高至约 740 万平方米和 697 万平方米，而乡村建筑面积需求将在 2019—2023 年之间不断提升，分别提升约 24 万平方米和 22 万平方米。峰值年后对园舍建筑面积的需求量会不断下降，到 2028 年将会低于 2019 年的水平，2029 年，总体和城乡的园舍建筑面积需求量将分别降至约 530 万平方米和 499 万平方米、462 万平方米和 435 万平方米、74 万平方米和 67 万平方米。参照较高建筑面积标准，相应建筑规模会有所扩大，总体峰值将分别提高约 151 万平方米和 104 万平方米，城镇峰值将分别提高约 134 万平方米和 92 万平方米，乡村峰值将分别提高约 20 万平方米和 18 万平方米，谷值将分别提高约 96 万平方米和 66 万平方米、83 万平方米和 57 万平方米、14 万平方米和 12 万平方米，详见表5-4。

（3）幼儿园活动室面积需求①。

在"全面二孩"政策低方案中，园所活动室需求保持先上升后下降的趋势。2019—2024 年，总体和城镇对活动室的需求量将分别从约 123 万平方米和 103 万平方米、108 万平方米和 90 万平方米提高至约 161 万平方米和 134 万平方米、142 万平方米和 118 万平方米，而乡村对活动室需求量在 2019—2023 年之间不断提升，将分别从约 15 万平方米和 12 万平方米提高至 19 万平

---

① 根据全国和北京市对幼儿园活动室面积的规定，活动室与寝室合设，使用面积应为 90 平方米（其中活动室按 45 平方米计算），若单设，则它至少应为 54 平方米。由于无论是任何一种班级规模都是由在园生数量推算的园数决定的，那么不同的园数和对应班级数的乘积实际上是一致的，故按照一种类型的园所规模计算，分别对活动室单设和合设两种情况进行探讨。

方米和 16 万平方米。此后，对幼儿园活动室的需求量将不断下降，2028 年起将低于 2019 年的水平。到 2029 年，对活动室的需求量将较 2019 年下降约 21 万平方米和 18 万平方米、20 万平方米和 16 万平方米、2 万平方米和 1 万平方米，较峰年值将分别下降约 59 万平方米和 49 万平方米、53 万平方米和 44 万平方米、6 万平方米和 5 万平方米，详见表 5-4。

表 5-3 2019—2029 年"全面二孩"政策低方案下北京市分城乡活动室需求（单位：万平方米）

年份	总体			城镇			乡村		
	单设	合设	差额	单设	合设	差额	单设	合设	差额
2019	123.00	102.50	20.50	108.33	90.27	18.05	14.68	12.23	2.45
2020	134.76	112.30	22.46	118.73	98.95	19.79	16.03	13.36	2.67
2021	145.10	120.92	24.18	127.95	106.63	21.33	17.15	14.29	2.86
2022	154.43	128.69	25.74	136.27	113.56	22.71	18.16	15.13	3.03
2023	160.71	133.92	26.78	141.91	118.25	23.65	18.80	15.67	3.13
2024	160.72	133.93	26.79	141.97	118.31	23.66	18.75	15.62	3.12
2025	154.81	129.01	25.80	136.72	113.93	22.79	18.09	15.07	3.01
2026	143.83	119.86	23.97	126.88	105.74	21.15	16.94	14.12	2.82
2027	129.12	107.60	21.52	113.67	94.72	18.94	15.46	12.88	2.58
2028	114.82	95.68	19.14	100.71	83.93	16.79	14.11	11.76	2.35
2029	101.59	84.66	16.93	88.68	73.90	14.78	12.90	10.75	2.15

注："单设"对应幼儿园单独为每班设置活动室时的使用面积的需求量，"合设"对应幼儿园将活动室和寝室合设时使用面积的需求量，下同。

表 5-4 2019—2029 年"全面二孩"政策低方案下北京市分城乡园所建筑面积需求（单位：万平方米）

年份	总体				城镇				乡村			
	9 高	12 高	9 中	12 中	9 高	12 高	9 中	12 中	6 高	9 高	6 中	9 中
2019	756.87	683.35	641.17	604.01	666.55	601.81	564.66	531.93	100.24	90.32	84.21	76.51
2020	829.24	748.69	702.48	661.76	730.60	659.64	618.92	583.04	109.48	98.64	91.97	83.56
2021	892.86	806.13	756.37	712.53	787.34	710.86	666.98	628.32	117.12	105.52	98.38	89.39
2022	950.24	857.94	804.98	758.32	838.50	757.05	710.70	669.15	124.02	111.74	104.18	94.66
2023	988.88	892.83	837.71	789.16	873.18	788.36	739.70	696.83	128.42	115.70	107.87	98.02
2024	988.94	892.88	837.76	789.21	873.60	788.74	740.09	697.16	128.02	115.35	107.54	97.71
2025	952.58	860.05	806.96	760.19	841.27	759.55	712.67	671.36	123.54	111.31	103.77	94.29
2026	885.00	799.04	749.71	706.26	780.74	704.91	661.59	623.06	115.72	104.26	97.20	88.32
2027	794.54	717.36	673.08	634.07	699.41	631.47	592.49	558.15	105.58	95.13	88.69	80.58
2028	706.50	637.88	598.50	563.81	619.70	559.60	524.96	494.54	96.34	86.81	80.93	73.54
2029	625.09	564.37	529.53	498.84	545.68	492.68	462.27	435.47	88.13	79.40	74.03	67.27

注："9 高"对应 9 班较高标准下的建筑面积需求量，"9 中"对应 9 班一般标准下的建筑面积需求量，其他简称依此类推，下同。

（4）幼儿园户外场地面积需求①。

在一般户外场地面积标准下，2019—2024 年，总体户外场地需求将分别从约 223 万平方米和 213 万平方米提高至约 291 万平方米和 278 万平方米，城镇户外场地需求将分别从约 196 万平方米和 187 万平方米提高至约 257 万平方米和 245 万平方米，而乡村户外场地需求在 2019—2023 年之间不断增加，将分别从约 29 万平方米和 27 万平方米提高至约 37 万平方米和 34 万平方米。此后需求量将不断下降，2028 年时需求量将低于 2019 年的水平，到 2029 年，需求量将分别缩减约 39 万平方米和 37 万平方米、39 万平方米和 34 万平方米、4 万平方米和 3 万平方米。参照较高户外场地面积标准，对户外场地面积的单位需求量会有所扩大，总体和城乡峰值将分别提高约 45 万平方米、39 万平方米和 5 万平方米，谷值将分别提高约 28 万平方米、25 万平方米和 4 万平方米，详见表 5-5。

表 5-5　2019—2029 年"全面二孩"政策低方案下北京市分城乡户外场地需求（单位：万平方米）

年份	总体				城镇				乡村			
	9 高	12 高	9 中	12 中	9 高	12 高	9 中	12 中	6 高	9 高	6 中	9 中
2019	256.89	246.77	222.72	212.60	226.23	217.32	196.14	187.23	33.07	30.65	28.99	26.58
2020	281.45	270.36	244.02	232.93	247.97	238.20	214.99	205.22	36.12	33.48	31.67	29.03
2021	303.05	291.10	262.74	250.80	267.23	256.70	231.69	221.16	38.64	35.82	33.88	31.05
2022	322.52	309.81	279.62	266.91	284.59	273.38	246.74	235.53	40.92	37.93	35.87	32.88
2023	335.64	322.41	291.00	277.77	296.37	284.69	256.95	245.27	42.37	39.27	37.14	34.05
2024	335.66	322.43	291.01	277.79	296.51	284.82	257.07	245.39	42.24	39.15	37.03	33.94
2025	323.31	310.57	280.31	267.57	285.54	274.28	247.56	236.31	40.76	37.78	35.73	32.75
2026	300.38	288.54	260.43	248.59	264.99	254.55	229.75	219.30	38.18	35.39	33.47	30.68
2027	269.67	259.05	233.81	223.18	237.39	228.03	205.81	196.46	34.83	32.29	30.54	27.99
2028	239.79	230.34	207.90	198.45	210.33	202.04	182.36	174.07	31.79	29.46	27.87	25.54
2029	212.16	203.80	183.94	175.58	185.21	177.91	160.58	153.28	29.07	26.95	25.49	23.37

注："9 高"对应 9 班较高标准下的户外场地需求量，"9 中"对应 9 班一般标准下的户外场地需求量，其他简称依此类推，下同。

① 根据全国和北京市对幼儿园户外场地面积的规定，户外场地分为共用和分班户外活动场地两种。按照班级规模，6 班、9 班和 12 班分别对应共用场地面积为 280 平方米、340 平方米和 400 平方米。在一般标准下，6 班规模户外场地为 360 平方米，9 班规模户外场地 540 平方米，12 班规模户外场地 720 平方米，较高标准则为 6 班对应 450 平方米，9 班对应 675 平方米，12 班对应 900 平方米。对幼儿园户外场地需求的预测依据一般和较高两种标准对户外场地面积进行探讨。

3. 幼儿园玩教具需求①

（1）幼儿图书需求②。

在"全面二孩"政策低方案中，园所图书需求保持先上升后下降的趋势。2019—2024 年，总体和城镇的幼儿园对图书需求量将分别从约 820 万册和 478 万册、722 万册和 421 万册提高至 1071 万册和 625 万册、946 万册和 552 万册，而乡村图书需求在 2019—2023 年之间不断提升，将分别从约 98 万册和 57 万册提高至 125 万册和 73 万册。此后，幼儿园图书需求又不断下降，2028 年起将低于 2019 年的水平，到 2029 年，将分别减少约 143 万册和 83 万册、131 万册和 76 万册、12 万册和 7 万册，详见表 5-6。

表 5-6　2019—2029 年"全面二孩"政策低方案下北京市分城乡幼儿图书需求（单位：万册）

年份	总体			城镇			乡村		
	较高	一般	差额	较高	一般	差额	较高	一般	差额
2019	820.02	478.35	341.68	722.17	421.26	300.90	97.85	57.08	40.77
2020	898.43	524.09	374.35	791.56	461.74	329.82	106.87	62.34	44.53
2021	967.36	564.29	403.07	853.03	497.60	355.43	114.33	66.69	47.64
2022	1029.52	600.56	428.97	908.46	529.93	378.52	121.06	70.62	50.44
2023	1 071.39	624.98	446.41	946.04	551.85	394.18	125.36	73.12	52.23
2024	1 071.46	625.02	446.44	946.49	552.12	394.37	124.97	72.90	52.07
2025	1 032.06	602.03	430.02	911.46	531.69	379.78	120.59	70.35	50.25
2026	958.85	559.33	399.52	845.89	493.43	352.45	112.96	65.89	47.07
2027	860.83	502.15	358.68	757.77	442.03	315.74	103.06	60.12	42.94
2028	765.45	446.51	318.94	671.40	391.65	279.75	94.05	54.86	39.19
2029	677.24	395.06	282.19	591.22	344.88	246.34	86.03	50.18	35.85

注："较高"对应较高标准下对幼儿图书数量的需求，"一般"对应一般标准下对幼儿图书数量的需求，其他简称依此类推，下同。

① 幼儿园玩教具包括体育类、构造类、角色表演类、科学启蒙类、音乐类、美工类、图书和挂图、电教类、劳工类等，分析时将专门单列图书资源，并依据北京市办园条件标准，推算其他类玩教具资源合并后的总量和所需的经费。

② 按照现有北京市办园条件标准，幼儿读物人均 3 本或 4 本以上，而 2013 年北京总体幼儿图书生均水平已达 11 本，其中，城镇为 12 本，乡村为 7 本。选取 7 本作为一般水平、12 本作为较高水平进行幼儿读物需求量的预测。

（2）幼儿园其他玩教具需求①。

在基本标准下，2019—2024 年，总体玩教具需求将分别从约 516 万件和 505 万件提高至约 675 万件和 659 万件，城镇玩教具需求将分别从约 455 万件和 445 万件提高至约 596 万件和 583 万件，而乡村玩教具需求在 2019—2023 年之间不断提升，将分别从约 65 万件和 62 万件增加到 83 万件和 79 万件。峰值年后玩教具需求量会不断下降，2028 年将下降到 2019 年的水平之下。预计到 2029 年，玩教具需求量较 2019 年将分别减少约 90 万件和 88 万件、82 万件和 81 万件、8 万件和 7 万件，比峰值减少约 248 万件和 243 万件、222 万件和 219 万件、26 万件和 25 万件。参照一般标准，相应需求量会有所扩大，总体峰值将分别提高约 192 万件和 191 万件，城镇峰值将分别提高约 170 万件和 169 万件，乡村峰值将分别提高约 23 万件和 22 万件；总体谷值均将提高约 121 万件，城镇谷值将分别提高约 106 万件和 105 万件，乡村谷值将分别提高约 16 万件和 15 万件（见表 5-7）。

表 5-7 2019—2029 年"全面二孩"政策低方案下北京市分城乡园所玩教具需求（单位：万件）

年份	总体				城镇				乡村			
	9 高	12 高	9 中	12 中	9 高	12 高	9 中	12 中	6 高	9 高	6 中	9 中
2019	663.36	650.89	516.31	504.73	584.20	573.22	454.70	444.50	82.95	79.16	65.15	61.61
2020	726.79	713.13	565.68	552.99	640.33	628.30	498.39	487.21	90.59	86.45	71.15	67.29
2021	782.54	767.84	609.08	595.42	690.06	677.09	537.09	525.05	96.91	92.49	76.11	71.98
2022	832.83	817.18	648.22	633.68	734.90	721.09	571.99	559.16	102.62	97.94	80.60	76.23
2023	866.70	850.42	674.58	659.45	765.30	750.92	595.65	582.29	106.26	101.41	83.45	78.93
2024	866.76	850.47	674.62	659.49	765.66	751.27	595.94	582.57	105.94	101.10	83.20	78.69
2025	834.88	819.20	649.81	635.24	737.33	723.47	573.88	561.01	102.23	97.55	80.28	75.93
2026	775.66	761.08	603.60	590.18	684.28	671.54	532.60	520.65	95.75	91.38	75.20	71.12
2027	696.37	683.29	542.01	529.85	613.00	601.48	477.11	466.41	87.37	83.37	68.61	64.89
2028	619.21	607.58	481.95	471.14	543.13	532.93	422.73	413.25	79.72	76.08	62.61	59.22
2029	547.86	537.56	426.41	416.85	478.26	469.28	372.50	363.90	72.93	69.59	57.27	54.17

注："9 高"对应 9 班一般标准下的玩教具需求量，"9 中"对应 9 班基本标准下的玩教具需求量，其他简称依此类推，下同。

---

① 根据北京市对不同幼儿园规模玩教具数量（不含幼儿图书）的规定，在基本标准中，6 班规模的玩教具数量为 1438 件，9 班规模的玩教具数量为 2040 件，12 班规模的玩教具数量为 2659 件（估计值），在一般标准中，6 班对应 1831 件，9 班对应 2621 件，12 班对应 3429 件（估计值）。以上数量统计是将标准中分门别类的玩教具数量加总所得，基本与一般标准的差异不仅体现在数量上，还体现在种类的多样性上。对幼玩教具的需求依据基本和一般两种标准分别进行探讨。

（3）幼儿园玩教具成本预算①。

在基本标准下，2019—2024 年，总体玩教具成本将分别从约 0.6 亿元和 0.57 亿元提高至约 0.79 亿元和 0.75 亿元，城镇玩教具成本将分别从约 0.53 亿元和 0.5 亿元提高至约 0.69 亿元和 0.66 亿元，而乡村玩教具成本在 2019—2023 年之间不断提升，将分别从约 0.08 亿元和 0.07 亿元增加到约 0.1 亿元和 0.09 亿元。峰值年后玩教具成本会不断下降，2028 年将下降到 2019 年的水平之下，预计到 2029 年，将分别减少约 0.1 亿元、0.1 亿元和 0.01 亿元的成本。参照一般标准，相应成本会有所增加，总体峰值将分别提高约 0.89 亿元和 0.88 亿元，城镇峰值均将提高约 0.78 亿元，乡村峰值降分别提高约 0.11 亿元和 0.1 亿元，谷值将分别提高约 0.56 亿元、0.49 亿元、0.07 亿元，详见表 5-8。

表 5-8　2019—2029 年"全面二孩"政策低方案下北京市分城乡玩教具成本预算（单位：亿元）

年份	总体				城镇				乡村			
	9 高	12 高	9 中	12 中	9 高	12 高	9 中	12 中	6 高	9 高	6 中	9 中
2019	1.28	1.25	0.60	0.57	1.13	1.10	0.53	0.50	0.16	0.15	0.08	0.07
2020	1.40	1.37	0.66	0.62	1.23	1.20	0.58	0.55	0.18	0.17	0.08	0.08
2021	1.51	1.47	0.71	0.67	1.33	1.30	0.63	0.59	0.19	0.18	0.09	0.08
2022	1.61	1.57	0.76	0.72	1.42	1.38	0.67	0.63	0.20	0.19	0.10	0.09
2023	1.67	1.63	0.79	0.75	1.47	1.44	0.69	0.66	0.21	0.20	0.10	0.09
2024	1.67	1.63	0.79	0.75	1.48	1.44	0.69	0.66	0.20	0.19	0.10	0.09
2025	1.61	1.57	0.76	0.72	1.42	1.39	0.67	0.63	0.20	0.19	0.10	0.09
2026	1.49	1.46	0.70	0.67	1.32	1.29	0.62	0.59	0.19	0.18	0.09	0.08
2027	1.34	1.31	0.63	0.60	1.18	1.15	0.56	0.53	0.17	0.16	0.08	0.08
2028	1.19	1.16	0.56	0.53	1.05	1.02	0.49	0.47	0.15	0.15	0.07	0.07
2029	1.06	1.03	0.50	0.47	0.92	0.90	0.43	0.41	0.14	0.13	0.07	0.06

注："9 高"对应 9 班一般标准下的玩教具成本预算，"9 中"对应 9 班基本标准下的玩教具成本预算，其他简称依此类推，下同。

---

①　根据北京市办园条件标准给出的参考价格，在基本标准中，6 班规模的玩教具成本为 17 067 元，9 班规模的玩教具成本为 23 764 元，12 班规模的玩教具成本为 30 051 元（估计值），在一般标准中，6 班对应 35 429 元，9 班对应 50515 元，12 班对应 65 691 元（估计值）。对玩教具成本预算的预测依据基本和一般两种标准分别进行探讨。

（二）学前教育人力资源需求预测

1. 幼儿园师资数量①需求

在"全面二孩"政策低方案中，总体和城镇对幼儿园专任教师的需求量于2024年达峰值，将分别从约9.8万人和7.6万人、8.6万人和6.7万人增加到约12.8万人和9.9万人、11.3万人和8.8万人，而乡村对幼儿园专任教师的需求量于2023年达峰值，将从约1.2万人和0.9万人提高至约1.5万人和1.2万人。此后，北京市对幼儿园专任教师的需求量将不断缩减，2028年时将低于2019年的水平，预计2029年将分别减少约1.7万人和1.3万人、1.6万人和1.2万人、0.1万人和0.1万人，较峰值缩减约4.7万人和3.7万人、4.2万人和3.3万人、0.5万人和0.4万人，详见表5-9。

表5-9 2019—2029年"全面二孩"政策低方案下北京市分城乡师资数量需求（单位：人）

年份	总体			城镇			乡村		
	较高	一般	差额	较高	一般	差额	较高	一般	差额
2019	97 622	75 928	21 694	85 972	66 867	19 105	11 649	9 061	2 589
2020	106 956	83 188	23 768	94 234	73 293	20 941	12 723	9 895	2 827
2021	115 162	89 570	25 591	101 551	78 984	22 567	13 611	10 586	3 025
2022	122 562	95 326	27 236	108 150	84 117	24 033	14 412	11 210	3 203
2023	127 547	99 203	28 344	112 623	87 596	25 027	14 923	11 607	3 316
2024	127 555	99 209	28 345	112 677	87 638	25 039	14 878	11 571	3 306
2025	122 864	95 561	27 303	108 508	84 395	24 113	14 356	11 166	3 190
2026	114 148	88 782	25 366	100 701	78 323	22 378	13 448	10 459	2 988
2027	102 480	79 707	22 773	90 210	70 164	20 047	12 269	9 543	2 727
2028	91 125	70 875	20 250	79 929	62 167	17 762	11 196	8 708	2 488
2 029	80 624	62 708	17 917	70 383	54 742	15 641	10 242	7 966	2 276

注："较高"对应较高标准下对专任教师数量的需求，"一般"对应一般标准下对专任教师数量的需求，其他简称依此类推，下同。

---

① 根据幼儿园保教人员配备的相关规定，全日制幼儿园每班配备2名专任教师和1名保育员，全园保教人员和幼儿的比例应为1∶7至1∶9。对幼儿园专任教师需求量的预测将以1∶9的师幼比作为一般标准，以1∶7的师幼比作为较高标准。

2. 幼儿园师资学历①需求

在一般标准下，2019—2024 年，总体对专科及以上的师资需求量将分别从 6.45 万人和 6.07 万人提高至 10.84 万人和 10.2 万人，城镇的需求量将分别从 5.68 万人和 5.35 万人提高至 7.45 万人和 7.01 万人，而乡村的需求量在 2019—2023 年之间不断提升，将分别从 0.77 万人和 0.72 万人提高至 0.99 万人和 0.93 万人。此后需求量又不断减少，2028 年将低于 2019 年的水平。到 2029 年，总体和城乡的需求量预计将分别缩减 1.12 万人和 1.05 万人、1.03 万人和 0.97 万人、0.09 万人和 0.08 万人。参照较高标准，相应学历师资的需求量会有所扩大，总体和城乡峰值将分别提高 2.41 万人和 2.26 万人、2.13 万人和 2 万人、0.28 万人和 0.26 万人，谷值将分别提高 1.52 万人和 1.43 万人、1.33 万人和 1.25 万人、0.19 万人和 0.18 万人，详见表 5-10。

表 5-10　2019—2029 年"全面二孩"政策低方案下北京市分城乡师资学历需求（单位：万人）

年份	总体				城镇				乡村			
	好高	好中	一高	一中	好高	好中	一高	一中	好高	好中	一高	一中
2019	8.30	7.81	6.45	6.07	7.31	6.88	5.68	5.35	0.99	0.93	0.77	0.72
2020	9.09	8.56	7.07	6.66	8.01	7.54	6.23	5.86	1.08	1.02	0.84	0.79
2021	9.79	9.21	7.61	7.17	8.63	8.12	6.71	6.32	1.16	1.09	0.90	0.85
2022	10.42	9.80	8.10	7.63	9.19	8.65	7.15	6.73	1.23	1.15	0.95	0.90
2023	10.84	10.20	8.43	7.94	9.57	9.01	7.45	7.01	1.27	1.19	0.99	0.93
2024	10.84	10.20	8.43	7.94	9.58	9.01	7.45	7.01	1.26	1.19	0.98	0.93
2025	10.44	9.83	8.12	7.64	9.22	8.68	7.17	6.75	1.22	1.15	0.95	0.89
2026	9.70	9.13	7.55	7.10	8.56	8.06	6.66	6.27	1.14	1.08	0.89	0.84
2027	8.71	8.20	6.78	6.38	7.67	7.22	5.96	5.61	1.04	0.98	0.81	0.76
2028	7.75	7.29	6.02	5.67	6.79	6.39	5.28	4.97	0.95	0.90	0.74	0.70
2029	6.85	6.45	5.33	5.02	5.98	5.63	4.65	4.38	0.87	0.82	0.68	0.64

注："好高"对应较高标准和高等水平下对专任教师学历的需求，"一中"对应一般标准和中等水平下对专任教师学历的需求，其他简称依此类推，下同。

---

① 根据北京市相关人员配备标准，要求 95% 以上的教师应具备幼儿师范学校毕业程度或取得幼儿园教师资格证，对于示范园教师的要求是 80% 以上需要达到大学专科以上学历。2013 年，北京幼儿园园长和专任教师群体中专科及以上学历的比重占到 84.21%（其中，研究生毕业占 1.09%，本科生毕业占 34.03%，专科毕业占 49.09%），城镇专科及以上学历的人数占 84.53%，乡村则占 77.89%。据此，将 80% 的专任教师具备专科及以上学历作为一般标准，将 85% 的专任教师具备专科及以上学历作为较高标准。对应师资数量的两种预测方案，将师幼比为 1∶9 所对应的教师数作为中等水平，而师幼比为 1∶7 所对应的教师数作为高等水平，并与两种标准配对，对幼儿园专任教师学历的分析将围绕两种标准和两种水平所构成的四种方案进行探讨。

（三）学前教育财力资源需求预测

1. 公共财政预算学前教育经费支出①需求

按照不同的公办园比例，总体和城镇对公共财政预算学前教育经费支出的需求量于 2024 年达峰值，将分别从约 56 亿～90 亿元和 49 亿～79 亿元提高至 73 亿～118 亿元和 65 亿～104 亿元；乡村则于 2023 年达峰值，将从约 7 亿～11 亿元提高至 9 亿～14 亿元。此后，需求量将不断下降，整体于 2028 年缩减至 2019 年的水平之下，到 2029 年，总体和城乡的公共财政预算学前教育经费支出需求将分别缩减约 10 亿～16 亿元、9 亿～14 亿元和 1 亿元，详见表 5-11。

2. 幼儿园保教费②需求

在"全面二孩"政策低方案中，北京市总体幼儿园保教费前期不断扩大，后期不断缩减。具体地，2019—2024 年保教费持续增加，将于 2024 年达峰值约 64 亿元，此后持续下降，到 2028 年将低于 2019 年的水平，预计 2029 年将比 2019 年减少近 9 亿元，比峰值缩减约 24 亿元。从城乡发展趋势来看，城镇增幅和降幅均大于总体，但是与总体保持相同走势，2024 年达峰值约 57 亿元，预计 2029 年将比 2019 年减少近 8 亿元，比峰值缩减约 21 亿元；乡村幼儿园保教费的增幅和降幅则相对城镇较小，峰值提前 1 年，于 2023 年将达近 8 亿元，之后开始减少，预计 2029 年将比 2019 年减少不到 1 亿元，比峰值缩减约 2 亿元，详见表 5-12。

表 5-11　2019—2029 年"全面二孩"政策低方案下北京市

分城乡财政预算学前经费需求（单位：亿元）

年份	总体			城镇			乡村		
	高	中	基	高	中	基	高	中	基
2019	89.99	73.11	56.24	78.96	64.16	49.35	11.02	8.96	6.89

① 公共财政预算学前教育经费支出是政府投入学前教育的经费主体，公共财政预算学前教育经费支出的目标群体一般为公办或公办性质幼儿园。北京市教育委员会在中长期教育规划纲要中提出"到 2020 年，公办幼儿园数量达到总数的 50% 以上"的目标，在"十二五"时期教育规划中有改扩建园中"公办性质幼儿园占幼儿园总数的比例达到 65% 以上"的表述。那么，对于公共财政预算学前教育经费支出需求的预测将假定全市 50%、65% 或 80% 的幼儿园为公办或公办性质幼儿园（假设每所幼儿园的在园生规模是相同的）。城乡经费标准参照 2013 年生均公共财政预算学前教育经费支出的金额，北京市总体的生均公共财政预算学前教育经费支出为 16 460.53 元，其中，乡村幼儿园的生均公共财政预算教育经费支出为 16 898.74 元。

② 幼儿园的保教费基本上均由在园幼儿的家庭承担。按照北京市 2013 年的水平，生均幼儿园保教费约为 7220 元，按照这一生均标准，根据每年在园生总量，计算对应的保教费用。

续表

年份	总体			城镇			乡村		
	高	中	基	高	中	基	高	中	基
2020	98.59	80.11	61.62	86.55	70.32	54.09	12.04	9.78	7.52
2021	106.15	86.25	66.35	93.27	75.79	58.30	12.88	10.47	8.05
2022	112.98	91.79	70.61	99.34	80.71	62.09	13.64	11.08	8.52
2023	117.57	95.53	73.48	103.45	84.05	64.66	14.12	11.47	8.83
2024	117.58	95.53	73.49	103.50	84.09	64.69	14.08	11.44	8.80
2025	113.25	92.02	70.78	99.67	80.98	62.29	13.59	11.04	8.49
2026	105.22	85.49	65.76	92.49	75.15	57.81	12.73	10.34	7.95
2027	94.46	76.75	59.04	82.85	67.32	51.78	11.61	9.43	7.26
2028	84.00	68.25	52.50	73.40	59.64	45.88	10.60	8.61	6.62
2029	74.32	60.38	46.45	64.63	52.51	40.39	9.69	7.87	6.06

注:"高"对应 80% 的幼儿园获得公共财政学前教育预算经费;"中"对应 65% 的幼儿园获得公共财政学前教育预算经费;"基"对应 50% 的幼儿园获得公共财政学前教育预算经费,下同。

表5-12 2019—2029 年"全面二孩"政策低方案下北京市分城乡幼儿园保育教育费

年份	总体 (亿元)	增长比 (%)	城镇 (人)	增长比 (%)	占总体 (%)	乡村 (亿元)	增长比 (%)	占总体 (%)
2019	49.34	8.19	43.45	8.20	88.07	5.89	8.09	11.93
2020	54.06	9.56	47.63	9.61	88.10	6.43	9.21	11.90
2021	58.20	7.67	51.32	7.77	88.18	6.88	6.98	11.82
2022	61.94	6.43	54.66	6.50	88.24	7.28	5.89	11.76
2023	64.46	4.07	56.92	4.14	88.30	7.54	3.55	11.70
2024	64.47	0.01	56.95	0.05	88.34	7.52	−0.31	11.66
2025	62.10	−3.68	54.84	−3.70	88.32	7.26	−3.50	11.68
2026	57.69	−7.09	50.89	−7.19	88.22	6.80	−6.33	11.78
2027	51.79	−10.22	45.59	−10.42	88.03	6.20	−8.76	11.97
2028	46.05	−11.08	40.40	−11.40	87.71	5.66	−8.75	12.29
2029	40.75	−11.52	35.57	−11.94	87.30	5.18	−8.53	12.70

二、北京市学前教育资源需求预测的中方案

(一)学前教育物力资源需求预测

1. 幼儿园数量需求

在"全面二孩"政策中方案下,所需园数峰值将统一出现在 2024 年,总体

所需园数将分别从 2 566 所和 1 924 所增加至 3 810 所和 2 857 所，城镇所需园数将分别从 2 259 所和 1 695 所增加至 3 368 所和 2 526 所，乡村所需园数分别从 230 所和 306 所增加至 331 所和 442 所。2024—2029 年，总体所需园数将逐渐缩减至 2 447 所和 1 835 所，城镇所需园数将逐渐缩减至 2 138 所和 1 604 所，乡村所需园数将逐渐缩减至 231 所和 308 所。其中，总体和城镇所需园数将低于 2019 年的水平，而乡村所需园数将略高于 2019 年的水平，详见表 5-13。

表 5-13　2019—2029 年"全面二孩"政策中方案下北京市分城乡幼儿园数量（单位：所）

年份	总体		城镇		乡村	
	9 班	12 班	9 班	12 班	6 班	9 班
2019	2 566	1 924	2 259	1 695	230	306
2020	2 876	2 157	2 534	1 901	257	342
2021	3 188	2 391	2 811	2 109	282	377
2022	3 505	2 629	3 094	2 320	309	411
2023	3 745	2 809	3 308	2 481	327	436
2024	3 810	2 857	3 368	2 526	331	442
2025	3 709	2 782	3 279	2 459	323	430
2026	3 464	2 598	3 059	2 295	304	405
2027	3 110	2 333	2 741	2 056	277	369
2028	2 765	2 074	2 428	1 821	253	337
2029	2 447	1 835	2 138	1 604	231	308

2. 幼儿园用地和建筑面积需求

（1）幼儿园用地面积需求。

在"全面二孩"政策中方案下，采用一般用地标准，总体和城乡园所用地需求量将统一于 2024 年达到峰值，分别约为 1 440 万平方米和 1 389 万平方米、1 273 万平方米和 1 228 万平方米、179 万平方米和 167 万平方米。到 2029 年，总体和城镇园所用地需求量下跌至 2019 年的水平以下，而乡村园所用地需求量则稍高于 2019 年的水平，将分别约为 925 万平方米和 892 万平方米、808 万平方米和 779 万平方米、125 万平方米和 117 万平方米。采用较高用地标准，相应的峰谷值将有所提高，峰值将分别增加约 103 万平方米和 51 万平方米、91 万平方米和 45 万平方米、24 万平方米和 12 万平方米，谷值将分别增加约 66 万平方米和 33 万平方米、58 万平方米和 29 万平方米、17 万平方米和 8 万平方米，详见表 5-14。

表 5-14　2019—2029 年"全面二孩"政策中方案下北京市分城乡园所用地需求量(单位：万平方米)

年份	总体			城镇			乡村		
	9 高	9 中(12 高)	12 中	9 高	9 中(12 高)	12 中	6 高	6 中(9 高)	9 中
2019	1 039.10	969.82	935.19	915.06	854.05	823.55	140.58	124.04	115.77
2020	1 164.89	1 087.23	1 048.40	1 026.30	957.88	923.67	157.07	138.59	129.35
2021	1 291.10	1 205.03	1 161.99	1 138.59	1 062.69	1 024.73	172.84	152.51	142.34
2022	1 419.50	1 324.87	1 277.55	1 252.90	1 169.38	1 127.61	188.81	166.60	155.49
2023	1 516.62	1 415.51	1 364.95	1 339.90	1 250.58	1 205.91	200.27	176.71	164.93
2024	1 542.96	1 440.10	1 388.67	1 364.06	1 273.12	1 227.65	202.76	178.90	166.98
2025	1 502.19	1 402.04	1 351.97	1 327.93	1 239.40	1 195.13	197.50	174.26	162.65
2026	1 403.06	1 309.52	1 262.76	1 239.09	1 156.48	1 115.18	185.84	163.97	153.04
2027	1 259.61	1 175.64	1 133.65	1 110.01	1 036.01	999.01	169.55	149.60	139.63
2028	1 120.02	1 045.35	1 008.02	983.50	917.94	885.15	154.72	136.52	127.42
2029	990.92	924.85	891.82	866.04	808.31	779.44	141.52	124.87	116.55

(2)幼儿园建筑面积需求。

在一般建筑面积标准下，总体和城乡园所建筑面积需求量于 2024 年达峰值，将分别从约 650 万平方米和 612 万平方米、572 万平方米和 539 万平方米、85 万平方米和 78 万平方米扩增至约 965 万平方米和 909 万平方米、853 万平方米和 804 万平方米、123 万平方米和 112 万平方米，到 2029 年，总体和城镇园所建筑面积需求下跌至 2019 年的水平以下，将分别缩减约 30 万平方米和 28 万平方米、31 万平方米和 29 万平方米，而乡村园所建筑面积需求则稍高于 2019 年的水平，将略高出约 0.6 万平方米和 0.5 万平方米。采用较高建筑面积标准，相应的峰谷值将有所提高，峰值将分别增加约 174 万平方米和 119 万平方米、154 万平方米和 106 万平方米、23 万平方米和 20 万平方米，谷值将分别增加约 112 万平方米和 77 万平方米、98 万平方米和 67 万平方米、16 万平方米和 14 万平方米，详见表 5-15。

表 5-15　2019—2029 年"全面二孩"政策中方案下北京市
分城乡园所建筑面积需求(单位：万平方米)

年份	总体				城镇				乡村			
	9 高	12 高	9 中	12 中	9 高	12 高	9 中	12 中	6 高	9 高	6 中	9 中
2019	767.26	692.73	649.97	612.30	675.67	610.04	572.38	539.20	101.65	91.59	85.39	77.59
2020	860.14	776.59	728.65	686.42	757.81	684.20	641.96	604.75	113.58	102.34	95.41	86.69
2021	953.33	860.73	807.60	760.79	840.73	759.06	712.21	670.93	124.98	112.61	104.99	95.39

年份	总体				城镇					乡村		
	9高	12高	9中	12中	9高	12高	9中	12中	6高	9高	6中	9中
2022	1 048.15	946.33	887.92	836.45	925.13	835.27	783.71	738.29	136.53	123.01	114.69	104.21
2023	1 119.85	1 011.08	948.66	893.68	989.37	893.27	838.13	789.55	144.82	130.48	121.65	110.54
2024	1 139.31	1 028.64	965.14	909.20	1 007.21	909.37	853.24	803.79	146.61	132.10	123.16	111.91
2025	1 109.20	1 001.46	939.64	885.18	980.53	885.28	830.64	782.49	142.81	128.67	119.97	109.00
2026	1 036.01	935.37	877.63	826.77	914.93	826.06	775.07	730.15	134.38	121.08	112.88	102.57
2027	930.09	839.74	787.91	742.24	819.62	740.01	694.33	654.08	122.60	110.47	102.99	93.58
2028	827.01	746.68	700.59	659.98	726.21	655.67	615.19	579.54	111.88	100.80	93.98	85.39
2029	731.68	660.61	619.83	583.91	639.48	577.36	541.72	510.32	102.34	92.21	85.97	78.11

（3）幼儿园活动室面积需求。

在"全面二孩"政策中方案下，总体和城乡幼儿园的活动室面积需求量将同时在 2024 年达到峰值，分别约为 185 万平方米和 154 万平方米、164 万平方米和 136 万平方米、21 万平方米和 18 万平方米，2029 年总体和城镇的幼儿园活动室需求下跌至 2019 年的水平以下，将分别缩减约 6 万平方米和 5 万平方米、6 万平方米和 5 万平方米，而乡村幼儿园的活动室需求则稍高于 2019 年的水平，将略高出约 0.1 万平方米，详见表 5-16。

表 5-16　2019—2029 年"全面二孩"政策中方案下北京市分城乡活动室需求（单位：万平方米）

年份	总体			城镇			乡村		
	单设	合设	差额	单设	合设	差额	单设	合设	差额
2019	124.69	103.91	20.78	109.81	91.51	18.30	14.88	12.40	2.48
2020	139.79	116.49	23.30	123.16	102.63	20.53	16.63	13.86	2.77
2021	154.93	129.11	25.82	136.63	113.86	22.77	18.30	15.25	3.05
2022	170.34	141.95	28.39	150.35	125.29	25.06	19.99	16.66	3.33
2023	181.99	151.66	30.33	160.79	133.99	26.80	21.21	17.67	3.53
2024	185.16	154.30	30.86	163.69	136.41	27.28	21.47	17.89	3.58
2025	180.26	150.22	30.04	159.35	132.79	26.56	20.91	17.43	3.49
2026	168.37	140.31	28.06	148.69	123.91	24.78	19.68	16.40	3.28
2027	151.15	125.96	25.19	133.20	111.00	22.20	17.95	14.96	2.99
2028	134.40	112.00	22.40	118.02	98.35	19.67	16.38	13.65	2.73
2029	118.91	99.09	19.82	103.92	86.60	17.32	14.98	12.49	2.50

（4）幼儿园户外场地面积需求。

在"全面二孩"政策中方案下，采用一般户外场地面积标准，总体和城乡幼儿园的户外场地需求于 2024 年达到峰值，将分别约为 335 万平方米和 320 万平方米、296 万平方米和 283 万平方米、42 万平方米和 39 万平方米，到 2029 年，总体和城镇幼儿园的户外场地需求下跌至 2019 年的水平以下，将分别下降约 10 万～11 万平方米，而乡村幼儿园的户外场地需求则稍高于 2019 年的水平，将略高约 0.2 万平方米。采用较高户外场地面积标准，相应的峰谷值有所提高，峰值将分别增加约 51 万平方米、45 万平方米和 6 万平方米，谷值将分别增加约 33 万平方米、29 万平方米和 4 万平方米，详见表 5-17。

表 5-17　2019—2029 年"全面二孩"政策中方案下北京市分城乡户外场地需求（单位：万平方米）

年份	总体				城镇					乡村		
	9 高	12 高	9 中	12 中	9 高	12 高	9 中	12 中	6 高	9 高	6 中	9 中
2019	260.42	250.15	225.78	215.52	229.33	220.29	198.83	189.79	33.54	31.09	29.40	26.95
2020	291.94	280.44	253.11	241.61	257.21	247.07	223.00	212.86	37.47	34.73	32.85	30.11
2021	323.57	310.82	280.54	267.78	285.35	274.11	247.40	236.15	41.23	38.21	36.15	33.14
2022	355.75	341.73	308.43	294.42	314.00	301.63	272.24	259.86	45.04	41.75	39.49	36.20
2023	380.09	365.11	329.54	314.56	335.80	322.57	291.14	277.91	47.78	44.29	41.89	38.40
2024	386.69	371.45	335.26	320.02	341.86	328.38	296.39	282.92	48.37	44.84	42.41	38.87
2025	376.47	361.64	326.40	311.57	332.80	319.69	288.54	275.42	47.12	43.67	41.31	37.86
2026	351.63	337.77	304.86	291.01	310.54	298.30	269.23	257.00	44.33	41.09	38.87	35.63
2027	315.68	303.24	273.69	261.25	278.19	267.22	241.19	230.22	40.45	37.49	35.46	32.51
2028	280.70	269.63	243.36	232.30	246.48	236.77	213.70	203.99	36.91	34.21	32.36	29.66
2029	248.34	238.55	215.31	205.52	217.04	208.49	188.18	179.62	33.76	31.30	29.60	27.13

3. 幼儿园玩教具需求

（1）幼儿图书需求。

在"全面二孩"政策中方案下，总体和城乡幼儿园的幼儿园图书需求量将同时在 2024 年达到峰值，分别从约 831 万册和 485 万册、732 万册和 427 万册、99 万册和 58 万册增加至约 1 234 万册和 720 万册、1 091 万册和 637 万册、143 万册和 83 万册。到 2029 年，总体和城镇的幼儿园图书需求下跌至 2019 年的水平以下，将分别缩减约 38 万册和 23 万册、39 万册和 23 万册，较峰值将分别减少约 441 万册和 258 万册、398 万册和 233 万册。而乡村幼儿园的图书需求则稍高于 2019 年的水平，将略高出约 0.4 万册和 0.3 万册，较峰值将缩减约 43 万册和 25 万册，详见表 5-18。

表 5-18　2019—2029 年"全面二孩"政策中方案下北京市分城乡幼儿园图书需求（单位：万册）

年份	总体			城镇			乡村		
	较高	一般	差额	较高	一般	差额	较高	一般	差额
2019	831.28	484.91	346.37	732.04	427.03	305.02	99.23	57.89	41.35
2020	931.91	543.61	388.30	821.04	478.94	342.10	110.87	64.68	46.20
2021	1 032.88	602.51	430.37	910.88	531.34	379.53	122.00	71.17	50.84
2022	1 135.60	662.43	473.17	1 002.32	584.69	417.63	133.28	77.74	55.53
2023	1 213.29	707.75	505.54	1 071.92	625.29	446.63	141.37	82.47	58.90
2024	1 234.37	720.05	514.32	1 091.25	636.56	454.69	143.12	83.49	59.63
2025	1 201.75	701.02	500.73	1 062.34	619.70	442.64	139.41	81.32	58.09
2026	1 122.45	654.76	467.69	991.27	578.24	413.03	131.18	76.52	54.66
2027	1 007.69	587.82	419.87	888.01	518.01	370.00	119.68	69.81	49.87
2028	896.02	522.68	373.34	786.80	458.97	327.83	109.22	63.71	45.51
2029	792.73	462.43	330.31	692.83	404.15	288.68	99.90	58.27	41.62

（2）幼儿园其他玩教具需求。

在"全面二孩"政策中方案下，采用基本标准，总体和城乡园所玩教具需求将于 2024 年达峰值，分别约为 777 万册和 760 万册、687 万册和 672 万册、95 万册和 90 万件，到 2029 年，总体和城镇园所玩教具需求将下跌至 2019 年的水平以下，预计缩减约 24 万册、25（或 24）万件，而乡村的幼儿园玩教具需求将稍高于 2019 年的水平，略高出约 0.5 万册和 0.4 万件。采用一般标准，相应的峰谷值将有所提高，总体和城镇峰值将分别增加约 221 万册和 220 万册、196 万册和 195 万件，乡村将均增约 26 万件，总体和城镇谷值将分别增加约 142 万册和 141 万册、124 万册和 123 万件，乡村将均增加 18 万件，详见表 5-19。

表 5-19　2019—2029 年"全面二孩"政策中方案下北京市分城乡园所玩教具需求（单位：万件）

年份	总体				城镇				乡村			
	9 高	12 高	9 中	12 中	9 高	12 高	9 中	12 中	6 高	9 高	6 中	9 中
2019	672.46	659.83	523.40	511.66	592.19	581.06	460.92	450.58	84.12	80.27	66.06	62.48
2020	753.87	739.70	586.76	573.60	664.18	651.70	516.95	505.36	93.99	89.69	73.81	69.81
2021	835.55	819.85	650.33	635.75	736.85	723.01	573.51	560.65	103.42	98.70	81.22	76.82
2022	918.65	901.38	715.01	698.97	810.83	795.59	631.09	616.94	112.98	107.81	88.73	83.92
2023	981.49	963.05	763.92	746.79	867.13	850.84	674.91	659.78	119.84	114.36	94.12	89.01

年份	总体				城镇				乡村			
	9高	12高	9中	12中	9高	12高	9中	12中	6高	9高	6中	9中
2024	998.54	979.78	777.20	759.77	882.77	866.18	687.08	671.67	121.32	115.78	95.28	90.11
2025	972.16	953.89	756.66	739.69	859.38	843.23	668.88	653.88	118.18	112.78	92.81	87.78
2026	908.01	890.94	706.73	690.88	801.89	786.82	624.13	610.14	111.20	106.12	87.33	82.59
2027	815.17	799.85	634.47	620.24	718.36	704.86	559.12	546.58	101.45	96.82	79.68	75.36
2028	724.83	711.21	564.16	551.51	636.48	624.52	495.39	484.28	92.58	88.35	72.71	68.77
2029	641.28	629.23	499.13	487.93	560.47	549.94	436.23	426.45	84.68	80.81	66.51	62.90

（3）幼儿园玩教具成本预算。

在"全面二孩"政策中方案下，采用基本标准，总体和城乡幼儿园的玩教具成本于 2024 年达到峰值，将分别约为 0.91 亿元和 0.86 亿元、0.8 亿元和 0.76 亿元、0.11 亿元和 0.11 亿元，到 2029 年，总体和城镇幼儿园的玩教具成本下跌至 2019 年的水平以下，将均减少约 0.03 亿元，而乡村园所玩教具成本将稍高于 2019 年的水平。采用一般标准，相应的峰谷值将有所提高，峰值均分别增加约 1.02 亿元、0.9 亿元、0.12 亿元，总体谷值将增加约 0.66 亿元和 0.65 亿元，城镇谷值均增加约 0.57 亿元，乡村谷值将增加约 0.09 亿元和 0.08 亿元，详见表 5-20。

表 5-20　2019—2029 年"全面二孩"政策中方案下北京市分城乡玩教具成本预算（单位：亿元）

年份	总体				城镇				乡村			
	9高	12高	9中	12中	9高	12高	9中	12中	6高	9高	6中	9中
2019	1.30	1.26	0.61	0.58	1.14	1.11	0.54	0.51	0.16	0.15	0.08	0.07
2020	1.45	1.42	0.68	0.65	1.28	1.25	0.60	0.57	0.18	0.17	0.09	0.08
2021	1.61	1.57	0.76	0.72	1.42	1.39	0.67	0.63	0.20	0.19	0.10	0.09
2022	1.77	1.73	0.83	0.79	1.56	1.52	0.74	0.70	0.22	0.21	0.11	0.10
2023	1.89	1.84	0.89	0.84	1.67	1.63	0.79	0.75	0.23	0.22	0.11	0.10
2024	1.92	1.88	0.91	0.86	1.70	1.66	0.80	0.76	0.23	0.22	0.11	0.10
2025	1.87	1.83	0.88	0.84	1.66	1.62	0.78	0.74	0.23	0.22	0.11	0.10
2026	1.75	1.71	0.82	0.78	1.55	1.51	0.73	0.69	0.22	0.20	0.11	0.10
2027	1.57	1.53	0.74	0.70	1.38	1.35	0.65	0.62	0.20	0.19	0.09	0.09
2028	1.40	1.36	0.66	0.62	1.23	1.20	0.58	0.55	0.18	0.17	0.09	0.08
2029	1.24	1.21	0.58	0.55	1.08	1.05	0.51	0.48	0.16	0.16	0.08	0.07

（二）学前教育人力资源需求预测

1. 幼儿园师资数量需求

在"全面二孩"政策中方案下，总体和城乡对幼儿园专任教师的需求量将统一于 2024 年达峰值，将分别从 9.9 万人和 7.7 万人、8.7 万人和 6.8 万人、1.2 万人和 0.9 万人提高至 14.7 万人和 11.4 万人、13 万人和 10.1 万人、1.7 万人和 1.3 万人。此后需求量不断缩减，总体和城镇的需求量到 2029 年将低于 2019 的水平，分别缩减约 0.5 万人和 0.4 万人、0.5 万人和 0.4 万人，而乡村 2029 年的水平将略高于 2019 年的水平，约高出 80 人和 62 人，详见表5-21。

表 5-21　2019—2029 年"全面二孩"政策中方案下北京市分城乡师资数量需求（单位：人）

年份	总体			城镇			乡村		
	较高	一般	差额	较高	一般	差额	较高	一般	差额
2019	98 961	76 970	21 991	87 148	67 782	19 366	11 813	9 188	2 625
2020	110 942	86 288	24 654	97 743	76 022	21 721	13 199	10 266	2 933
2021	122 962	95 637	27 325	108 438	84 340	24 097	14 524	11 297	3 228
2022	135 191	105 148	30 042	119 324	92 808	26 517	15 866	12 340	3 526
2023	144 440	112 342	32 098	127 610	99 252	28 358	16 830	13 090	3 740
2024	146 949	114 294	32 655	129 910	101 041	28 869	17 038	13 252	3 786
2025	143 066	111 273	31 792	126 469	98 365	28 104	16 597	12 908	3 688
2026	133 625	103 931	29 694	118 009	91 784	26 224	15 616	12 146	3 470
2027	119 963	93 305	26 659	105 715	82 223	23 492	14 248	11 082	3 166
2028	106 669	82 965	23 704	93 667	72 852	20 815	13 002	10 113	2 889
2029	94 373	73 401	20 972	82 480	64 151	18 329	11 893	9 250	2 643

2. 幼儿园师资学历需求

在"全面二孩"政策中方案下，总体和城乡对专科及以上的师资需求量将于 2024 年达到峰值，分别为 9.71 万人和 9.14 万人、8.59 万人和 8.08 万人、1.13 万人和 1.06 万人，到 2029 年，总体和城镇的需求量将下跌至 2019 年的水平以下，分别缩减约 0.3 万人和 0.19 万人、0.31 万人和 0.29 万人，而乡村对相应学历师资的需求量将基本与 2019 年的水平持平。采用较高标准，相应的峰谷值将有所提高，峰值将分别增加 2.78 万人和 2.62 万人、2.45 万人和 2.31 万人、0.32 万人和 0.3 万人，谷值将分别增加 1.78 万人和 1.68 万人、1.56 万人和 1.47 万人、0.22 万人和 0.21 万人，详见表 5-22。

表 5-22　2019—2029 年"全面二孩"政策中方案下北京市分城乡师资学历需求（单位：万人）

年份	总体				城镇				乡村			
	好高	好中	一高	一中	好高	好中	一高	一中	好高	好中	一高	一中
2019	8.41	7.92	6.54	6.16	7.41	6.97	5.76	5.42	1.00	0.95	0.78	0.74
2020	9.43	8.88	7.33	6.90	8.31	7.82	6.46	6.08	1.12	1.06	0.87	0.82
2021	10.45	9.84	8.13	7.65	9.22	8.68	7.17	6.75	1.23	1.16	0.96	0.90
2022	11.49	10.82	8.94	8.41	10.14	9.55	7.89	7.42	1.35	1.27	1.05	0.99
2023	12.28	11.56	9.55	8.99	10.85	10.21	8.44	7.94	1.43	1.35	1.11	1.05
2024	12.49	11.76	9.71	9.14	11.04	10.39	8.59	8.08	1.45	1.36	1.13	1.06
2025	12.16	11.45	9.46	8.90	10.75	10.12	8.36	7.87	1.41	1.33	1.10	1.03
2026	11.36	10.69	8.83	8.31	10.03	9.44	7.80	7.34	1.33	1.25	1.03	0.97
2027	10.20	9.60	7.93	7.46	8.99	8.46	6.99	6.58	1.21	1.14	0.94	0.89
2028	9.07	8.53	7.05	6.64	7.96	7.49	6.19	5.83	1.11	1.04	0.86	0.81
2029	8.02	7.55	6.24	5.87	7.01	6.60	5.45	5.13	1.01	0.95	0.79	0.74

（三）学前教育财力资源需求预测

1. 公共财政预算学前教育经费支出需求

在"全面二孩"政策中方案下，总体和城乡公共财政预算学前教育经费支出的需求于 2024 年达峰值，将分别从约 57 亿～91 亿元、50 亿～80 亿元和 7 亿～11 亿元提高至约 85 亿～135 亿元、75 亿～119 亿元和 10 亿～16 亿元。此后，需求量不断下降，2029 年总体和城镇公共财政预算学前教育经费支出的需求量将低于 2019 年的水平，分别约为 54 亿～87 亿元和 47 亿～78 亿元，缩减了约 3 亿～4 亿元，而乡村的需求量将稍高于 2019 年的水平，约为 7 亿～11 亿元，多出 0.04 亿～0.07 亿元，详见表 5-23。

表 5-23　2019—2029 年"全面二孩"政策中方案下北京市
分城乡财政预算学前经费需求（单位：亿元）

年份	总体			城镇			乡村		
	高	中	基	高	中	基	高	中	基
2019	91.22	74.12	57.01	80.04	65.03	50.03	11.18	9.08	6.99
2020	102.27	83.09	63.92	89.77	72.94	56.11	12.49	10.15	7.81
2021	113.34	92.09	70.84	99.60	80.93	62.25	13.74	11.17	8.59
2022	124.62	101.25	77.89	109.60	89.05	68.50	15.01	12.20	9.38
2023	133.14	108.18	83.21	117.22	95.24	73.26	15.93	12.94	9.95

续表

年份	总体			城镇			乡村		
	高	中	基	高	中	基	高	中	基
2024	135.46	110.06	84.66	119.33	96.96	74.58	16.12	13.10	10.08
2025	131.88	107.15	82.42	116.17	94.39	72.61	15.71	12.76	9.82
2026	123.17	100.08	76.98	108.40	88.07	67.75	14.78	12.01	9.24
2027	110.58	89.85	69.11	97.10	78.89	60.69	13.48	10.96	8.43
2028	98.33	79.89	61.45	86.02	69.89	53.76	12.30	10.00	7.69
2029	86.99	70.68	54.37	75.74	61.54	47.34	11.25	9.14	7.03

2. 幼儿园保教费需求

在"全面二孩"政策中方案下，2019—2024 年幼儿园保教费总量持续增多，城乡发展趋势一致，城镇增长比较大，总体和城乡幼儿园保教费均在 2024 年达峰值，将分别约为 74 亿元、66 亿元和 9 亿元，此后不断减少，预计 2029 年将比峰值缩减约 27 亿元、24 亿元和 3 亿元，总体和城镇幼儿园保教费比 2019 年将均减少约 2 亿元，而乡村幼儿园保教费则略高于比 2019 年的水平，将高出约 0.04 亿元，详见表 5-24。

表 5-24　2016—2026 年"全面二孩"政策中方案下北京市分城乡幼儿园保育教育费

年份	总体（亿元）	增长比（%）	城镇（亿元）	增长比（%）	占总体（%）	乡村（亿元）	增长比（%）	占总体（%）
2019	50.02	9.67	44.04	9.68	88.06	5.97	9.62	11.94
2020	56.07	12.11	49.40	12.16	88.10	6.67	11.73	11.90
2021	62.14	10.83	54.80	10.94	88.19	7.34	10.04	11.81
2022	68.33	9.95	60.31	10.04	88.26	8.02	9.24	11.74
2023	73.00	6.84	64.49	6.94	88.35	8.51	6.07	11.65
2024	74.27	1.74	65.66	1.80	88.41	8.61	1.24	11.59
2025	72.31	−2.64	63.92	−2.65	88.40	8.39	−2.59	11.60
2026	67.53	−6.60	59.64	−6.69	88.31	7.89	−5.91	11.69
2027	60.63	−10.22	53.43	−10.42	88.12	7.20	−8.76	11.88
2028	53.91	−11.08	47.34	−11.40	87.81	6.57	−8.75	12.19
2029	47.70	−11.53	41.69	−11.94	87.40	6.01	−8.53	12.60

三、北京市学前教育资源需求预测的高方案

(一)学前教育物力资源需求预测

1. 幼儿园数量需求

在"全面二孩"政策高方案中,园数需求量整体是上升的,2024年达峰值,总体所需园数将分别从2 612所和1 959所增加至4 486所和3 365所,城镇所需园数将分别从2 301所和1 726所增加至3 977所和2 983所,乡村所需园数将分别从467所和311所增加至763所和509所。此后总体所需园数将分别回落至2 926所和2 194所,城镇所需园数将分别回落至2 566所和1 925所,乡村所需园数将分别回落至540所和360所,整体水平高于2019年的水平,详见表5-25。

表5-25 2019—2029年"全面二孩"政策高方案下北京市分城乡幼儿园数量(单位:所)

年份	总体		城镇		乡村	
	9班	12班	9班	12班	6班	9班
2019	2 612	1 959	2 301	1 726	467	311
2020	3 015	2 261	2 658	1 994	536	357
2021	3 460	2 595	3 055	2 291	607	405
2022	3 945	2 959	3 489	2 616	685	457
2023	4 334	3 250	3 838	2 879	743	496
2024	4 486	3 365	3 977	2 983	763	509
2025	4 414	3 310	3 914	2 935	750	500
2026	4 144	3 108	3 671	2 754	709	472
2027	3 720	2 790	3 289	2 467	646	431
2028	3 307	2 481	2 914	2 186	590	393
2029	2 926	2 194	2 566	1 925	540	360

2. 幼儿园用地和建筑面积需求

(1)幼儿园用地面积需求。

在"全面二孩"政策高方案下,参照一般用地标准,总体和城乡峰值将于2024年分别达约1 696万平方米和1 635万平方米、1 503万平方米和1 450万平方米、206万平方米和192万平方米,此后不断回落,但是依然整体高于2019年的水平,将分别约为1 106万平方米和1 066万平方米、970万平方

米和935万平方米、146万平方米和136万平方米。参照较高用地标准，2024年的峰值将分别提高约121万平方米和61万平方米、107万平方米和54万平方米、27万平方米和14万平方米，2019年的谷值将分别提高约71万平方米和35万平方米、62万平方米和31万平方米、17万平方米和8万平方米，详见表5-26。

表5-26　2019—2029年"全面二孩"政策高方案下北京市分城乡园所用地需求量（单位：万平方米）

年份	总体			城镇			乡村		
	9高	9中(12高)	12中	9高	9中(12高)	12中	6高	6中(9高)	9中
2019	1 057.99	987.46	952.19	931.89	869.76	838.70	142.92	126.11	117.70
2020	1 221.13	1 139.73	1 099.02	1 076.54	1 004.77	968.88	163.88	144.60	134.96
2021	1 401.22	1 307.80	1 261.10	1 237.20	1 154.72	1 113.48	185.89	164.02	153.09
2022	1 597.82	1 491.30	1 438.04	1 412.90	1 318.71	1 271.61	209.57	184.92	172.59
2023	1 755.22	1 638.21	1 579.70	1 554.48	1 450.85	1 399.03	227.50	200.74	187.36
2024	1 816.93	1 695.81	1 635.24	1 610.81	1 503.42	1 449.73	233.61	206.13	192.38
2025	1 787.59	1 668.42	1 608.83	1 585.11	1 479.44	1 426.60	229.48	202.48	188.98
2026	1 678.21	1 566.33	1 510.39	1 486.91	1 387.78	1 338.30	216.81	191.30	178.55
2027	1 506.55	1 406.12	1 355.90	1 332.01	1 243.21	1 198.81	197.81	174.54	162.91
2028	1 339.48	1 250.18	1 205.53	1 180.20	1 101.52	1 062.18	180.52	159.28	148.66
2029	1 184.93	1 105.94	1 066.44	1 039.24	969.96	935.32	165.12	145.69	135.98

（2）幼儿园建筑面积需求。

在"全面二孩"政策高方案下，参照一般建筑面积标准，总体和城乡峰值将于2024年分别达约1 137万平方米和1 071万平方米、1 008万平方米和949万平方米、142万平方米和129万平方米，此后不断回落，但是整体依然高于2019年的水平，将分别约为741万平方米和698万平方米、650万平方米和612万平方米、100万平方米和91万平方米，相较峰值，将分别下降约395万平方米和372万平方米、358万平方米和337万平方米、42万平方米和38万平方米。参照较高建筑面积标准，2024年的峰值将分别提高约205万平方米和141万平方米、182万平方米和125万平方米、27万平方米和23万平方米，2019年的谷值将分别提高约119万平方米和82万平方米、105万平方米和72万平方米、17万平方米和14万平方米，详见表5-27。

表5-27 2019—2029年"全面二孩"政策高方案下北京市
分城乡园所建筑面积需求（单位：万平方米）

年份	总体				城镇				乡村			
	9高	12高	9中	12中	9高	12高	9中	12中	6高	9高	6中	9中
2019	781.21	705.33	661.79	623.43	688.10	621.26	582.91	549.12	103.35	93.11	86.81	78.88
2020	901.67	814.09	763.84	719.56	794.91	717.69	673.39	634.36	118.50	106.77	99.54	90.45
2021	1034.65	934.15	876.48	825.68	913.53	824.80	773.88	729.03	134.42	121.11	112.92	102.60
2022	1179.81	1065.21	999.46	941.53	1043.27	941.93	883.79	832.57	151.54	136.54	127.30	115.67
2023	1296.04	1170.15	1097.91	1034.28	1147.82	1036.32	972.35	915.99	164.51	148.22	138.19	125.56
2024	1341.61	1211.29	1136.52	1070.65	1189.41	1073.87	1007.58	949.18	168.92	152.20	141.90	128.93
2025	1319.94	1191.73	1118.16	1053.36	1170.43	1056.74	991.51	934.04	165.94	149.51	139.39	126.65
2026	1239.17	1118.81	1049.74	988.90	1097.92	991.27	930.08	876.17	156.78	141.26	131.70	119.66
2027	1112.42	1004.37	942.37	887.75	983.54	888.01	833.19	784.90	143.04	128.88	120.16	109.18
2028	989.06	892.99	837.86	789.30	871.45	786.80	738.23	695.44	130.53	117.61	109.65	99.63
2029	874.94	789.96	741.19	698.23	767.37	692.83	650.06	612.38	119.40	107.58	100.30	91.13

（3）幼儿园活动室面积需求。

在"全面二孩"政策高方案下，总体和城乡峰值将于2024年分别达约218万平方米和182万平方米、193万平方米和161万平方米、25万平方米和21万平方米，此后不断回落，但是依然整体高于2019年的水平，分别约为142万平方米和118万平方米、125万平方米和104万平方米、17万平方米和15万平方米，相较峰年值分别缩减约76万平方米和63万平方米、69万平方米和57万平方米、7万平方米和6万平方米，详见表5-28。

（3）幼儿园活动室面积需求。

在"全面二孩"政策高方案下，总体和城乡峰值将于2024年分别达约218万平方米和182万平方米、193万平方米和161万平方米、25万平方米和21万平方米，此后不断回落，但是依然整体高于2019年的水平，分别约为142万平方米和118万平方米、125万平方米和104万平方米、17万平方米和15万平方米，相较峰年值分别缩减约76万平方米和63万平方米、69万平方米和57万平方米、7万平方米和6万平方米，详见表5-28。

表 5-28　2019—2029 年"全面二孩"政策高方案下北京市分城乡活动室需求(单位：万平方米)

年份	总体			城镇			乡村		
	单设	合设	差额	单设	合设	差额	单设	合设	差额
2019	126.96	105.80	21.16	111.83	93.19	18.64	15.13	12.61	2.52
2020	146.54	122.11	24.42	129.18	107.65	21.53	17.35	14.46	2.89
2021	168.15	140.12	28.02	148.46	123.72	24.74	19.68	16.40	3.28
2022	191.74	159.78	31.96	169.55	141.29	28.26	22.19	18.49	3.70
2023	210.63	175.52	35.10	186.54	155.45	31.09	24.09	20.07	4.01
2024	218.03	181.69	36.34	193.30	161.08	32.22	24.74	20.61	4.12
2025	214.51	178.76	35.75	190.21	158.51	31.70	24.30	20.25	4.05
2026	201.39	167.82	33.56	178.43	148.69	29.74	22.96	19.13	3.83
2027	180.79	150.66	30.13	159.84	133.20	26.64	20.95	17.45	3.49
2028	160.74	133.95	26.79	141.62	118.02	23.60	19.11	15.93	3.19
2029	142.19	118.49	23.70	124.71	103.92	20.78	17.48	14.57	2.91

(4)幼儿园户外场地面积需求。

在"全面二孩"政策高方案下，参照一般户外场地面积标准，总体和城乡的需求峰值将于 2024 年分别达约 395 万平方米和 377 万平方米、350 万平方米和 334 万平方米、49 万平方米和 45 万平方米，此后不断回落，但是整体依然高于 2019 年的水平，将分别约为 258 万平方米和 246 万平方米、226 万平方米和 216 万平方米、35 万平方米和 32 万平方米，不过，相较峰值，将分别缩减约 137 万平方米和 131 万平方米、124 万平方米和 119 万平方米、14 万平方米和 13 万平方米。参照较高户外场地面积标准，2024 年的峰值将分别提高约 61 万平方米、54 万平方米和 7 万平方米，2019 年的谷值将分别提高约 35 万平方米、31 万平方米和 4 万平方米，详见表 5-29。

表 5-29　2019—2029 年"全面二孩"政策高方案下北京市分城乡户外场地需求(单位：万平方米)

年份	总体				城镇				乡村			
	9 高	12 高	9 中	12 中	9 高	12 高	9 中	12 中	6 高	9 高	6 中	9 中
2019	265.15	254.70	229.89	219.44	233.55	224.34	202.48	193.28	34.10	31.60	29.89	27.40
2020	306.04	293.98	265.33	253.27	269.80	259.17	233.91	223.28	39.09	36.24	34.27	31.42
2021	351.17	337.75	304.73	290.62	310.06	297.84	268.82	256.60	44.35	41.11	38.88	35.64
2022	400.44	384.66	347.18	331.40	354.10	340.14	307.00	293.05	50.00	46.34	43.83	40.18
2023	439.89	422.55	381.38	364.05	389.58	374.23	337.76	322.41	54.27	50.31	47.58	43.62
2024	455.36	437.41	394.79	376.85	403.70	387.79	350.00	334.09	55.73	51.66	48.86	44.79
2025	448.00	430.35	388.42	370.76	397.26	381.60	344.42	328.76	54.74	50.75	48.00	44.00
2026	420.59	404.01	364.65	348.07	372.64	357.96	323.08	308.40	51.72	47.94	45.35	41.57

续表

年份	总体				城镇				乡村			
	9高	12高	9中	12中	9高	12高	9中	12中	6高	9高	6中	9中
2027	377.57	362.69	327.35	312.47	333.82	320.67	289.42	276.27	47.19	43.74	41.37	37.93
2028	335.70	322.47	291.05	277.82	295.78	284.12	256.44	244.78	43.06	39.92	37.76	34.61
2029	296.96	285.26	257.47	245.76	260.45	250.19	225.81	215.55	39.39	36.51	34.53	31.66

3. 幼儿园玩教具需求

(1)幼儿图书需求。

在"全面二孩"政策高方案下，总体和城乡峰值将于 2024 年分别达约 1454 万册和 848 万册、1289 万和 752 万册、165 万册和 96 万册，此后不断回落，但是整体依然高于 2019 年的水平，将分别约为 948 万册和 553 万册、831 万册和 485 万册、117 万册和 68 万册，不过，预计比峰值减少约 506 万册和 295 万册、458 万册和 267 万册、48 万册和 28 万册，详见表 5-30。

表 5-30 2019—2029 年"全面二孩"政策高方案下北京市分城乡幼儿园图书需求(单位：万册)

年份	总体			城镇			乡村		
	较高	一般	差额	较高	一般	差额	较高	一般	差额
2019	846.40	493.73	352.66	745.51	434.88	310.63	100.88	58.85	42.04
2020	976.91	569.86	407.04	861.23	502.38	358.85	115.68	67.48	48.20
2021	1 120.98	653.90	467.07	989.76	577.36	412.40	131.22	76.54	54.67
2022	1 278.26	745.65	532.61	1 130.32	659.35	470.97	147.93	86.30	61.64
2023	1 404.18	819.10	585.07	1 243.59	725.43	518.16	160.59	93.68	66.91
2024	1 453.55	847.90	605.64	1 288.65	751.71	536.94	164.90	96.19	68.71
2025	1 430.08	834.21	595.86	1 268.09	739.72	528.37	161.98	94.49	67.49
2026	1 342.57	783.16	559.40	1 189.53	693.89	495.64	153.04	89.27	63.77
2027	1 205.24	703.06	502.18	1 065.61	621.61	444.00	139.63	81.45	58.18
2028	1 071.58	625.09	446.49	944.16	550.76	393.40	127.42	74.33	53.09
2029	947.95	552.97	394.98	831.39	484.98	346.41	116.55	67.99	48.56

(2)幼儿园其他玩教具需求。

在"全面二孩"政策高方案下，参照基本标准，总体和城乡峰值将于 2024 年分别达约 915 万件和 895 万件、811 万件和 793 万件、110 万件和 104 万件，此后不断回落，但是整体依然高于 2019 年的水平，将分别约为 597 万件和 583 万件、523 万件和 512 万件、78 万件和 73 万件，不过，较峰值将分别缩减约 319 万件和 311 万件、288 万件和 281 万件、32 万件和 31 万件。参照一般标准，2024 年总体和城镇的峰值将分别提高约 261 万件和 259 万件、231 万件和 230 万件，乡村将均提高约 30 万件，2019 年总体和城镇的谷值将分别提高约 152 万件和 151 万件、134 万件和 133 万件，乡村将均提高约 18 万件，详见表 5-31。

表 5-31　2019—2029 年"全面二孩"政策高方案下北京市分城乡园所玩教具需求（单位：万件）

年份	总体				城镇					乡村		
	9高	12高	9中	12中	9高	12高	9中	12中	6高	9高	6中	9中
2019	684.69	671.83	532.92	520.96	603.08	591.75	469.40	458.87	85.52	81.61	67.16	63.52
2020	790.27	775.42	615.09	601.30	696.69	683.60	542.26	530.10	98.06	93.58	77.01	72.83
2021	906.81	889.77	705.80	689.97	800.66	785.62	623.18	609.20	111.23	106.15	87.36	82.62
2022	1 034.05	1 014.62	804.83	786.78	914.37	897.19	711.68	695.72	125.40	119.67	98.49	93.14
2023	1 135.91	1 114.57	884.11	864.28	1 006.00	987.10	783.00	765.44	136.13	129.91	106.91	101.11
2024	1 175.85	1 153.75	915.20	894.67	1 042.45	1 022.86	811.37	793.17	139.78	133.40	109.78	103.83
2025	1 156.86	1 135.12	900.42	880.22	1 025.82	1 006.55	798.43	780.52	137.31	131.04	107.84	101.99
2026	1 086.07	1 065.66	845.32	826.36	962.27	944.19	748.96	732.16	129.73	123.80	101.89	96.36
2027	974.98	956.66	758.86	741.84	862.02	845.83	670.94	655.89	118.37	112.96	92.96	87.92
2028	866.86	850.57	674.70	659.57	763.78	749.43	594.47	581.14	108.02	103.08	84.83	80.23
2029	766.84	752.43	596.86	583.47	672.56	659.92	523.47	511.73	98.80	94.29	77.59	73.38

（3）幼儿园玩教具成本预算。

在"全面二孩"政策高方案下，参照基本标准，总体和城乡峰值将于 2024 年分别达约 1.07 亿元和 1.01 亿元、0.95 亿元和 0.9 亿元、0.13 亿元和 0.12 亿元，此后不断回落，但是整体依然高于 2019 年的水平，将分别约为 0.7 亿元和 0.66 亿元、0.61 亿元和 0.58 亿元、0.09 亿元和 0.09 亿元，不过，较峰值将缩减约 0.37 亿元和 0.35 亿元、0.34 亿元和 0.32 亿元、0.04 亿元和 0.04 亿元。参照一般标准，2024 年的峰值将均分别提高约 1.2 亿元、1.06 亿元、0.14 亿元，2019 年，总体谷值将均提高约 0.7 亿元，城镇将均提高约 0.62 亿元，乡村将提高约 0.09 亿元和 0.08 亿元，详见表 5-32。

表 5-32　2019—2029 年"全面二孩"政策高方案下北京市分城乡玩教具成本预算（单位：亿元）

年份	总体				城镇					乡村		
	9高	12高	9中	12中	9高	12高	9中	12中	6高	9高	6中	9中
2019	1.32	1.29	0.62	0.59	1.16	1.13	0.55	0.52	0.17	0.16	0.08	0.07

续表

年份	总体				城镇				乡村			
	9高	12高	9中	12中	9高	12高	9中	12中	6高	9高	6中	9中
2020	1.52	1.49	0.72	0.68	1.34	1.31	0.63	0.60	0.19	0.18	0.09	0.08
2021	1.75	1.70	0.82	0.78	1.54	1.51	0.73	0.69	0.22	0.20	0.10	0.10
2022	1.99	1.94	0.94	0.89	1.76	1.72	0.83	0.79	0.24	0.23	0.12	0.11
2023	2.19	2.14	1.03	0.98	1.94	1.89	0.91	0.87	0.26	0.25	0.13	0.12
2024	2.27	2.21	1.07	1.01	2.01	1.96	0.95	0.90	0.27	0.26	0.13	0.12
2025	2.23	2.17	1.05	0.99	1.98	1.93	0.93	0.88	0.27	0.25	0.13	0.12
2026	2.09	2.04	0.98	0.93	1.85	1.81	0.87	0.83	0.25	0.24	0.12	0.11
2027	1.88	1.83	0.88	0.84	1.66	1.62	0.78	0.74	0.23	0.22	0.11	0.10
2028	1.67	1.63	0.79	0.75	1.47	1.44	0.69	0.66	0.21	0.20	0.10	0.09
2029	1.48	1.44	0.70	0.66	1.30	1.26	0.61	0.58	0.19	0.18	0.09	0.09

(二)学前教育人力资源需求预测

1. 幼儿园师资数量需求

在"全面二孩"政策高方案下，2019—2024 年，北京市对幼儿园专任教师的需求量是不断增加的，将分别从约 10.1 万人和 7.8 万人、8.9 万人和 6.9 万人、1.2 万人和 0.9 万人扩大至约 17.3 万人和 13.5 万人、15.3 万人和 11.9 万人、2 万人和 1.5 万人。此后，虽然需求量不断缩减，但是仍高于 2019 年的水平，到 2029 年，总体和城乡的师资需求量将分别约为 11.3 万人和 8.8 万人、9.9 万人和 7.7 万人、1.4 万人和 1.1 万人，不过，将比峰值分别缩减约 6 万人和 4.7 万人、5.4 万人和 4.2 万人、0.6 万人和 0.4 万人，详见表 5-33。

表 5-33 2019—2029 年"全面二孩"政策高方案下北京市分城乡师资数量需求(单位：人)

年份	总体			城镇			乡村		
	较高	一般	差额	较高	一般	差额	较高	一般	差额
2019	100 761	78 370	22 391	88 751	69 029	19 723	12 010	9 341	2 669
2020	116 299	90 454	25 844	102 528	79 744	22 784	13 771	10 711	3 060
2021	133 449	103 794	29 655	117 828	91 644	26 184	15 621	12 150	3 471
2022	152 173	118 357	33 816	134 562	104 659	29 903	17 611	13 698	3 914
2023	167 164	130 016	37 148	148 046	115 147	32 899	19 118	14 869	4 248
2024	173 041	134 588	38 454	153 410	119 319	34 091	19 631	15 269	4 362

年份	总体			城镇			乡村		
	较高	一般	差额	较高	一般	差额	较高	一般	差额
2025	170 247	132 414	37 833	150 963	117 416	33 547	19 284	14 999	4 285
2026	159 830	124 312	35 518	141 610	110 141	31 469	18 219	14 171	4 049
2027	143 481	111 597	31 885	126 858	98 667	28 191	16 623	12 929	3 694
2028	127 569	99 221	28 349	112 400	87 422	24 978	15 169	11 798	3 371
2029	112 851	87 773	25 078	98 976	76 981	21 995	13 875	10 792	3 083

2. 幼儿园师资学历需求

在"全面二孩"政策高方案下，参照一般标准，总体和城乡对专科及以上的师资需求量将于2024年达峰值，分别为11.44万人和10.77万人、10.14万人和9.55万人、1.3万人和1.22万人，此后不断回落，但是整体依然高于2019年的水平，将分别为7.46万人和7.02万人、6.54万人和6.16万人、0.92万人和0.86万人，不过，较峰值将缩减3.98万人和3.75万人、3.6万人和3.39万人、0.38万人和0.34万人。参照较高标准，2024年的峰值将分别提高3.27万人和3.07万人、2.9万人和2.72万人、0.37万人和0.35万人，2019年的谷值将分别提高1.9万人和1.79万人、1.67万人和1.58万人、0.23万人和0.21万人，详见表5-34。

表5-34　2019—2029年"全面二孩"政策高方案下北京市分城乡师资学历需求（单位：万人）

年份	总体				城镇				乡村			
	好高	好中	一高	一中	好高	好中	一高	一中	好高	好中	一高	一中
2019	8.56	8.06	6.66	6.27	7.54	7.10	5.87	5.52	1.02	0.96	0.79	0.75
2020	9.89	9.30	7.69	7.24	8.71	8.20	6.78	6.38	1.17	1.10	0.91	0.86
2021	11.34	10.68	8.82	8.30	10.02	9.43	7.79	7.33	1.33	1.25	1.03	0.97
2022	12.93	12.17	10.06	9.47	11.44	10.76	8.90	8.37	1.50	1.41	1.16	1.10
2023	14.21	13.37	11.05	10.40	12.58	11.84	9.79	9.21	1.63	1.53	1.26	1.19
2024	14.71	13.84	11.44	10.77	13.04	12.27	10.14	9.55	1.67	1.57	1.30	1.22
2025	14.47	13.62	11.26	10.59	12.83	12.08	9.98	9.39	1.64	1.54	1.27	1.20
2026	13.59	12.79	10.57	9.94	12.04	11.33	9.36	8.81	1.55	1.46	1.20	1.13
2027	12.20	11.48	9.49	8.93	10.78	10.15	8.39	7.89	1.41	1.33	1.10	1.03
2028	10.84	10.21	8.43	7.94	9.55	8.99	7.43	6.99	1.29	1.21	1.00	0.94
2029	9.59	9.03	7.46	7.02	8.41	7.92	6.54	6.16	1.18	1.11	0.92	0.86

(三)学前教育财力资源需求预测

1. 公共财政学前教育经费支出需求

在"全面二孩"政策高方案下，总体和城乡的公共财政预算学前教育经费支出的需求量将分别从 2019 年的 58 亿～93 亿元、51 亿～82 亿元、7 亿～11 亿元提高至 2024 年的 100 亿～160 亿元、88 亿～141 亿元和 12 亿～19 亿元。随后，整体需求下滑，但是均高于 2019 年的水平。到 2029 年将分别约为 65 亿～104 亿元、57 亿～91 亿元和 8 亿～13 亿元。不过，较峰值将分别减少约 35 亿～55 亿元、31 亿～50 亿元和 3 亿～5 亿元，详见表 5-35。

表 5-35　2019—2029 年"全面二孩"政策高方案下北京市
分城乡财政预算学前经费需求(单位：亿元)

年份	总体			城镇			乡村		
	高	中	基	高	中	基	高	中	基
2019	92.88	75.47	58.05	81.52	66.23	50.95	11.37	9.23	7.10
2020	107.20	87.10	67.00	94.17	76.51	58.86	13.03	10.59	8.14
2021	123.01	99.95	76.88	108.23	87.94	67.64	14.78	12.01	9.24
2022	140.27	113.97	87.67	123.61	100.43	77.25	16.67	13.54	10.42
2023	154.09	125.20	96.31	136.00	110.50	85.00	18.09	14.70	11.31
2024	159.51	129.60	99.69	140.93	114.51	88.08	18.58	15.09	11.61
2025	156.93	127.51	98.08	138.68	112.68	86.68	18.25	14.83	11.41
2026	147.33	119.71	92.08	130.09	105.70	81.30	17.24	14.01	10.78
2027	132.26	107.46	82.66	116.53	94.68	72.83	15.73	12.78	9.83
2028	117.59	95.54	73.50	103.24	83.88	64.52	14.36	11.66	8.97
2029	104.02	84.52	65.02	90.89	73.85	56.81	13.13	10.67	8.21

2. 幼儿园保教费需求

在"全面二孩"政策高方案下，北京市幼儿园保教费在 2019—2024 年间不断增长，城镇发展势头最猛，2024 年总体和城乡幼儿园保教费达峰值，将分别约为 87 亿元、78 亿元和 10 亿元，此后幼儿园保教费将不断下降，到 2029 年预计比峰值年减少约 30 亿元、28 亿元和 3 亿元，但是，均高于 2019 年的水平。整体来看，幼儿园保教费的绝对总量是增加的，详见表 5-36。

表5-36　2016—2026年"全面二孩"政策高方案下
北京市分城乡幼儿园保育教育费需求

年份	总体（亿元）	增长比（%）	城镇（亿元）	增长比（%）	占总体（%）	乡村（亿元）	增长比（%）	占总体（%）
2019	50.92	11.67	44.85	11.70	88.08	6.07	11.44	11.92
2020	58.78	15.42	51.82	15.52	88.16	6.96	14.66	11.84
2021	67.45	14.75	59.55	14.92	88.29	7.90	13.44	11.71
2022	76.91	14.03	68.01	14.20	88.43	8.90	12.74	11.57
2023	84.48	9.85	74.82	10.02	88.56	9.66	8.55	11.44
2024	87.46	3.52	77.53	3.62	88.66	9.92	2.68	11.34
2025	86.04	−1.61	76.30	−1.60	88.67	9.75	−1.77	11.33
2026	80.78	−6.12	71.57	−6.20	88.60	9.21	−5.52	11.40
2027	72.52	−10.23	64.11	−10.42	88.41	8.40	−8.76	11.59
2028	64.47	−11.09	56.81	−11.40	88.11	7.67	−8.74	11.89
2029	57.03	−11.54	50.02	−11.94	87.70	7.01	−8.53	12.30

四、北京市学前教育资源配置的比较分析

(一)学前教育物力资源配置预测量的比较分析

1. 幼儿园数量需求

从每年所需园数来看，总体呈现先升后降的山峰状。起先，所需园数增量并不明显，后持续提高，即使后期缩减，不同政策方案下的增额也依然可观，且随着预测方案中在园生规模的扩大而相应增加，并相应延长增长时期。城乡所需园数的变化走势基本与总体吻合，差异主要表现为增降比大小的不同。

从年均新增所需园数来看，如果按照现有班级设置(即总体和城镇园均9班，乡村园均6班)，那么相较"全面二孩"政策低方案，中方案和高方案每年将分别带来35～146所、81～342所的增额，均值为98所和231所；较之"全面二孩"政策中方案，高方案每年将带来的园数增额在47～196所之间，均值为132所。从城乡发展走势来看，相较"全面二孩"政策低方案，中方案和高方案将分别年均新增87所和206所城镇幼儿园、17所和37所乡村幼儿园，而"全面二孩"政策高方案又比中方案年均新增29所城镇幼儿园和20所乡村幼儿园，详见表5-37。

表 5-37　2019—2029 年不同人口预测方案下北京市分城乡所需园所增量情况(一)(单位：所)

年份	总体 9 班			城镇 9 班			乡村 6 班		
	峰年	谷年	均值	峰年	谷年	均值	峰年	谷年	均值
中—低	146	35	98	130	30	87	24	6	17
高—低	342	81	231	306	72	206	53	14	37
高—中	196	47	132	177	42	119	29	8	20

　　如果为了减少新建园所数量，改扩建已有园所，增加班级数量，按总体和城镇 12 班、乡村 9 班规模计算，那么相较"全面二孩"政策低方案，中方案将每年新增幼儿园 26～109 所，均值为 74 所，高方案将每年新增幼儿园 61～256 所，均值为 173 所。相较"全面二孩"政策中方案，高方案将每年新增幼儿园 35～147 所，均值为 99 所。就城乡园数需求来看，"全面二孩"政策中方案年均新增 65 所城镇幼儿园和 11 所乡村幼儿园，高方案则年均新增 154 所城镇幼儿园和 25 所乡村幼儿园。"全面二孩"政策高方案又比中方案年均新增19 所城镇幼儿园和 14 所乡村幼儿园，详见表 5-38。

表 5-38　2019—2029 年不同人口预测方案下北京市分城乡所需园所增量情况(二)(单位：所)

年份	总体 12 班			城镇 12 班			乡村 9 班		
	峰年	谷年	均值	峰年	谷年	均值	峰年	谷年	均值
中—低	109	26	74	97	23	65	16	4	11
高—低	256	61	173	230	54	154	35	9	25
高—中	147	35	99	133	31	89	19	5	14

　　2. 幼儿园用地和建筑面积需求。

　　(1)幼儿园用地面积需求。

　　随着园所规模的扩大，班级数的增多，相应用地需求增量也会有所增加；随着用地标准的提高，不同规模园用地需求增量会有所提高，部分班级的一般和较高配置还会出现重叠。从低方案到高方案，对幼儿园用地面积的需求量增长时期会逐级有所延长。具体来看，在一般配置中，当总体和城镇采取12 班规模、乡村采用 9 班规模时，用地需求增量是最小的。相较"全面二孩"政策低方案，中方案将年均带来约 36 万平方米、32 万平方米和 4 万平方米的增量，高方案将年均带来约 84 万平方米、75 万平方米和 9 万平方米的增量。相较中方案，高方案将年均新增约 48 万平方米、43 万平方米和 5 万平方米的用地需求量，详见表 5-39。

表 5-39　2019—2029 年不同人口预测方案下北京市

分城乡园所用地需求增量(一)(单位：万平方米)

方案	总体 12 中			城镇 12 中			乡村 9 中		
	峰年	谷年	均值	峰年	谷年	均值	峰年	谷年	均值
中—低	53.07	12.66	35.86	47.23	11.11	31.74	6.06	1.61	4.28
高—低	124.49	29.67	84.10	111.64	26.26	75.01	13.32	3.53	9.42
高—中	71.41	17.01	48.23	64.41	15.15	43.28	7.27	1.93	5.14

在一般配置中，当总体和城镇采取 9 班规模、乡村采取 6 班规模时，园所用地需求的增量恰好与较高配置中的 12 班和 9 班用地增量相等。其中，相较"全面二孩"政策低方案，中方案将年均带来约 37 万平方米、33 万平方米和 5 万平方米的增量，高方案将年均带来约 87 万平方米、78 万平方米和 10 万平方米的增量。相较"全面二孩"政策中方案，高方案年均新增约 50 万平方米、45 万平方米和 6 万平方米的用地需求量，详见表 5-40。

表 5-40　2019—2029 年不同人口预测方案下北京市

分城乡园所用地需求增量(二)(单位：万平方米)

方案	总体 9 中(12 高)			城镇 9 中(12 高)			乡村 6 中(9 高)		
	峰年	谷年	均值	峰年	谷年	均值	峰年	谷年	均值
中—低	55.04	13.13	37.19	48.98	11.52	32.91	6.49	1.72	4.59
高—低	129.10	30.77	87.21	115.77	27.23	77.79	14.27	3.79	10.09
高—中	74.06	17.64	50.02	66.79	15.71	44.88	7.79	2.07	5.51

在较高配置中，当总体和城镇采取 9 班规模、乡村采取 6 班规模时，园所用地需求增量将是最多的。相较"全面二孩"政策低方案，中方案将年均带来约 40 万平方米、35 万平方米和 5 万平方米的增量，高方案将年均带来约 93 万平方米、83 万平方米和 11 万平方米的增量。相较"全面二孩"政策中方案，高方案年均新增约 54 万平方米、48 万平方米和 6 万平方米的用地需求量，详见表 5-41。

表 5-41　2019—2029 年不同人口预测方案下北京市

分城乡园所用地需求增量(三)(单位：万平方米)

方案	总体 9 高			城镇 9 高			乡村 6 高		
	峰年	谷年	均值	峰年	谷年	均值	峰年	谷年	均值
中—低	58.97	14.07	39.85	52.48	12.35	35.26	7.35	1.95	5.20
高—低	138.32	32.97	93.44	124.04	29.18	83.35	16.18	4.29	11.44
高—中	79.35	18.90	53.59	71.56	16.83	48.08	8.82	2.34	6.24

（2）幼儿园建筑面积需求。

随着园所规模的扩大，班级数的增多，相应建筑面积的需求增量也会有所缩减；随着建筑面积标准的提高，不同规模的幼儿园建筑面积需求增量将有所提高。从低方案到高方案，对幼儿园建筑面积的需求量增长时期会逐级有所延长。具体来看，当总体参照不同班级和配置标准时，相较"全面二孩"政策低方案，按照增量从大到小呈现，中方案将年均新增园舍建筑面积需求量约29万平方米、27万平方米、25万平方米和23万平方米，而高方案将年均带来约69万平方米、62万平方米、58万平方米和55万平方米的增量。相较"全面二孩"政策中方案，高方案将年均新增约40万平方米、36万平方米、34万平方米和32万平方米，详见表5-42。

表5-42　2019—2029年不同人口预测方案下北京市
分城乡建筑面积需求增量（一）（单位：万平方米）

| 年份 | 总体9高 | | | 总体12高 | | | 总体9中 | | | 总体12中 | | |
---	峰年	谷年	均值	峰年	谷年	均值	峰年	谷年	均值	峰年	谷年	均值
中—低	43.54	10.39	29.42	39.31	9.38	26.57	36.89	8.80	24.93	34.75	8.29	23.48
高—低	102.13	24.34	69.00	92.21	21.98	62.29	86.52	20.62	58.45	81.50	19.43	55.06
高—中	58.59	13.95	39.57	52.90	12.60	35.73	49.63	11.82	33.52	46.76	11.14	31.58

其中，"全面二孩"政策中方案下的城镇园舍建筑面积比低方案下年均新增约26万平方米、24万平方米、22万平方米和21万平方米的需求量，而高方案将年均新增约62万平方米、56万平方米、52万平方米和49万平方米的需求量。相较"全面二孩"政策中方案，城镇高方案年均新增约36万平方米、32万平方米、30万平方米和28万平方米的需求量，详见表5-43。

表5-43　2019—2029年不同人口预测方案下北京市
分城乡建筑面积需求增量（二）（单位：万平方米）

| 年份 | 城镇9高 | | | 城镇12高 | | | 城镇9中 | | | 城镇12中 | | |
---	峰年	谷年	均值	峰年	谷年	均值	峰年	谷年	均值	峰年	谷年	均值
中—低	38.75	9.12	26.04	34.99	8.23	23.51	32.83	7.72	22.06	30.92	7.27	20.78
高—低	91.59	21.55	61.54	82.70	19.45	55.57	77.59	18.25	52.14	73.09	17.19	49.11
高—中	52.84	12.43	35.51	47.71	11.22	32.06	44.76	10.53	30.08	42.17	9.92	28.33

相比之下，乡村园所建筑面积需求增量是相对较小的。与"全面二孩"政策低方案相比，中方案将年均带来约3.8万平方米、3.4万平方米、3.2万平

方米和 2.9 万平方米的需求量，而高方案将年均将带来约 8.3 万平方米、7.5 万平方米、7 万平方米和 6.3 万平方米的需求量。相较"全面二孩"政策中方案，高方案将年均新增约 4.5 万平方米、4.1 万平方米、3.8 万平方米和 3.4 万平方米的需求量，详见表 5-44。

表 5-44　2019—2029 年不同人口预测方案下北京市

分城乡建筑面积需求增量(三)(单位：万平方米)

年份	乡村 6 高			乡村 9 高			乡村 6 中			乡村 9 中		
	峰年	谷年	均值	峰年	谷年	均值	峰年	谷年	均值	峰年	谷年	均值
中—低	5.32	1.41	3.76	4.79	1.27	3.39	4.47	1.19	3.16	4.06	1.08	2.87
高—低	11.70	3.10	8.27	10.54	2.80	7.45	9.83	2.61	6.95	8.93	2.37	6.31
高—中	6.38	1.69	4.51	5.75	1.52	4.07	5.36	1.42	3.79	4.87	1.29	3.44

(3)幼儿园活动室面积需求。

单设活动室较合设活动室将带来更多需求增量，随着人口预测方案中在园生人数的增加，对活动室的需求增量的增长时期将有所延长。当幼儿园每班单独设立活动室时，相较"全面二孩"政策低方案，中方案将年均带来约 4.8 万平方米、4.2 万平方米和 0.6 万平方米的需求增量，而高方案将年均带来约 11.2 万平方米、10 万平方米和 1.2 万平方米的需求增量。相较"全面二孩"政策中方案，高方案将年均新增约 6.4 万平方米、5.8 万平方米和 0.7 万平方米的需求增量，详见表 5-45。

表 5-45　2019—2029 年不同人口预测方案下北京市

分城乡单设活动室需求增量(单位：万平方米)

方案	总体			城镇			乡村		
	峰年	谷年	均值	峰年	谷年	均值	峰年	谷年	均值
中—低	7.08	1.69	4.78	6.30	1.48	4.23	0.78	0.21	0.55
高—低	16.60	3.96	11.21	14.89	3.50	10.00	1.71	0.45	1.21
高—中	9.52	2.27	6.43	8.59	2.02	5.77	0.93	0.25	0.66

当幼儿园每班将活动室与寝室合设时，相较"全面二孩"政策低方案，中方案将每年带来约 4 万平方米、3.5 万平方米和 0.5 万平方米的需求增量，而高方案将每年带来约 9.3 万平方米、8.3 万平方米和 1 万平方米的需求增量。相较"全面二孩"政策中方案，高方案将年均新增约 5.4 万平方米、4.8 万平方米和 0.6 万平方米的需求量，详见表 5-46。

表 5-46　2019—2029 年不同人口预测方案下北京市
分城乡合设活动室需求增量(单位：万平方米)

方案	总体			城镇			乡村		
	峰年	谷年	均值	峰年	谷年	均值	峰年	谷年	均值
中—低	5.90	1.41	3.98	5.25	1.23	3.53	0.65	0.17	0.46
高—低	13.83	3.30	9.34	12.40	2.92	8.33	1.43	0.38	1.01
高—中	7.93	1.89	5.36	7.16	1.68	4.81	0.78	0.21	0.55

(4)幼儿园户外场地面积需求。

随着园所规模的扩大，班级数的增多，相应户外场地需求的增量也会有所缩减；随着户外场地面积标准的提高，不同规模的幼儿园户外场地需求增量将有所提高；随着人口预测方案在园生规模的扩大，幼儿园户外场地需求量会逐级递增，且延长一定的增长期限。具体来看，当总体参照不同班级和配置标准时，相较"全面二孩"政策低方案，按照增量从大到小呈现，中方案将年均新增户外场地面积需求量约 10 万平方米、9.6 万平方米、8.7 万平方米和 8.3 万平方米，而高方案将年均带来约 23.4 万平方米、22.4 万平方米、20.3 万平方米和 19.4 万平方米的需求增量。相较"全面二孩"政策中方案，高方案将年均新增约 13.4 万平方米、12.9 万平方米、11.6 万平方米和 11.1 万平方米的需求量，详见表 5-47。

表 5-47　2019—2029 年不同人口预测方案下北京市
分城乡户外场地需求增量情况(一)(单位：万平方米)

年份	总体 9 高			总体 12 高			总体 9 中			总体 12 中		
	峰年	谷年	均值	峰年	谷年	均值	峰年	谷年	均值	峰年	谷年	均值
中—低	14.78	3.53	9.99	14.20	3.39	9.59	12.81	3.06	8.66	12.23	2.92	8.27
高—低	34.66	8.26	23.42	33.30	7.94	22.49	30.05	7.16	20.30	28.69	6.84	19.38
高—中	19.89	4.74	13.43	19.10	4.55	12.90	17.24	4.11	11.64	16.46	3.92	11.12

其中，在"全面二孩"政策中方案下，城镇幼儿园的户外场地面积将比低方案年均新增约 8.8 万平方米、8.5 万平方米、7.7 万平方米和 7.3 万平方米的需求量，而高方案将年均新增约 20.9 万平方米、20 万平方米、18.1 万平方米和 17.3 万平方米的需求量。相较"全面二孩"政策中方案，城镇高方案将年均新增约 12.1 万平方米、11.6 万平方米、10.5 万平方米和 10 万平方米的需求量，详见表 5-48。

表 5-48　2019—2029 年不同人口预测方案下北京市

分城乡户外场地需求增量情况（二）（单位：万平方米）

年份	城镇9高			城镇12高			城镇9中			城镇12中		
	峰年	谷年	均值	峰年	谷年	均值	峰年	谷年	均值	峰年	谷年	均值
中—低	13.15	3.09	8.84	12.63	2.97	8.49	11.40	2.68	7.66	10.88	2.56	7.31
高—低	31.09	7.31	20.89	29.86	7.02	20.07	26.95	6.34	18.11	25.73	6.05	17.29
高—中	17.94	4.22	12.05	17.23	4.05	11.58	15.55	3.66	10.45	14.84	3.49	9.97

相比之下，乡村幼儿园的户外场地需求增量是相对较小的。与"全面二孩"政策低方案相比，中方案将年均新增约 1.2 万平方米、1.2 万平方米、1.1 万平方米和 1 万平方米的需求量，而高方案将年均新增约 2.8 万平方米、2.5 万平方米、2.4 万平方米和 2.2 万平方米的需求量。相较"全面二孩"政策中方案，高方案将年均新增约 1.5 万平方米、1.4 万平方米、1.3 万平方米和 1.2 万平方米的需求量，详见表 5-49。

表 5-49　2019—2029 年不同人口预测方案下北京市

分城乡户外场地需求增量情况（三）（单位：万平方米）

年份	乡村6高			乡村9高			乡村6中			乡村9中		
	峰年	谷年	均值	峰年	谷年	均值	峰年	谷年	均值	峰年	谷年	均值
中—低	1.75	0.47	1.24	1.63	0.43	1.15	1.54	0.41	1.09	1.41	0.37	1.00
高—低	3.86	1.02	2.73	3.58	0.95	2.53	3.38	0.90	2.39	3.10	0.82	2.19
高—中	2.11	0.56	1.49	1.95	0.52	1.38	1.85	0.49	1.30	1.69	0.45	1.20

3. 幼儿园玩教具需求

（1）幼儿图书需求。

随着标准的提高，对幼儿园图书的生均需求量会有所增加；随着不同人口预测方案中在园生规模的扩大，对幼儿园图书的总体需求量会有所增加。按照一般标准，相较"全面二孩"政策低方案，中方案将年均带来约 19 万册、16 万册和 2 万册的需求增量，而高方案将年均带来约 44 万册、39 万册和 5 万册的需求增量。相较"全面二孩"政策中方案，高方案将年均新增约 25 万册、22 万册和 3 万册的需求量，详见表 5-50。

表 5-50　2019—2029 年不同人口预测方案下北京市
分城乡一般标准图书需求增量(一)(单位：万册)

方案	总体			城镇			乡村		
	峰年	谷年	均值	峰年	谷年	均值	峰年	谷年	均值
中—低	27.52	6.56	18.60	24.49	5.76	16.46	3.03	0.80	2.14
高—低	64.55	15.38	43.61	57.89	13.62	38.90	6.66	1.77	4.71
高—中	37.03	8.82	25.01	33.40	7.86	22.44	3.63	0.96	2.57

按照较高标准，相"全面二孩"政策低方案，中方案将年均带来约 32 万册、28 万册和 4 万册的增量，而高方案将年均带来约 75 万册、67 万册和 8 万册的增量。相较"全面二孩"政策中方案，高方案将年均新增约 43 万册、38 万册和 4 万册的需求量，详见表 5-51。

表 5-51　2019—2029 年不同人口预测方案下北京市
分城乡较高标准图书需求增量(二)(单位：万册)

年份	总体			城镇			乡村		
	峰年	谷年	均值	峰年	谷年	均值	峰年	谷年	均值
中—低	47.17	11.25	31.88	41.98	9.88	28.21	5.19	1.38	3.67
高—低	110.65	26.37	74.75	99.23	23.34	66.68	11.42	3.03	8.07
高—中	63.48	15.12	42.87	57.25	13.47	38.47	6.23	1.65	4.40

(2)幼儿园玩教具需求。

随着园所规模的扩大，所需幼儿园数量的相对减少，相应玩教具的需求增量也会有所缩减；随着玩教具标准的提高，不同规模的幼儿园玩教具需求增量将有所提高；随着不同人口预测方案中在园生规模的扩大，对玩教具的需求量会有所提高。具体来看，当总体参照不同班级和配置标准时，相较"全面二孩"政策低方案，按照增量从大到小呈现，中方案将年均新增幼儿园玩教具需求约 26 万件、25 万件、20 万件和 20 万件，而高方案将年均带来约 60 万件、59 万件、47 万件和 46 万件的需求增量。相较"全面二孩"政策中方案，高方案年均新增约 35 万件、34 万件、27 万件和 26 万件的需求量，详见表 5-52。

表 5-52　2019—2029 年不同人口预测方案下北京市

分城乡玩教具需求增量(一)(单位：万件)

年份	总体9高			总体12高			总体9中			总体12中		
	峰年	谷年	均值	峰年	谷年	均值	峰年	谷年	均值	峰年	谷年	均值
中一低	38.16	9.10	25.79	37.44	8.93	25.30	29.70	7.09	20.07	29.04	6.93	19.62
高一低	89.51	21.33	60.47	87.83	20.93	59.33	69.67	16.60	47.07	68.11	16.23	46.01
高一中	51.35	12.23	34.68	50.39	12.00	34.03	39.97	9.52	26.99	39.07	9.31	26.39

其中，相比"全面二孩"政策低方案，城镇中方案下将每年新增约 23 万件、22 万件、18 万件和 17 万件的需求量，而高方案将年均新增约 54 万件、53 万件、42 万件和 41 万件的需求量。相较"全面二孩"政策中方案，城镇高方案将年均新增约 31.1 万件、30.5 万件、24.2 万件和 23.7 万件的需求量，详见表 5-53。

表 5-53　2019—2029 年不同人口预测方案下北京市分城乡玩教具需求增量(二)(单位：万件)

年份	城镇9高			城镇12高			城镇9中			城镇12中		
	峰年	谷年	均值	峰年	谷年	均值	峰年	谷年	均值	峰年	谷年	均值
中一低	33.96	7.99	22.82	33.32	7.84	22.39	26.43	6.22	17.76	25.84	6.08	17.36
高一低	80.28	18.88	53.94	78.77	18.53	52.93	62.48	14.70	41.98	61.08	14.37	41.04
高一中	46.31	10.89	31.12	45.44	10.69	30.53	36.05	8.48	24.22	35.24	8.29	23.68

相比之下，乡村园所玩教具需求增量是相对较小的。与"全面二孩"政策低方案相比，乡村中方案将年均带来约 3.1 万件、3 万件、2.4 万件和 2.3 万件的需求量，而高方案将年均带来约 6.8 万件、6.5 万件、5.4 万件和 5.1 万件的需求量。相较"全面二孩"政策中方案，高方案将年均新增约 3.7 万件、3.6 万件、2.9 万件和 2.8 万件的需求量，详见表 5-54。

表 5-54　2019—2029 年不同人口预测方案下北京市分城乡玩教具需求增量(三)(单位：万件)

年份	乡村6高			乡村9高			乡村6中			乡村9中		
	峰年	谷年	均值	峰年	谷年	均值	峰年	谷年	均值	峰年	谷年	均值
中一低	4.40	1.17	3.11	4.20	1.11	2.97	3.46	0.92	2.44	3.27	0.87	2.31
高一低	9.68	2.57	6.84	9.24	2.45	6.53	7.60	2.02	5.37	7.19	1.91	5.08
高一中	5.28	1.40	3.73	5.04	1.34	3.56	4.15	1.10	2.93	3.92	1.04	2.77

(3)幼儿园玩教具成本预算。

随着园所规模的扩大，对应幼儿园数量的减少，玩教具的成本增量将有所减少；随着玩教具标准的提高，不同规模的幼儿园玩教具成本增量将有所提高；随着不同人口预测方案在园生规模的扩大，所需玩教具成本将有所提高。具体来看，当总体参照不同班级和配置标准时，相较"全面二孩"政策低方案，按照增量从大到小呈现，中方案将年均新增玩教具成本 0.5 千万元、0.48 千万元、0.23 千万元和 0.22 千万元，而高方案将年均带来 1.17 千万元、1.14 千万元、0.55 千万元和 0.52 千万元的增量。相较"全面二孩"政策中方案，高方案将年均新增 0.67 千万元、0.65 千万元、0.31 千万元和 0.3 千万元的成本，详见表 5-55。

表 5-55　2019—2029 年不同人口预测方案下北京市分城乡玩教具成本增量（一）（单位：千万元）

年份	总体 9 高			总体 12 高			总体 9 中			总体 12 中		
	峰年	谷年	均值	峰年	谷年	均值	峰年	谷年	均值	峰年	谷年	均值
中—低	0.74	0.18	0.50	0.72	0.17	0.48	0.35	0.08	0.23	0.33	0.08	0.22
高—低	1.73	0.41	1.17	1.68	0.40	1.14	0.81	0.19	0.55	0.77	0.18	0.52
高—中	0.99	0.24	0.67	0.97	0.23	0.65	0.47	0.11	0.31	0.44	0.11	0.30

其中，相较"全面二孩"政策低方案，城镇中方案将年均新增 0.44 千万元、0.43 千万元、0.21 千万元和 0.2 千万元的成本，而高方案将年均新增 1.04 千万元、1.01 千万元、0.49 千万元和 0.46 千万元的成本。相较"全面二孩"政策中方案，城镇高方案将年均新增 0.6 千万元、0.58 千万元、0.28 千万元和 0.27 千万元的成本，详见表 5-56。相比之下，乡村幼儿园的玩教具成本增量是相对较小的。与"全面二孩"政策低方案相比，乡村中方案将年均带来 0.06 千万元、0.06 千万元、0.03 千万元和 0.03 千万元的成本，而高方案将年均带来 0.13 千万元、0.13 千万元、0.06 千万元和 0.06 千万元的成本。相较"全面二孩"政策中方案，高方案将年均新增 0.07 千万元、0.07 千万元、0.03 千万元和 0.03 千万元的成本，详见表 5-57。

表 5-56　2019—2029 年不同人口预测方案下北京市分城乡玩教具成本增量（二）（单位：千万元）

年份	城镇 9 高			城镇 12 高			城镇 9 中			城镇 12 中		
	峰年	谷年	均值	峰年	谷年	均值	峰年	谷年	均值	峰年	谷年	均值
中—低	0.65	0.15	0.44	0.64	0.15	0.43	0.31	0.07	0.21	0.29	0.07	0.20
高—低	1.55	0.36	1.04	1.51	0.35	1.01	0.73	0.17	0.49	0.69	0.16	0.46
高—中	0.89	0.21	0.60	0.87	0.20	0.58	0.42	0.10	0.28	0.40	0.09	0.27

表 5-57   2019—2029 年不同人口预测方案下北京市分城乡玩教具成本增量（三）（单位：千万元）

年份	乡村6高			乡村9高			乡村6中			乡村9中		
	峰年	谷年	均值	峰年	谷年	均值	峰年	谷年	均值	峰年	谷年	均值
中—低	0.08	0.02	0.06	0.09	0.02	0.06	0.04	0.01	0.03	0.04	0.01	0.03
高—低	0.18	0.05	0.13	0.19	0.05	0.13	0.08	0.02	0.06	0.09	0.02	0.06
高—中	0.10	0.03	0.07	0.10	0.03	0.07	0.05	0.01	0.03	0.05	0.01	0.03

（二）学前教育人力资源配置预测量的比较分析

1. 幼儿园师资数量需求

随着不同人口预测方案中在园生规模的扩大、师幼比的提高，对专任教师的需求量将有所增加。按照一般标准，相较"全面二孩"政策低方案，中方案将年均带来 2952 人、2612 人和 340 人的需求增量，而高方案将年均带来 6921 人、6174 人和 748 人的需求增量。相较"全面二孩"政策中方案，高方案年均新增需求量 3970 人、3562 人和 408 人，详见表 5-58。

表 5-58   2019—2029 年不同人口预测方案下北京市分城乡一般标准师资需求增量（单位：人）

年份	总体			城镇			乡村		
	峰年	谷年	均值	峰年	谷年	均值	峰年	谷年	均值
中—低	4 368	1 042	2 952	3 887	914	2 612	481	128	340
高—低	10 246	2 442	6 921	9 188	2 161	6 174	1 057	281	748
高—中	5 878	1 400	3 970	5 301	1 247	3 562	577	153	408

按照较高标准，相较"全面二孩"政策低方案，中方案将年均带来 3795 人、3358 人和 437 人的需求增量，而"全面二孩"政策高方案将年均带来 8889 人、7938 人和 961 人的需求增量。相较"全面二孩"政策中方案，高方案将年均新增需求量 5104 人、4580 人和 524 人，详见表 5-59。

表 5-59   2019—2029 年不同人口预测方案下北京市分城乡较高标准师资需求增量（单位：人）

年份	总体			城镇			乡村		
	峰年	谷年	均值	峰年	谷年	均值	峰年	谷年	均值
中—低	5 616	1 340	3 795	4 998	1 176	3 358	618	164	437
高—低	13 173	3 140	8 899	11 814	2 779	7 938	1 359	361	961
高—中	7 557	1 800	5 104	6 816	1 603	4 580	742	197	524

2. 幼儿园师资学历需求

随着专任教师数量需求的提高，对相应学历师资的需求量将有所提高；

随着师资学历比重标准的提高，对相应学历师资的需求量将有所提高；随着不同人口预测方案在园生规模的扩大，对相应学历师资的需求量将有所提高。具体来看，相较"全面二孩"政策低方案，按照增量从大到小呈现，中方案将年均新增需求量 0.32 万人、0.3 万人、0.25 万人和 0.24 万人，而高方案将年均带来 0.76 万人、0.71 万人、0.59 万人和 0.55 万人的需求增量。相较"全面二孩"政策中方案，高方案将年均新增 0.43 万人、0.41 万人、0.34 万人和 0.32 万人的需求量，详见表 5-60。

表 5-60　2019—2029 年不同人口预测方案下北京市
分城乡师资学历需求增量情况（一）（单位：万人）

年份	总体好高			总体好中			总体一高			总体一中		
	峰年	谷年	均值	峰年	谷年	均值	峰年	谷年	均值	峰年	谷年	均值
中—低	0.48	0.11	0.32	0.45	0.11	0.30	0.37	0.09	0.25	0.35	0.08	0.24
高—低	1.12	0.27	0.76	1.05	0.25	0.71	0.87	0.21	0.59	0.82	0.20	0.55
高—中	0.64	0.15	0.43	0.60	0.14	0.41	0.50	0.12	0.34	0.47	0.11	0.32

其中，在"全面二孩"政策中方案下，城镇的需求量比低方案时年均新增 0.29 万人、0.27 万人、0.22 万人和 0.21 万人，而高方案将年均新增 0.67 万人、0.64 万人、0.52 万人和 0.49 万人的需求量。相较"全面二孩"政策中方案，高方案将年均新增 0.39 万人、0.37 万人、0.3 万人和 0.28 万人的需求量，详见表 5-61。

表 5-61　2019—2029 年不同人口预测方案下北京市
分城乡师资学历需求增量情况（二）（单位：万人）

年份	城镇好高			城镇好中			城镇一高			城镇一中		
	峰年	谷年	均值	峰年	谷年	均值	峰年	谷年	均值	峰年	谷年	均值
中—低	0.42	0.10	0.29	0.40	0.09	0.27	0.33	0.08	0.22	0.31	0.07	0.21
高—低	1.00	0.24	0.67	0.95	0.22	0.64	0.78	0.18	0.52	0.74	0.17	0.49
高—中	0.58	0.14	0.39	0.55	0.13	0.37	0.45	0.11	0.30	0.42	0.10	0.28

相比之下，乡村幼儿园的师资学历需求增量是相对较小的。与"全面二孩"政策低方案相比，中方案将年均新增 0.03 万～0.04 万人的需求量，而高方案将年均新增 0.06 万～0.08 万人的需求量。相较"全面二孩"政策中方案，高方案将年均新增 0.03 万～0.04 万人的需求量，详见表 5-62。

表 5-62 2019—2029 年不同人口预测方案下北京市
分城乡师资学历需求增量情况（三）（单位：万人）

年份	乡村好高			乡村好中			乡村一高			乡村一中		
	峰年	谷年	均值	峰年	谷年	均值	峰年	谷年	均值	峰年	谷年	均值
中一低	0.05	0.01	0.04	0.05	0.01	0.03	0.04	0.01	0.03	0.04	0.01	0.03
高一低	0.12	0.03	0.08	0.11	0.03	0.08	0.09	0.02	0.06	0.08	0.02	0.06
高一中	0.06	0.02	0.04	0.06	0.02	0.04	0.05	0.01	0.03	0.05	0.01	0.03

（三）学前教育财力资源配置预测量的比较分析

1. 公共财政预算学前教育经费支出需求

随着享有公共财政支持的幼儿园比例的提高，对公共财政预算学前教育经费支出的需求量会逐渐增加；随着不同人口预测方案下在园生规模的扩大，所需的幼儿园数量增加，对公共财政预算学前教育经费支出的需求量也会不断增加。在 50％的幼儿园享受公共财政支持情况下，相较"全面二孩"政策低方案，总体和城乡的中方案将年均新增需求量约 2.2 亿元、1.9 亿元和 0.3 亿元，而总体和城乡的高方案将年均新增需求量约 5.1 亿元、4.6 亿元和 0.6 亿元。相比"全面二孩"政策中方案，总体和城乡的高方案将年均新增需求量约 2.9 亿元、2.6 亿元和 0.3 亿元，详见表 5-63。

表 5-63 2019—2029 年不同人口预测方案下北京市
分城乡财政预算学前经费需求（一）（单位：亿元）

年份	总体基本水平			城镇基本水平			乡村基本水平		
	峰年	谷年	均值	峰年	谷年	均值	峰年	谷年	均值
中一低	3.24	0.77	2.19	2.87	0.67	1.93	0.37	0.10	0.26
高一低	7.59	1.81	5.13	6.79	1.60	4.56	0.80	0.21	0.57
高一中	4.35	1.04	2.94	3.92	0.92	2.63	0.44	0.12	0.31

在 65％的幼儿园享受公共财政支持情况下，相较"全面二孩"政策低方案，总体和城乡的中方案将年均新增需求量约 2.8 亿元、2.5 亿元和 0.3 亿元，而总体和城乡的高方案将年均新增需求量约 6.7 亿元、5.9 亿元和 0.7 亿元。相比"全面二孩"政策中方案，总体和城乡的高方案将年均新增需求量约 3.8 亿元、3.4 亿元和 0.4 亿元，详见表 5-64。

表 5-64　2019—2029 年不同人口预测方案下北京市

分城乡财政预算学前经费需求（二）（单位：亿元）

年份	总体中等水平			城镇中等水平			乡村中等水平		
	峰年	谷年	均值	峰年	谷年	均值	峰年	谷年	均值
中—低	4.21	1.00	2.84	3.73	0.88	2.51	0.48	0.13	0.34
高—低	9.87	2.35	6.66	8.82	2.07	5.93	1.05	0.28	0.74
高—中	5.66	1.35	3.82	5.09	1.20	3.42	0.57	0.15	0.40

在 80% 的幼儿园享受公共财政支持情况下，相较"全面二孩"政策低方案，总体和城乡的中方案将年均新增需求量约 3.5 亿元、3.1 亿元和 0.4 亿元，而总体和城乡的高方案将年均新增需求量约 8.2 亿元、7.3 亿元和 0.9 亿元。相比"全面二孩"政策中方案，总体和城乡的高方案将年均新增需求量约 4.7 亿元、4.2 亿元和 0.5 亿元，详见表 5-65。

表 5-65　2019—2029 年不同人口预测方案下北京市

分城乡财政预算学前经费需求（三）（单位：亿元）

年份	总体较高水平			城镇较高水平			乡村较高水平		
	峰年	谷年	均值	峰年	谷年	均值	峰年	谷年	均值
中—低	5.18	1.23	3.50	4.59	1.08	3.09	0.58	0.16	0.41
高—低	12.14	2.89	8.20	10.86	2.55	7.29	1.29	0.34	0.91
高—中	6.97	1.66	4.70	6.26	1.47	4.21	0.70	0.19	0.50

2. 幼儿园保教费需求

随着不同人口预测方案下在园生规模的扩大，对保教费的需求量会逐渐增加。相较"全面二孩"政策低方案，采取中方案，总体和城乡幼儿园保教费将年均分别新增约 1.9 亿元、1.7 亿元和 0.2 亿元，而高方案将年均分别新增约 4.5 亿元、4 亿元和 0.5 亿元。相较"全面二孩"政策中方案，高方案将年均分别新增约 2.6 亿元、2.3 亿元和 0.3 亿元，详见表 5-66。

表 5-66　2019—2029 年不同人口预测方案下北京市

分城乡保教费需求增量情况（单位：亿元）

年份	总体			城镇			乡村		
	峰年	谷年	均值	峰年	谷年	均值	峰年	谷年	均值
中—低	2.84	0.68	1.92	2.53	0.59	1.70	0.31	0.08	0.22
高—低	6.66	1.59	4.50	5.97	1.40	4.01	0.69	0.18	0.49
高—中	3.82	0.91	2.58	3.44	0.81	2.31	0.37	0.10	0.26

（四）学前教育资源配置的预测量与存量的比较分析

"全面二孩"政策的实施可能带来不小的人口增量，而新增在园幼儿带来的学前教育资源需求能否得到满足，这取决于现有学前人口和学前教育资源配置的情况。因而，有必要比较分析人口和资源存量与增量之间的关系，探讨学前教育资源存量能否满足新增需求。

1. 在园幼儿：未来入园幼儿数量将在短期内激增，对托幼服务造成压力

2014年，北京市的在园幼儿数量约为36.5万人。由表5-67可知，按照不同方案预测在园幼儿数，在园幼儿数量均高于在园幼儿数存量。从低方案到高方案，北京市未来（2019—2029年）一年的在园幼儿数量将比现有在园生数量最多高出约84.6万人，最少也高出约19.9万人。按照不同方案，平均高出约40.4万人、49.9万人和62.6万人。可见，实施"全面二孩"政策后，北京市在园生的增量非常大，而相应的学前教育资源需求也会进一步增加。

表5-67 2019—2029年不同人口预测方案下北京市在园幼儿增量情况（单位：人）

方案	总体		
	峰年	谷年	均值
低—存	527 928	199 416	404 184
中—存	663 688	295 656	498 680
高—存	846 336	340 375	625 779

注：除了所有高方案的谷值年在2019年以外，其他所有方案对应的增量峰年均为2024年，谷年均为2029年。如果以下表格峰谷年没有额外说明，那么均同此表。

2. 幼儿园：存量和需量之间存在巨大差距，"入园难"问题加重

2014年，北京市有1426所幼儿园，同比去年增长3.03%。采用预测的预案所需求量与园所存量相比，如果按照现有班级设置（即总体园均9班规模），从低方案到高方案，将在一年里分别带来664~1 881所、1 021~2 384所、1 186~3 060所的园数增额，均值分别为1 423所、1 773所和2 243所。即使减少新建园所数量，改扩建已有园所，增加班级数量，按总体12班规模计算，那么相较幼儿园存量，从低方案到高方案，一年时间新增幼儿园将在142~1 054所、409~1 431所和533~1 939所之间徘徊，均值分别为710所、973所和1 326所，详见表5-68。

表 5-68　2019—2029 年不同人口预测方案下北京市所需园所增量情况（单位：所）

方案	总体 9 班			总体 12 班		
	峰年	谷年	均值	峰年	谷年	均值
低一存	1 881	664	1 423	1 054	142	710
中一存	2 384	1 021	1 773	1 431	409	973
高一存	3 060	1 186	2 243	1 939	533	1 326

3.专任教师：现有师幼比较低，未来师资需求将强化这一趋势

幼儿园保教人员是直接负责幼儿日常保教工作的实践者，其数量的充足性将是保证在园幼儿获得充分保教服务的人力基础。根据 2014 年的统计数据，北京市的幼儿园专任教师约为 3.2 万人，同比去年增长 10.02%，师幼比为 1：12。如表 5-69 所示，按照不同师幼比标准，对照幼儿园专任教师存量，低方案将年均带来约 5.4 万人和 7.8 万人的需求增量，中方案将年均带来约 6.4 万人和 9.2 万人的需求增量，高方案将年均新增约 7.8 万人和 11 万人的需求量。"全面二孩"政策实施以后，对专任教师数量的需求增大。总体上，幼儿园专任教师存量与需量之间的缺口很大。

表 5-69　2019—2029 年不同人口预测方案下北京市所需专任教师增量情况（单位：人）

方案	总体一般			总体较高		
	峰年	谷年	均值	峰年	谷年	均值
低一存	67 517	31 016	53 768	95 863	48 932	78 185
中一存	82 602	41 709	64 267	115 257	62 681	91 684
高一存	102 896	46 678	78 389	141 349	69 069	109 841

4.公共财政投入：实际投入缺口拉大，难以满足学前教育发展需求

2013 年，北京市学前教育总投入中的国家财政性学前教育经费为 51.23 亿元，占总投入的 63% 左右，较之前比重有所下降，但是绝对总量在增长。公共财政预算学前教育经费为 30.3 亿元，公共财政学前教育支出为 35.86 亿元，占当地公共财政支出和 GDP 的比重的 0.59% 和 0.18%。目前，北京市总体的生均公共财政预算学前教育经费为 16460.53 元，据此算出当年的公共财政预算学前教育经费是 57.39 亿元。在不同比例的幼儿园享受公共财政支持情况下，与现有公共财政预算学前教育经费相比，低方案将年均新增需求量约 5.9 亿元、24.9 亿元和 43.9 亿元，中方案将年均新增需求量约 13.7 亿元、35 亿元和 56.3 亿元，高方案将年均新增需求量约 24.2 亿元、48.6 亿元和 73.1 亿元，详见表 5-70。

表 5-70　2019—2029 年不同人口预测方案下北京市财政预算学前经费需求（单位：亿元）

年份	总体基本水平			总体中等水平			总体较高水平		
	峰年	谷年	均值	峰年	谷年	均值	峰年	谷年	均值
低一存	16.09	−10.95	5.91	38.14	2.99	24.90	60.18	16.92	43.89
中一存	27.27	−3.02	13.68	52.66	13.29	35.01	78.06	29.60	56.33
高一存	42.30	0.66	24.15	72.21	18.07	48.61	102.11	35.49	73.07

第三节　有二孩生育意愿家庭的学前教育需求研究

随着社会的发展和公民素质的提高，教育服务方式和教育服务质量越来越受到人们的关注。人口新政下的学前教育需求，最直接的受益人群和内部利益相关者是符合条件的家庭。近些年来，"入园难""入园贵"问题突出，尤其在城区，这在一定程度上反映了学前教育供求关系的失衡。人口新政下适龄婴幼儿数的增加，将进一步激化这两个问题。学前教育作为公共服务体系，其内涵包括政府主导、主体多元，为家庭提供多种选择，这与不同层次家长的不同学前教育需求相适应。不仅学前教育的服务主体多元化，学前教育的服务方式也要多样化，要保证能够提供更加优质的服务。因此，学前教育在提升硬件水平的同时，还要兼顾教育文化的软实力，从教育理念、教师专业素养等方面实现教育的更好发展，更好地应对学前教育需求。"全面二孩"政策的来临无疑将会提高学前教育需求，那么学前教育能否供应得上？达到何种程度的供给才能满足学前教育需求呢？增强学前教育资源面对人口增长的承受力，满足教育需求，实现人口与教育的和谐发展、教育的可持续发展，是我们当前亟待探索和研究的重大课题。政府、教育部和学前教育相关部门，应积极听取利益相关家庭的诉求，他们对学前教育的切实考虑和需求，对于学前教育配套政策的制定有极大的参考价值和推动力，能够有效促进学前教育的可持续发展。

基于此，本节采用访谈法和问卷调查法，以北京市"全面二孩"政策家庭为研究对象，兼顾城区和郊区，共获得 16 个访谈样本和 643 个问卷样本，通过调查这些有二孩生育意愿家庭的学前教育需求和政策期待，为人口配套措施的完善提供更为合理和有效的实证依据。

一、丰富教育服务方式、提高教育服务质量的学前教育需求

广义上来说，学前教育是指0~6岁婴幼儿的学龄前教育，既包括早期教育服务，也包括幼儿园教育服务。除此之外，社会力量如社区、家长群体等也可以发挥学前教育服务功能，政府在学前教育事业发展中更是起到主导作用。所以，家庭对学前教育的需求包括对托幼机构、社会力量和政府的需求。

（一）家庭对早期教育服务的需求

调查发现，有些家长并不希望接受早期教育服务，而有些家庭支持幼儿接受外界的早期教育服务。对于后者，家庭的早期教育服务需求包括对其服务形式、服务方式、服务时间、服务频次和服务费用等方面的需求。

1. 家庭对早期教育服务形式的需求

调查发现，将近一半的家庭希望将孩子送到幼儿园亲子班接受早期教育服务，其次是比较看好早教中心和离家近、有资质的看护点，分别占20.3%和18.3%，而社区早教的选择率较低，仅占12.4%，详见表5-71。从访谈中也可了解到，家庭对幼儿园亲子班较为熟悉和认可，需求较高。我国0~3岁的婴幼儿看护点和公益性质的社区早教基地偏少，有很多家庭对此并不了解，导致对他们这两类早教形式的需求较少。早教中心的市场乱象较多，家庭对其需求程度也不高。还有少部分家庭明确表示不希望也不需要孩子上早教班，认为对孩子进行家庭教育即可，即"父母教育最重要"。

表5-71　家庭对早期教育服务形式的需求（N＝202，单位：%）

城乡	早期教育形式					
	幼儿园亲子班	离家近、有资质的看护点	社区早教	早教中心	其他	合计
城区	44.1	9.9	14.4	25.2	6.3	100.0
郊区	40.7	28.6	9.9	14.3	6.6	100.0
合计	42.6	18.3	12.4	20.3	6.4	100.0

注：Pearson卡方＝13.432**，P＝0.009。

进一步卡方检验发现，不同城乡家庭对早期教育服务形式的需求有显著差异（0.01＞P＞0.001）。城区家庭对幼儿园亲子班、早教中心和社区早教的需求较高，且与郊区家庭相比，后两者的需求较大；郊区家庭对幼儿园亲子班、离家近且有资质的看护点的需求较大。总的来看，除了幼儿园亲子班，城区和郊区家庭对其他形式的早期教育服务都有较大的差异，详见表5-71。

这大概是因为城区有更多的早教中心，且费用较高，城区家庭有更多的机会和条件选择早教中心；城区的社区发展较好，社区早教资源较易获得。而郊区家庭能够选择和承担较高费用的早教中心不多，且社区早教的发展不够成熟，不得不将寻求幼儿园亲子班，也对离家近、有资质的看护点有较为迫切的需求。

当家庭附近没有合适的托幼机构时，家庭是否愿意将孩子送到附近有资质的看护点呢？调查发现，约一半的家庭对这种机构表示支持和肯定，对其明确表示"很不愿意"和"无所谓"态度的家庭共占 14.8%，但依然有 35.5% 的家庭表示"不太愿意"，详见表 5-72。由此可见，我国托管机构仍待规范和完善。正如在访谈中了解到的，双职工家庭表示"孩子入园前有正规的托管机构"，这样既缓解了家庭照看和教养孩子的时间和精力压力，也让家长们放心。

表 5-72　家庭对家附近有资质的看护点的需求

	非常愿意	比较愿意	不太愿意	很不愿意	无所谓	合计
N	42	59	72	19	11	203
百分比	20.7%	29.1%	35.5%	9.4%	5.4%	100.0%

那么，家庭对托管机构的看护服务（包括临时看护）有哪些需求呢？调查发现，看护孩子的安全、培养兴趣爱好是家庭的主要需求，分别占 83.3% 和 76.8%；其次是提供游戏场所，占 52.7%；而提供餐饮点心和科学启蒙的需求不足一半，详见表 5-73。

表 5-73　家庭对托管机构的看护服务需求

		看护孩子的安全	提供餐饮点心	提供游戏场所	培养兴趣爱好	科学启蒙	其他	合计
响应	N	169	98	107	156	92	1	623
	百分比	27.1%	15.7%	17.2%	25.0%	14.8%	0.2%	100.0%
个案百分比		83.3%	48.3%	52.7%	76.8%	45.3%	0.5%	306.9%

总的来说，希望孩子接受早期教育服务的家庭的心声正如某家长所说，早教机构应该是"科学的、符合孩子成长规律的、有正规手续的机构；如果幼儿园有离家近的亲子班最好"。如果家附近有规范的、有资质的看护点，有一半家庭都乐意接受。家庭对看护点的要求并不高，基本上是确保孩子的安全、培养兴趣爱好、提供游戏场所之类。

2. 家庭对早期教育服务方式、时间和频次的需求

第一，家庭对早期教育服务方式的需求。

调查发现，家庭对早期教育服务方式的需求较为集中和一致，即亲子活动指导是最受家庭欢迎的活动形式，占82.6%；其次是0~3岁育儿讲座，占36.8%。而对孕妈妈讲座和线上咨询等的需求较少，详见表5-74。由此可见，家庭对早期教育服务内容的需求是能够与孩子互动的，是更直接的。亲子活动也一直是早期教育服务最主要的服务方式。

表 5-74　家庭对早期教育服务方式的需求

		孕妈妈讲座	0~3岁育儿讲座	亲子活动指导	线上咨询	其他	合计
响应	N	29	74	166	19	14	302
	百分比	9.6%	24.5%	55.0%	6.3%	4.6%	100.0%
个案百分比		14.4%	36.8%	82.6%	9.5%	7.0%	150.2%

第二，家庭对早期教育服务时间的需求。

家庭对早期教育服务时间的需求不尽相同，大部分家庭指定了具体的服务时间，但也有不少家庭表示任何时间段都行，无所谓。具体来看，有35.0%的家庭倾向于周末上午，其次是12.3%的家庭倾向于工作日上午，而工作日下午和周末下午的需求都相对较少。从上下午来看，上午的需求较高；从工作日和周末来看，周末的需求较高，详见表5-75。

表 5-75　家庭对早期教育服务时间的需求

	工作日上午	工作日下午	周末上午	周末下午	都行，无所谓	合计
N	25	4	71	22	81	203
百分比	12.3%	2.0%	35.0%	10.8%	39.9%	100.0%

第三，家庭对早期教育服务频次的需求。

调查发现，大部分家庭希望孩子一周接受1~3次早期教育，其中1~2次的比例居多，占40.4%，而2~3次的比例为28.1%。希望孩子一周接受3次乃至天天都有早期教育服务的共占18.2%。但也有13.3%的家长表示不需要接受早期教育，详见图5-1，即上文中指出的，对孩子进行家庭教育即可。由此可见，大部分家庭对早期教育服务时间没有过多的需求，这既涉及家长自身的时间问题，又涉及家庭对服务目的的需求。访谈中，很多家长表示他们让孩子上早教班的目的是"提前适应幼儿园""并不希望孩子学多少东

西""主要是与同伴的相处、玩耍"等。所以，家庭对早期教育服务的频次需求并不高。

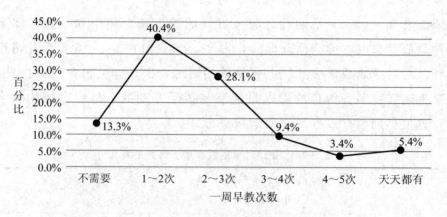

图 5-1　家庭对早期教育服务频次的需求

3. 家庭对早期教育服务费用的需求

教育服务费用是家庭非常看重的一个要素，分析家庭对早期教育服务费用的需求有利于了解家长对此的需求水平，不同家长群体对费用的看法，以及希望并能够承受的费用。

由图 5-2 可知，大多数家庭认为一次课 100 元以下的早期教育服务费用是合适的，并有不少家庭认为早期教育服务应该是公益性质的，应该免费。具体来看，51～100 元所占比例最高，为 36.0%；有 26.6% 的家庭支持早期教育服务免费。对于 100 元以上的服务费用，只有 9.9% 的家庭能够接受 101～150 元，而高于 150 元的服务费用几乎是家庭认为不合适的。由此可见，家庭现在对商业化、高费用的早教机构较为排斥。

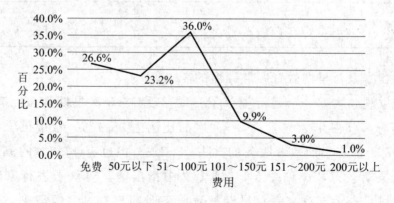

图 5-2　家庭对早期教育服务费用的需求

为进一步探究家庭月平均收入与早期教育服务费用之间的关系，本研究对两者进行了相关分析，发现家庭月平均收入与早期教育服务费用极其相关（P<0.001），详见表 5-76。

表 5-76 家庭月平均收入与早期教育服务费用的相关性

		家庭月平均收入	早期教育服务费用
家庭月平均收入	Pearson 相关性	1	0.293**
	显著性（双侧）		0.000
	N	202	202
早期教育服务费用	Pearson 相关性	0.302**	1
	显著性（双侧）	0.000	
	N	202	203

注：**. 在 0.01 水平（双侧）上显著相关。

通过家庭月平均收入与早期教育服务费用之间的卡方检验和差异性分析发现，两者之间存在极其显著的差异（0.01>P>0.001）。具体来看，家庭收入水平越低，越希望接受免费的早期教育服务，由 14.6％升至 40.6％。早期教育服务费用越高，低收入水平家庭的承受力越低，如服务费用在 51～150 元之间，从低收入家庭到高收入家庭的所占比例由 18.8％飙升至 65.9％，详见表 5-77。

表 5-77 家庭月平均收入与早期教育服务费用的差异性（单位：％）

家庭月平均收入	早期教育服务费用					
	免费	50 元以下	51～100 元	101～150 元	151～200 元	200 元以上
3 000 元以下	40.6	40.6	9.4	9.4	0.0	0.0
3 000～5 000 元	34.2	26.3	28.9	5.3	2.6	2.6
5 001～10 000 元	32.0	18.0	40.0	6.0	2.0	2.0
10 001～20 000 元	14.6	24.4	51.2	7.3	2.4	0.0
20 000 元以上	17.1	9.8	43.9	22.0	7.3	0.0
合计	27.2	22.8	36.1	9.9	3.0	1.0

注：Pearson 卡方＝40.133**，P＝0.005。

（二）家庭对幼儿园教育服务的需求

1. 家庭选择幼儿园的考虑因素

第一，第一个孩子的择园情况。

第一个孩子入园前的择园困难程度，很大程度上会影响家庭对第二个孩子的择园考虑。一般而言，若一孩择园相对容易，那么家庭对二孩的择园压力也较小；若一孩择园相对困难，那么家庭对二孩的择园压力将更大。择校（园）压力大也是政策受益家庭不打算生二孩的考虑之一。

表 5-78　第一个孩子入园前的择园难度

	非常难	比较难	一般	较容易	很容易	合计
N	30	66	72	27	8	203
百分比	14.8%	32.5%	35.5%	13.3%	3.9%	100.0%

调查发现，大部分家庭认为一孩入园前的择园难度并不算难，其中，有35.5%的家庭持"一般"态度。但认为择园难的家庭多于择园易的家庭，分别占47.3%和17.2%，详见表5-78，可见择园难还有待进一步的关注和分析。

调查发现，城乡对一孩入园前的择园难度有显著性差异（0.01＞P＞0.001），城区家庭的择园难度高于郊区家庭的择园难度。具体来看，城区家庭认为择园难度为"非常难"和"比较难"的比例均高于郊区家庭，共占56.7%，而郊区家庭在这两项上的比例共35.9%，详见表5-79。因此，城区家庭的择园压力较大，城区的教育竞争激烈。

表 5-79　不同特征家庭对一孩入园前的择园难度（单位:%）

特征变量		N	一孩入园前的择园难度					P
			非常难	比较难	一般	较容易	很容易	
城乡	城区	111	18.0	38.7	29.7	7.2	6.3	0.002**
	郊区	92	10.9	25.0	42.4	20.7	1.1	
学历	初中及以下	29	10.3	13.8	58.6	17.2	0.0	0.003**
	高中(含中专)	29	3.4	27.6	55.2	10.3	3.4	
	大专	36	11.1	25.0	36.1	25.0	2.8	
	本科	76	21.1	36.8	27.6	10.5	3.9	
	研究生及以上	33	18.2	51.5	15.2	6.1	9.1	
家庭月平均收入	3 000 元以下	32	3.1	28.1	53.1	12.5	3.1	0.001**
	3 000～5 000 元	38	10.5	21.1	47.4	21.1	0.0	
	5 001～10 000 元	50	24.0	30.0	36.0	6.0	4.0	
	10 001～20 000 元	41	17.1	29.3	19.5	24.4	9.8	
	20 000 元以上	41	14.6	53.7	26.8	2.4	2.4	

调查对象的学历对一孩入园前的择园难度有极其显著的差异（0.01＞P＞0.001），即学历越高，择园难度越大。例如：从初中及以下到研究生及以上，认为择园难度"非常难"和"比较难"的比例总和由24.1%飙升至69.7%，而认

为择园难度"一般""较容易"和"很容易"的比例也基本呈现由高到低的趋势。这可能是因为享受了优质教育资源的育龄夫妇，也希望孩子从小能够享受到优质教育资源，对孩子的教育有较大的关注度和投入。当追求优质教育资源的群体不断上升，而优质教育资源紧缺时，高学历的家长便出现了较大的择园困难。

家庭月平均收入对一孩入园前的择园难度也有极其显著的差异（P＝0.001），即收入水平越高，择园难度越大。具体来看，月平均收入在5000元以下的家庭，其择园难度约30.0％，而月平均收入在5000元以上的家庭，其择园难度最大至68.3％。由于学历和家庭月平均收入存在显著性差异，即一般而言，学历越高，收入越高。所以，家庭月平均收入与一孩入园前的择园难度有显著性差异便也有了较充分的解释。

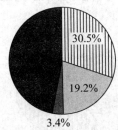

□通过面试　▨托人　▦提前上亲子班　■只要报名就能上

图 5-3　第一个孩子上幼儿园的途径

那么，第一个孩子如何上的幼儿园呢？调查发现，直接报名和通过面试是孩子入园的主要途径，而托人入园、提前上亲子班的途径较少。前两者所占比例分别为46.8％和30.5％，后两者所占比例仅分别占19.2％和3.4％。就目前来看，孩子的入园问题不大，例见图5-3。

第二，家庭选择幼儿园的主要因素。

调查和访谈了解到，约一半的家庭希望孩子3岁以上接受教育，这印证了一些家庭不希望孩子接受专门的早期教育服务，还有更多的家庭认为孩子3岁以前可以接受教育，但并不是以学习知识为目的，3岁以后可以接受幼儿园的正规教育。如此看来，家庭在孩子2～3岁时开始考虑择园问题的居多，约占一半。

家庭在为孩子择园时，会考虑到多方面的因素，包括接送方便、价格合理、口碑好、公办民办、老师专业、教育理念好、保教质量好、环境设施好及班级孩子少等。那么，家庭最关注的因素有哪些呢？调查发现，接送方便、

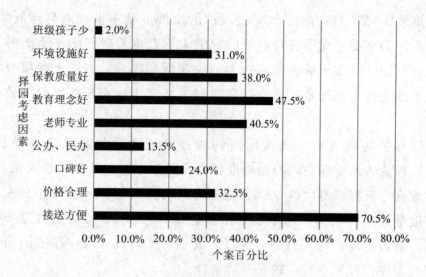

图 5-4　家庭择园时的考虑因素

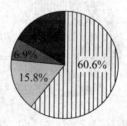

▥离家近，出门便有　□半小时内到达即可　◼交通便利即可　■只要园好，远点无所谓

图 5-5　家庭对幼儿园服务范围和交通方式的需求

教育理念好和老师专业是家庭最为关注的三项要素，分别占 70.5％、47.5％和 40.5％，详见图 5-4。而家庭一直较为关注的公办、民办，所占比例很低，说明家庭更关注教育服务质量，而不是幼儿园类型。

本研究还对家庭较为关心的幼儿园服务范围和交通方式、教师专业素养进行了调查，可进一步了解家庭对这些主要因素的需求层面。家庭对幼儿园的便利性既体现在距离上，也体现在交通上。由图 5-5 可知，大多数家庭希望幼儿园离家近，出门便有，还有部分家庭倾向于半小时内到达即可、交通便利即可，甚至为了孩子能够接受优质学前教育，距离上远点也无所谓。由图 5-6 可知，对于教师的专业素养，对孩子的态度是大多数家庭的需求，其次是专业能力、专业理念和带班经验，均约占一半，而学历、专业知识并不是家庭看重的。因此，家庭需要的教师专业素养是内化的、可操作的，是直接作用在班级和孩子身上，让家长们可感的。

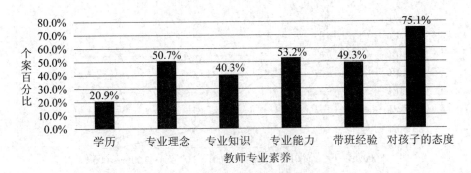

图 5-6　家庭对教师专业素养的需求

2. 家庭对幼儿园类型和办园形式的需求

表 5-80　家庭对幼儿园类型的需求（N＝203）

	教育部门办园	高校幼儿园	部队幼儿园	企业单位办园	街道/社区园	民办园	私立园	无所谓
N	147	13	3	3	8	9	2	18
百分比	72.4%	6.4%	1.5%	1.5%	3.9%	4.4%	1.0%	8.9%

当家庭面临幼儿园类型选择的时候，大部分家庭希望孩子上教育部门办的幼儿园，占72.4%，详见表5-80。访谈中有家长提到公办园相对于民办园和私立园，费用上会便宜很多。这表明家庭对教育部门办园非常信赖，认为孩子上了这种幼儿园，教育上也更有保障，反映了家长群体的诉求，但这种选择行为并不一定符合政策理性。除此之外，高校幼儿园比较受家庭的欢迎，还有部分家庭并不介意幼儿园类型，正如访谈中的一位家长所说"对幼儿园的类型没有什么要求，现在的公办园、民办园都还不错"。

调查还发现，绝大多数家庭希望孩子接受全日托的教育形式，倾向于半日制和寄宿制的家庭极少。全日托是幼儿园教育最主流的形式，但也不仅仅局限于此。访谈中了解到，有些家长表示孩子年龄小的时候可以接受半日制，等孩子年龄稍大的时候，则选择全日托。对于寄宿制，家长们基本希望孩子年龄尚小的时候能够在父母的陪伴下成长。

3. 家庭对幼儿园教育服务费用的需求

家庭除了对早期教育服务费用敏感，也对幼儿园教育服务费用十分关心，这涉及幼儿教育服务费用占家庭经济支出的比例。

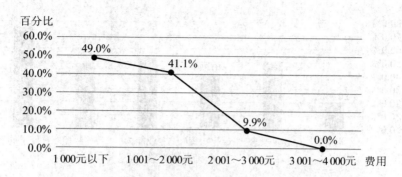

图 5-7 家庭对幼儿园教育服务费用的需求

由图 5-7 可知，幼儿园教育服务费用越高，家庭愿意支付的比例越低。绝大多数家庭认为每月 2 000 元以下的费用是较为合适的，其中 1 000 元以下的比例高于 1 001～2 000 元的比例，分别为 49.0％和 41.1％。因此，目前一些向普通民众开放，却高收费的幼儿园应该倾听家长群体的诉求，在费用上做出一定让步，当然，这亟待政府的规范和监督。

为进一步探究家庭月平均收入与幼儿园教育服务费用之间的相关性，本研究进行了相关分析。结果发现两者之间有极其显著的相关性（$P<0.001$），详见表 5-81。

表 5-81 家庭月平均收入与幼儿园教育服务费用的相关性

		家庭月平均收入	幼儿园教育服务费用
家庭月平均收入	Pearson 相关性	1	0.503**
	显著性（双侧）		0.000
	N	202	201
幼儿园教育服务费用	Pearson 相关性	0.505**	1
	显著性（双侧）	0.000	
	N	201	202

注：**. 在 0.01 水平（双侧）上显著相关。

通过对家庭月平均收入与幼儿园教育服务费用之间进行卡方检验和差异性比较后发现，两者之间存在极其显著的差异（$P<0.001$）。具体来看，月平均收入 5 000 元以下的绝大多数家庭都希望幼儿园教育服务费用在 1 000 元以下，其中，3 000 元以下家庭高达 90.3％。1 001～2 000 元和 2 001～3 000 元的幼儿园教育服务费用，基本上是家庭月平均收入越高，所占比例越高，其中，月平均收入在 20 000 元以上的家庭能够接受 2 001～3 000 元费用的比例明显高于其他收入水平的家庭，详见表 5-82。

表 5-82　家庭平均收入与幼儿园教育服务费用的差异性(单位:%)

家庭月平均收入	幼儿园教育服务费用			
	1 000 元以下	1 001～2 000 元	2 001～3 000 元	合计
3 000 元以下	90.3	9.7	0.0	100.0
3 000～5 000 元	73.7	23.7	2.6	100.0
5 001～10 000 元	46.0	46.0	8.0	100.0
10 001～20 000 元	22.0	70.7	7.3	100.0
20 000 元以上	24.4	46.3	29.3	100.0
合计	48.8	41.3	10.0	100.0

注:Pearson 卡方 $=67.408^{**}$,$P=0.000$。

除了对幼儿园教育服务具体费用上的选择,家庭对其还有怎样的看法和需求呢?调查发现,绝大多数家庭认为收费项目应该清晰合理,不盲目涨价;超过一半的家庭认为幼儿园教育服务费用应该对两个孩子的家庭有一定的优惠;还有少数家庭认为幼儿园教育服务费用应该对低收入家庭有一定的优惠,以及只要孩子能接受优质教育,费用不是大问题,详见表 5-83。

表 5-83　家庭对幼儿园教育服务费用的看法

	响应		个案百分比
	N	百分比	
收费项目清晰合理,不盲目涨价	166	46.8%	82.2%
对低收入家庭有一定的费用优惠	45	12.7%	22.3%
对两个孩子家庭有一定的费用优惠	114	32.1%	56.4%
只要孩子能接受优质教育,费用不是大问题	30	8.5%	14.9%
合计	355	100.0%	175.7%

4. 家庭对幼儿园教育服务内容和形式的需求

家庭对幼儿园教育服务内容和形式的需求包括幼儿和家长本身这两个服务对象。幼儿园教育服务既有利于幼儿的学习与发展,又满足家庭的学前教育需求,便是好的教育服务。

第一,为幼儿提供服务内容和方式的需求。

幼儿园教育服务内容包括五大领域,即本研究提及的体能活动、语言表达、社会情感、智力潜能和艺术熏陶等。虽然幼儿教育是全面教育,但按重要程度排序之后发现,家庭依次看重的是体能活动、语言表达、社会情感、智力潜能和艺术熏陶。由此可见,家庭并不希望孩子在幼儿园学习到多少知识和技能，而看重孩子的身体、语言和心理发展。幼儿园在追求幼儿全面发展的同时，也应该视孩子的发展和家庭的需求而有所侧重。

除此之外，家庭还希望幼儿园提供其他的服务方式，如有需要时临时看护、开设寒暑假班等，但对开设周末班等的需求较少，还有极少部分家庭表示保持原样即可，详见图5-8。一般而言，对于双职工家庭来说，前两项服务方式是他们较为需要的。周末班的比例较少的原因是家庭并不希望孩子每天都处于幼儿园教育状态。幼儿园教育的服务方式是比较多样的、灵活的，幼儿园在很大程度上能够根据家庭的需求提供便利性的服务，幼儿园应该有此领悟和执行力。

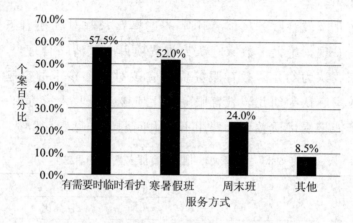

图 5-8　家庭对幼儿园为幼儿提供服务方式的需求

第二，为家长提供服务内容和方式的需求。

调查发现，家庭希望幼儿园为自身提供的服务内容和方式主要是通过亲自参与和见证，以进一步了解孩子在幼儿的学习与发展状况，包括定期或不定期组织家长参观教学活动；建立成长档案，让家长了解孩子的发展；亲子活动，如亲子运动会等，所占比例在60.0%～75.0%之间。创办家长学校，定期进行培训、指导和帮助；为孩子上学前、放学后提供看护服务的需求相对较少，详见图5-9。这可能是因为这两种形式在目前的幼儿园教育服务方式上较少涉及，家长并不能够直接体会这些服务带来的有效性和便利性。

家庭获知幼教信息和服务的方式是多种多样的，包括家长群体之间的交流等，托幼机构信息栏或社区服务公告，微信、微博、QQ等网络方式，报纸、杂志、电视等媒体等。其中，微信之类的网络方式最受家庭欢迎，正如访谈中一个家长所说，"微信用起来很方便，等待吃饭的5分钟，我就可以看完一篇关于幼教的小文章。"而对报纸等传统媒体的需求较低。另外，家长喜

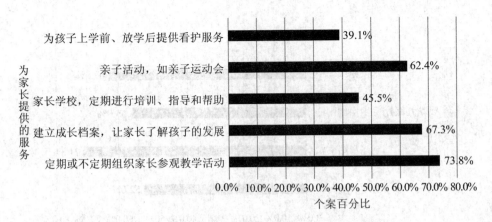

图 5-9 家庭对幼儿园为家长提供服务内容和方式的需求

欢与周边的家长群体进行面对面的交流和沟通，以此了解幼教发展状况。托幼机构信息栏，尤其是社区服务公告，应该充分发挥其服务功能，为学前教育服务，详见表 5-84。

表 5-84 家庭对获知幼教信息和服务的途径需求

获知幼教信息和服务的方式	响应		个案百分比
	N	百分比	
家长群体之间的交流	124	29.5%	61.4%
托幼机构信息栏或社区服务公告	97	23.1%	48.0%
微信、微博、QQ 等网络方式	148	35.2%	73.3%
报纸、杂志、电视等媒体	51	12.1%	25.2%

(三)家庭对社会力量提供学前教育服务功能的需求

社会力量包括社区、社会团体和组织、家庭等。社会力量的有效组织和充分利用，有利于学前教育发展的全民性和公益性。这里从与家庭联系最为密切的社区和家长群体来分析。

1. 家庭对社区提供学前教育服务功能的需求

第一，社区为孩子提供教育设施和服务的需求。

调查发现，超过一半的家庭希望社区能够提供儿童图书馆、游乐设施或场所、婴幼儿医疗卫生保健中心和玩具馆，其中，前两者所占比例较高，分别为 71.3% 和 62.9%；后两者所占比例稍低，分别为 55.9% 和 52.0%，详见图 5-10。可见，家庭注重社区文化对孩子的熏陶，也希望孩子能够有专门的游乐设施或场所。

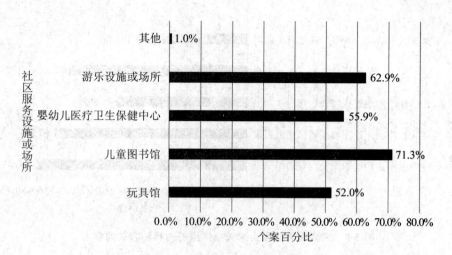

图 5-10 家庭对社区提供学前教育设施和服务的需求

对于以上的调查结果，访谈中家长提及如下：

"我在的那个社区虽然有一些健身设施，但都是适合成年人的，并没有适合小孩子的设施。"

"其实现在城市建设方面，高楼大厦是多了，但是孩子真正能够玩乐的场所非常少，尤其是那种绿地公园非常的少，这个的话，从硬件上应该是大大增加的一个方面。还有一个就是儿童图书馆非常的少，除了像国家图书馆这样大的之外，这种小的(儿童图书馆)分布在社区啊、小区啊，大家不用走多远，就能够获得这种图书资源。"

第二，社区为家长提供学前教育服务形式的需求。

由图 5-11 可知，家庭最希望社区能够在节假日举办亲子联欢活动，占78.1％；其次是提供育儿咨询服务、开展育儿讲座和提供家政或家教服务，所占比例分别为 51.2％、45.3％和 35.8％。这里再次说明了家庭倾向于能够与孩子互动的、可感的活动形式。家庭对社区的学前教育服务功能的需求并没有那么强烈，可能是因为目前的社区并没有发挥好这方面的服务功能，正如一位家长所说，"我生活的社区太老、太破旧了，也没有多少孩子，并没有提供早教服务的功能。"但不少家庭已经意识到社区应该发挥一定的服务功能。

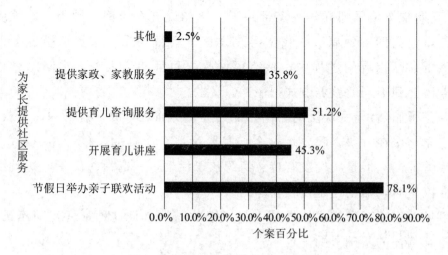

图 5-11　家庭对社区服务活动的需求

2. 家庭对家长群体提供学前教育服务功能的需求

调查发现，最受家长群体欢迎的育儿方式是建立家长群，交流育儿经验，其次是几个家庭经常组织游玩活动，分别占 83.1％和 68.7％，详见图 5-12。在寻找访谈对象的过程中，研究者经常看到很多自发建立的家长小团体带着各自的孩子在广场或操场等地陪伴孩子成长。在这个过程中，家庭之间会对孩子出现的问题等进行育儿经验的交流和沟通。

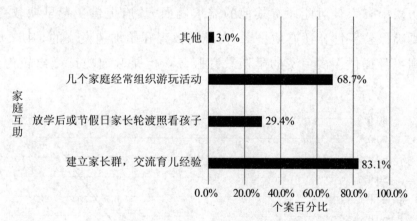

图 5-12　家庭对家庭互助的需求

放学后或节假日家长轮流照看孩子的服务需求较少，这可能是时间段的问题，可能是家长并不希望这是一种常态，而是临时需要的家庭互助，也可能是家庭互助的这种模式在家长群体中并不是主流。但是在访谈过程中，当问及调查对象是否期待家庭之间的互助时，有位家长非常期待家庭之间互相照看孩子的互助模式。

"我期待像美国那样，一家带一天。比如说五个家庭，她周一，她周二，他周三，他周四，她周五。我觉得这样孩子会很快乐，家长负担也会很轻。五个孩子在互相玩的过程中，感情很深厚，而且知道人与人之间怎么相处，还可以体会到不同的教养方式……"

"（孩子们）就是一块玩啊。比如说家里有拼插玩具的、有书的，喜欢的孩子肯定立马聚在一块，我要玩这个，我要玩那个。真的，孩子在一起，其实你不用管他们。但是我们没有特意组织孩子活动，一起跳个绳啊，这就没有。因为在家里嘛，活动还是比较安静的。"

可见，家庭互助模式依然是一些家庭的需求，且这种家庭互助模式是建立在相互信任的基础上的。

（四）家庭对政府提供学前教育服务功能的需求

政府负责国家发展的方方面面，在学前教育事业发展中也起到主导作用。政府可以从宏观上为学前教育的发展提供服务功能。

1. 家庭对政府提供免费早期教育服务的需求

调查发现，大部分家庭对政府提供每月一次的早期教育服务需求较强烈，占 66.7%；其次是每年 4～6 次的服务需求，占 19.4%，详见图 5-13。由此可见，家庭非常希望政府能够提供免费时长和次数的早期教育服务，且越多越好。访谈中有家长对此还有其他的需求，如"政府提供免费早期教育可以，但一定要确保公平性，还有质量"。在早期教育开始加速发展的早期，政府不一定做到每月提供一次免费的早期教育服务，但是政府应该做出较为合理的尝试。

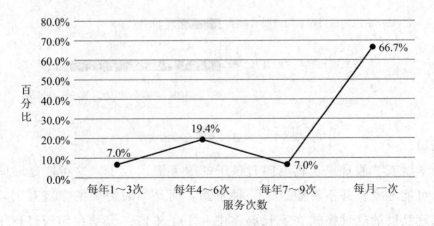

图 5-13　家庭对政府提供免费早期教育次数的需求

2. 家庭对政府发挥学前教育事业主导地位的需求

由图 5-14 可知，家庭对政府提供学前教育服务和支持有较高的需求，主要表现在提高教育质量、降低费用、增加幼儿园数量、加强监管、有学费补贴和优惠政策、提供便利等。提高教育质量是家庭最为迫切的需求，占 80.2%。由此可见，家庭十分重视学前教育服务质量。面对未来可能增加较多的出生人口，超过一半的家庭希望政府能够及时增加幼儿园数量、降低费用、有学费补贴和优惠政策，并加强监管。当教育质量有保障、入园不难、费用不贵时，家庭希望政府能够提供便利。

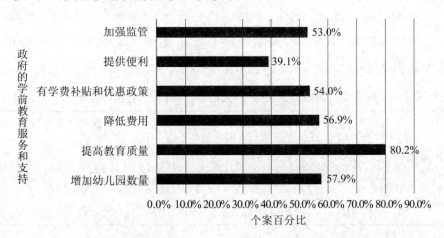

图 5-14 家庭对政府提供学前教育服务和支持的需求

除此之外，还有很多家庭希望政府提供其他形式的学前教育服务和支持。如学前教育服务应该是"负责任的、规范的、免费的""建立幼儿早期免费教育机构，为孩子入学前做好相应准备工作""幼儿园也实行义务教育""公平放开，多种方式，加强监管"等。还有不少郊区家庭提到，"对于我们远郊区县给予优惠政策，提高教学质量"。

综上所述，政策受益家庭基于自身和孩子需要出发，对早期教育服务、幼儿园教育服务提出了迫切需求，且对社区、家庭和政府的学前教育功能和服务提出了需求，学前教育需求多样化。这些需求亟待政府和相关部门的关注及合理满足。

二、增加托幼机构数量、提高教学质量、降低教育费用的教育配套措施

(一)增加托幼机构的数量，开设早教托管看护机构，教育硬件要跟上

"入园难""入园贵"一直是学龄前家庭特别担心和头疼的两大难题。"单独二孩"政策可能在未来几年带来人口增长的小高峰。此政策的推行，乃至生育政策的全面放开，家庭对"入园难""入园贵"的看法又是怎样的呢？调查发现，大部分家庭对将来孩子的"入园难""入园贵"表示了担心，少数家庭表示不太担心，乃至不担心，还有更少的家庭对此表示无所谓。"入园难"与"入园贵"相比，更多的家庭对"入园贵"表示了担心，由此可见，家庭对入园费用更加敏感，详见表5-85。

表5-85　家庭对未来孩子"入园难""入园贵"的担心程度

		非常担心	比较担心	不太担心	不担心	无所谓	合计
"入园难"	N	59	70	50	14	9	202
	百分比	29.2%	34.7%	24.8%	6.9%	4.5%	100.0%
"入园贵"	N	60	75	43	12	12	202
	百分比	29.7%	37.1%	21.3%	5.9%	5.9%	100.0%

生育政策的放开，促使绝大多数家庭对未来孩子的教育提出了许多期望和需求，家长的第一反应是孩子的入园、入学是不是更难了。因此，增加幼儿园等托幼机构的数量也是大部分家庭最为期待的，以此试图缓解"择校(园)难""入学(园)难"。同时，孩子能够就近入学，确保每个孩子有平等接受教育的权益。学前教育作为教育系统的基础，它的变动，相应地也需要小学、中学等教育系统跟着变化。因此，有一些家长提到，在增加幼儿园数量的同时，也要相应地增加小学和中学等教育机构的数量。毋庸置疑，增加教师数量也应该紧跟其后。

除此之外，不少家庭希望政府设立0～3岁托管看护机构。"满足3岁以下双职工子女的看护需求""希望有幼托机构，一岁多就可以看护的那种""希望能有安全放心的临时照看服务的机构"等。对于有二孩生育意愿的家庭来说，这种需求更加强烈。因此，政府至少应该为无法同时照顾两个孩子的双职工家庭提供更多的看护孩子的机构或场所。

(二)丰富教育服务方式，提高教育服务质量，教育软件要跟上

托幼机构数量的增加也引发家庭对教育服务质量的需求，即"规范办学"

"提高教师的素质""提高教学质量"。教育服务方式和教育服务质量是家庭最为看重的，如"提供周末托班和每天下午的托时，为上班族父母提供便利""建立一些周末亲子活动基地""提供有品质保证的科学早教指导机构""办理正规的幼升小教育服务"等。从孩子和家长的角度出发，教育服务方式的多样性、便利性和可选择性是家长极为需要的。

此外，家庭越发重视社区的学前教育服务功能。很多家庭提到，"定期组织社区家长活动""社区和街道多组织免费学前教育活动，多发育儿书籍""社区提供场所，就近组织亲子课堂"等。社区学前教育服务功能的发挥一定程度上将有效满足家庭的学前教育需求。

（三）降低教育服务费用，有一定的优惠补贴

还有许多家庭对教育服务费用提出了诉求，如"降低教育费用，给予优惠政策""应对第二个孩子上幼儿园减少学费"，降低幼儿的看护托管费用，甚至还有家庭提出要有合理的成本分担机制。值得注意的是，现在越来越多的家庭希望政府对学前教育有更多的财政投入，如早期教育服务费用免费、幼儿园教育能够纳入义务教育等。

综上所述，家庭希望政府能够在入学机会、教育服务方式、教育服务质量、教育服务费用和托管看护等方面采取利民的政策和举措。

三、增加妇产科和儿科、降低医疗费用、完善医疗配套措施

生育政策的调整不仅仅带来人口数量、人口结构的变化，还会影响社会生活的方方面面。对于"单独二孩"政策，乃至生育政策的全面放开，许多家庭从各个方面提出了可资参考的配套措施，如"应该对医疗、计生、教育等相关改革进行统筹，提前做好医院、幼儿园、学校等相关公共服务的建设"。

（一）医院要增加妇产科，做好相关医疗服务工作

未来几年出生人口的增长，首先会对医疗事业带来一定的压力和挑战，尤其是妇产科，如大量的孕妇，乃至高龄、高危孕产妇的生产。因此，有很多家长对这类医疗提出了需求，如"增加妇产科""至少保障妇产科医院建档没那么困难"等。

（二）有条件的医院增设儿科，降低婴幼儿医疗费用，婴幼儿就医便利化

新增出生人口对医疗事业带来的压力和挑战还包括儿科，如婴幼儿的就医和保健。因此，有家长提出，"有条件的医院都应开设儿科，配备较好的儿

科大夫""健全幼儿医疗"。不少一孩家庭已经表示了目前孩子看病难，不能就近就医的现状，希望儿科医院增多，且分布具有便利性。还有不少家庭表示孩子看病贵，希望"降低医疗费用，定期有社区医生可以到家里了解孩子的情况""减免二孩家庭的医疗负担"等。

四、延长女性产假、完善产假制度的产假配套措施

(一)延长女性产假

2015 年全国"两会"的召开探讨了二胎和女性产假的问题，这更加引发了家庭对产假的关注和需求。一些育龄妇女表示"母亲的产假应该延长或最起码应该享受和第一胎一样的政策"；甚至有些家长希望女性的产假应该有 3 年；有条件的单位或街道设立日间哺乳室，对于产假后上班的母亲提供帮助，可以带婴幼儿上班并尽量在 1 年内试行母乳喂养等。这些家庭表示，充足的产假可以让家人更好地处理和面临家庭结构的变化，在孩子身心发展的重要时期给予陪伴和关爱。为了避免女性产假带来的性别歧视，有些家庭提出男性也应该享有一定的产假。因此，完善产假制度是政策受益家庭的需求和期望。

(二)完善产假制度，产假期间的工作和生活有保障

一些家庭在提出延迟女性产假的同时，提出了对工作和生活方面的配套措施，如"孩子 3 岁前女性带薪长假"，也有家庭表示可以在接受 3 年产假的同时，"实行最低工资标准"。另外，家庭希望政府能够为两个孩子家庭提供一定的经济保障，以减轻家庭经济负担。女性放产假涉及的社会问题较多，政府需要做的相关配套措施也较多。

五、完善社会保障制度、提供住房优惠等其他方面的配套措施

除了医疗、教育和产假，还有一些家庭认为社会保障、养老、就业、住房和交通等方面都应该同步发展，便对这些也提出了需求和建议。

(一)完善社会保障制度和养老福利，增设母婴公共服务设施

家庭希望政府在社会保障、养老、孩子及育龄夫妇的就业等方面得到政府的重视，制定二孩优惠政策，并采取配套措施。还有家长提到，在有些发达国家，家庭带小孩出行非常方便，因为它的无障碍设施做得非常齐备，如在购物场所有母婴室、婴儿换布台之类的。因此，一些家长希望"在公共场所增加适合母婴活动的场所"。另外，在交通上，人口堆积，有家庭提出"道路

交通车辆少"。因此，人们迫切需要交通等公共服务设施能够得以完善。

(二)住房优惠， 满足二孩带来的住房需求

不打算生二孩的原因调查中发现，住房条件不够也是一些家庭的考虑因素。在刚刚满足三口之家居住的住房条件下，两个孩子肯定需要扩大住房面积。北京的房价太高，家庭生育第二个孩子的经济压力和住房压力便大，因此，一些家庭希望住房上有保障，"解决住房等实质性问题"。

针对以上问题，有家庭表示应该"实事求是，在科学的基础上做好基础的数据调查，增加合理配置的医院和床位、幼儿园"，"如果能实现欧洲发达国家的民生、养老、教育、医疗等问题，相信绝大多数家庭都乐意生二胎"。因此，家庭对医疗、教育、产假、住房等方面的政策期待，应该得到政府和相关部门的重点关注，切实消化吸收，真正地反映和落实政策受益家庭的需求和建议，让社会的方方面面都得到相应的调整和发展。

第四节 "全面二孩"政策后学前教育 需求带来的挑战及其应对策略

一、"全面二孩"政策后学前教育需求带来的挑战

(一)学前教育资源有限且配置不均衡， 难以满足未来新增人口需求

根据北京市学前教育资源配置的发展历程来看，北京市托幼机构不足，师资匮乏，财政投入失衡，学前教育资源存量尚不能完全满足在园生需求。"全面二孩"政策的实施极有可能强化这一趋势。不同人口预测方案的预测结果也反映了这一点，即"全面二孩"政策的实施将带来远超过现有在园生存量的适龄人口，无论是在幼儿园需求量上，还是在对幼儿园专任教师和公共财政投入的需求上，学前教育资源配置都存在着巨大的缺口。

1. 学前教育资源配置现状不容乐观，存量不足问题日趋明显

从北京市学前教育资源配置的发展历程来看，它存在着供需不足的矛盾，这与其存量不足和配置不合理有关，这也可以从北京市政府相关发言人声明中得到印证。在物力资源上，全国人大代表贺优琳认为，目前学前教育资源

不足，尤其是公办园学位难以满足现实需要。[①]

在人力资源上，北京市幼儿园师资已存在明显不足的现象，九三学社北京市委员会公布的《关于解决北京市幼儿教师紧缺问题的调研报告》显示，未来3年的教师缺口在1万人左右，而北京市大专院校学前教育专业的招生量仅为1 500人，与师资需求量的差距很大，进而影响到了学前教育服务的供给。在财力资源上，虽然学前教育财政投入增速明显，但是它在各级教育总财政预算中所占的份额仍明显偏低；全国人大代表贺优琳表示，最近几年学前教育经费的增长缓解了长期投入不足的现状，但是相较其他教育阶段，其经费投入明显不足，他认为至少80%的幼儿园需要完全由政府出资兴办。

2. 人口政策调整带来需求增量，资源供需矛盾强化

根据不同预测方案结果显示，"全面二孩"政策极有可能导致3～6岁人口增多，而这将首先影响到大众对幼儿园及其配套资源存量的需求。面对"全面二孩"政策的实施，当前学前教育资源配置本身存在许多不合理之处，尤其是在幼儿园的供给、师资的补充和财政的投入上。"全面二孩"政策所带来的新增人口将扩大资源供给不足的缺口，放大资源配置不均衡的问题。本研究的任何一种预测方案都表明：前期新增人口快速上升期，对物力资源、人力资源和财力资源的需求量均高于现有水平，且伴随着总和生育率的提高、峰值年的接近、生均标准的提高，学前教育资源需求量和存量之间的缺口会越来越大。后期人口虽会回落，但是对配套学前教育资源的需求量仍不可小觑，尤其是在人口预测高方案下的需求量。因而，如何根据3～6岁人口变化趋势适度扩充学前教育资源及优化现有结构成为首要问题。

（二）人口增长会对社会其他方面提出挑战

跳出教育人口学的视野会发现，人口增长带来的不仅仅是教育问题，更是社会问题。因此，人口增长除了对当前的学前教育发展有一定的冲击和挑战之外，还对社会的其他方面有影响，带来一定的压力和挑战。本书在关注学前教育需求的同时，涉及对社会其他方面的关注和追问，是从更宏观、更人性化的层面来看待"全面二孩"政策的影响的。

对于有二孩生育意愿的家庭来说，新增出生人口可能带来的社会问题更是他们希望得到关注和有效解决的。医疗事业，尤其是妇产科和儿科，是第

---

① 韦英哲、刘宇雄、刘军等：《"全面二孩"后，幼儿园够不够?》，载《信息时报》，2016-03-05。

一个面临新增出生人口压力和挑战的。现在较为规范和被认可的儿科医院很少，分布不合理，看病难和看病贵的现象存在。因此，相关的医疗卫生保健要跟上，避免孩子有病无处医治或很难医治，还要合理调整医疗收费制度。两个孩子带来的照料人员和照料时间问题需要用延长产假来解决。产假也会带来一定的社会问题，如职场对女性的性别歧视和排斥，可能带来的女性与社会和工作的脱节等，以及现在的二孩是否也应该享受国家的一定优惠政策。从社会学视角来看，国家并没有在放宽二孩生育政策的同时，对保障妇女权益和家庭支持等方面提供政策支持，对"半边天"的社会关怀明显不足。①

如何能够保证现在的医疗、社会保障和社会福利等满足新增出生人口和现有人口的需求，同时保证各方面的服务质量，尊重并保护政策受益家庭的各种合法权益，这是一个庞大的人口学、乃至社会学问题，需要国家在科学的基础上，周全考虑、认真规划，及时进行配套政策的制定和配套措施的实施。

二、"全面二孩"政策后学前教育及社会相关服务的应对策略

（一）建立教育资源需求预测系统和及时调整机制，灵活调配和合理优化学前教育资源

1. 建立学前教育资源信息交互平台，结合科学方法预测未来新增需求

在了解人口变化的基础上，应关注教育资源存量及其与人口的匹配度。这需要对配套学前教育资源有着准确的定位和管理，并建立学前教育资源需求的预测、管理和调整机制。2015—2020年，教育规划纲要的学前三年毛入园率目标是从60%增长至70%，中国教育科学研究院预测的结果是从84.1%增长至85.5%，② 而北京市教育规划纲要的目标是从95%增长至99%，"全面二孩"政策落地后，入园人数规模也会相应发生变化，而学位数需求极可能不同于政策调整前的情况。因此，对学前教育资源需求的科学测算显得非常重要。

为了建立学前教育资源预测系统，首先是保证基础数据获取和更新的及时性与质量，这是进行预测和提供决策依据的基础。北京市政府可以考虑建

---

① 陈友华、苗国：《意料之外与情理之中：单独二孩政策为何遇冷》，载《探索与争鸣》，2015(2)。

② 中国教育科学研究院课题组、曾天山、聂伟等：《未来五年我国教育改革发展预测分析》，载《教育研究》，2015(5)。

立统一的教育信息平台，向全市家庭公开幼儿园性质、园址、服务质量评估结果、学位余量等信息，并向家长采集学前适龄儿童信息和择园意向信息等，如海淀区幼儿园适龄儿童信息采集服务系统，还可以通过在线入园登记，实时了解不同区域入园人数，如果出现转园和离园现象，需要园所定期汇总数据上传，以便保证在园生信息的实时更新。同时，与人口预测类似，预测方法和工具最好是被反复检验、相对科学的。需要考虑误差，通过设置估计的区间满足研究和科学决策的需求。任何预测结果都需要基于实际情况和变化做出相应的调整，在合理配置教育资源时需要综合考虑现有存量和预测变量之间的关系，合理推算未来学前教育资源需求（尤其是新增需求）。

在掌握择园信息和科学预测未来学前教育资源需求的基础上，有关部门能通过更高效、便捷地管理学前教育资源配置的相关信息来对资源配置进行调整和优化。幼儿园招生分布应不仅需要考虑人口变化因素，还需要考虑地域等影响因素，建立配套学前教育资源的调整机制，通过多影响因素与教育资源的协调配套技术，计算协调度，纳入物力、人力和财力等资源存量数据，并且及时获取与调整 3~6 岁人口教育资源信息，这样在进行资源配置时可以均衡学前教育资源的分布，具体可以通过优秀园跨区与他园结对、区域间资源共享、优秀师资挂职交流、中心园示范辐射等方式缩小区域之间的差距，推动不同区域学前教育的和谐发展。

2. 参照未来 3~6 岁人口需求变量，调整学前教育资源总量和质量

在"全面二孩"政策下，在园生对学前教育资源的需求呈现先较快增长后平稳回落的态势，即未来 5~10 年，北京市现有学前教育资源难以满足新增在园幼儿的需要，而之后则会逐渐出现资源过剩的现象。一方面，在优化已有学前教育资源结构的基础上，对于不能满足二孩政策新增人口需要的部分，应该增加配套资源总量的供给；另一方面，为了充分使用现有资源和避免后期可能引发的资源浪费，政府需要调整配套资源结构，促进幼儿园内涵式发展，并考虑在园生规模缩减如何处理余量资源。

第一，应统整资源改扩建园所和配齐玩教具，重视物资的灵活调整和质量提升。目前，北京市园均办园规模属于中等水平，而未来 5~10 年，3~6 岁人口是不断增加的，为了解决新增幼儿的入园问题，可以利用闲置中小学校舍改扩建成幼儿园和适当新建园所。但是，考虑到后期 3~6 岁人口又会不断回落，为了避免多建园所带来不必要的资源浪费，新园的数量需要基于科学合理的人口测算，并且考虑新建园所建筑功能的多样性，放学后和假期时

可以考虑把幼儿园作为社区活动场所或另作他用,同时在修建时就应该考虑园所后期可能的规模扩大和缩小情况,甚至是转型。玩教具和其他必备物力资源的供给也应该根据人口变化情况进行相应的配置。根据同类资源可以相互替换原则,使用现有资源中同类富余部分补充不足的部分;根据就近分享原则在班际、园际,乃至更大的范围内实现轮流使用;根据资源的使用周期采用循环使用机制,创新和改造已有资源功用;以便在在园生变动情况下灵活配置物力资源并最大程度地杜绝浪费。此外,为了保障园所质量,注意改善园均水平和生均水平,同时采取示范园在学前教育薄弱地区开办分园的形式,扩大优势资源存量。

第二,扩大幼儿园专任教师培养规模,重视教师素质提升和持续专业发展。在人力资源上,北京市幼儿园师资已存在明显不足的现象,北京市委员会公布的《关于解决北京市幼儿教师紧缺问题的调研报告》中指出,未来 3 年的教师缺口在 1 万人左右,而北京市大专院校学前教育专业的招生量仅为 1500 人,与师资需求量的差距很大,进而影响到了学前教育服务的供给。基于已经存在较大缺口的师资存量,"全面二孩"政策下对专任教师的需求量缺口有逐渐扩大的趋势,即使后期需求量有所下降,当前师资存量依然难以满足需求。为了补齐专任教师数量,一方面,扩大师范院校学前教育专业的招生规模,并通过小学教师转岗、放宽专业限制(但仅限于教育类专业)等方式壮大教师队伍。另一方面,更要重视师资培养的质量,因为"一个幼儿园的教育质量基本上可以全等于这个幼儿园的教师水平和质量"[1]。基于此,在师前培养上,提高师范生待遇和准入门槛;在职后发展上,政策扶持教师追求更高学历和专业培训;同时,完善绩效考核和末位淘汰制,激励新旧教师不断学习和反思教学实践,为"二孩时代"下的在园幼儿提供质量兼备的师资力量。

第三,加大政府投入并健全合理分担机制,重视财政投入总量和效益。目前,公共财政对学前教育的经费投入绝对总量是不断增加的,但是相对比重有下降的趋势,随着"二孩时代"的到来,学前教育公共财政投入难以满足未来新增 3~6 岁人口所带来的需求。因减少政府对学前教育的投入所带来的贫困代际传递将难以弥补,[2] 而完全依靠公共财政保障学前教育经费是不现实的。于是,科学测算政府在发展学前教育中所应承担的财政投入责任是十

---

① 李天顺:《教育部召开新闻通气会介绍学前教育发展情况》,载《中国青年报》,2011-02-22。

② Blankenau W,Youderian X,"Early childhood education expenditures and the intergenerational persistence of income,"*Review of Economic Dynamics*,2015(2),pp. 334-349.

分必要的。例如，明确财政性学前教育的投入比例为 7%。[1] 同时，完善政府投入、社会举办者投入、家庭合理分担的投入机制，以政府财政投入发挥主渠道作用，引导家庭、社会等多元渠道的投入，使家庭承担合理成本，鼓励社会捐资或投资办园，扩大学前教育的投入总量。[2] 随着后期 3～6 岁人口数量的回落，投入需求量依然稳定在较高水平，在保证足量投入的同时应兼顾投入质量，根据 3～6 岁人口和教育资源需求的变化灵活进行调整，定期进行交由第三方评价机构进行财政核算和效益评估，在扩大投入总量和实现投入效益之间实现动态平衡。此外，平衡公共财政对公办民办幼儿园的扶持力度，制定相应办园标准，对满足条件的民办园给予与公办园同样的财政资助，以便整合公民办学前教育资源，提高资源存量的质量。

（二）认真倾听政策受益家庭的诉求，制定并完善配套政策

研究表明，全面人口新政的实施成效会受到多重因素的制约，为了防止家庭二孩生育出现激进增长后快速变冷这种不稳定的生育发展态势，同时有效改善新出生人口性别比失衡问题，促进新生育政策下人口的可持续发展，必须充分关注政策受益群体的困境与担忧。此外，在家长社会支持研究中，家长普遍对教育、经济、医疗、公共育儿等设施表达了期待。因此，政府需要帮助家庭正确认识"二孩生育"政策，切实了解家庭在二孩生育上面临的困难与需求，增强政策的服务型导向，一方面可促进二孩生育政策的稳步落地，另一方面则是满足二孩家庭的育儿需求，在放开生育政策的同时，保障生育配套措施的健全与完善，相应的配套设施齐头并进，真正解决家庭生育二孩的后顾之忧。

1. 要制定并深化学前教育事业发展的配套政策

第一，加快学前教育立法工作，尤其明确早期教育服务规定。我国一直缺乏学前教育的上位法，现有的学前教育法律法规效力较低。学前教育作为教育系统的第一环和基础，政府应该参照其他教育阶段的立法模式和基本框架，切实从上位法层面将学前教育纳入整个教育系统，使学前教育法更有法律效力。除此之外，在行政法规、地方性法规和规章制度层面，都应该结合当地的学前教育发展状况，制定并完善相关法规和条例。这里需要强调的是，虽然我国已有一些地方性早期教育政策文件，但早教市场的混乱依然是缺乏

---

[1] 夏婧、庞丽娟、张霞：《推进我国学前教育投入体制机制改革的政策思考》，载《教育发展研究》，2014(4)。

[2] 邬平川：《我国学前教育投入的政府责任探究》，载《教育学报》，2014(3)。

强有力法律监管的体现。因此，面对早期教育服务事业的起色，政府应尽快出台0~3岁早期教育服务的专门性政策法规，并在学前教育立法中，突出强调0~3岁早期教育服务方面的规定，以法律手段引导和规范早期教育服务的良性发展。

第二，加强政府职责，合理规划托幼机构的布局，设立有资质的早教看护机构。政府在学前教育事业发展中的履职现状还存在一些问题，那么，在新增出生人口较多的情况下，政府在学前教育，尤其是早期教育服务方面的职责将面临更严峻的考验，促使政府继续推进学前教育体制机制的改革和创新。首先，中央政府要发挥宏观调控职能，增加幼儿园数量，加强监管，确保婴幼儿的教育公平；同时，地方政府要灵活机动，因地制宜地举办和发展学前教育。中央和地方管理体系的建立，是加强学前教育管理力量的表现。与此同时，政府要充分发挥市场在资源配置中的作用，多种形式扩大学前教育资源，满足不同政策受益家庭的学前教育需求。制定科学的发展规划是政府发展学前教育事业的重要职责之一。目前的学前教育资源，尤其是优质的学前教育资源紧缺且分布极不平衡，托幼机构的布局本身存在一定的不合理之处。政府在追求托幼机构数量和规模的同时，应该充分考虑家庭居住地和托幼机构之间的合理距离，确保每位婴幼儿有公平的受教育机会。[1][2]因此，政府应该根据现有的托幼机构分布情况，及时追踪新增出生人口的数量和分布，即建立"人口发展与教育资源信息管理系统"，[3]综合考虑新增托幼机构的数量，并进行科学合理的布局，使托幼机构更具有便利性。此外，北京是流入地人口非常多的城市，这也要求政府科学合理地规划学前教育发展，注重教育公平的落实和教育质量的提高。政府为婴幼儿和所在家庭提供便利的表现还体现在满足双职工家庭的看护需求上，政府应该满足这种合理需要。因此，政府需要尽快在居民点设立有资质的早教看护机构，对保育者、服务内容和服务费用等进行规范，并将其纳入教育部门的监管范畴，确保早教看护机构的安全可靠和高质量，缓解家庭照料孩子的压力。

第三，明确财政投入倾向，提供免费或优惠的学前教育服务，保证普惠

---

① 种萌萌：《W县农村幼儿园布局调整的现状研究》，硕士学位论文，东北师范大学，2013。

② 郭元凯、胡晓江：《"单独二孩"政策对我国学前教育发展的影响——兼论未来学前教育发展的政策取向》，载《中国教育学刊》，2015(2)。

③ 郭元凯、胡晓江：《"单独二孩"政策对我国学前教育发展的影响——兼论未来学前教育发展的政策取向》，载《中国教育学刊》，2015(2)。

性和公益性。我国学前教育财政投入的总量并没有明确的政策要求，投入主体及其职责也不明确，前两期学前教育三年行动计划的投入结构重在园所设施等硬件方面。学前教育财政的投入总量、投入主体和投入结构的合理配置和政策规定，都是学前教育事业良好运作的物质保障。

针对目前幼教市场收费混乱、不合理的现象，国家应该加大对托幼机构的监管力度，并将教育财政投入向学前教育倾斜，提供普惠性的教育服务。2015 年，莫言在两会上的提案已指出"国家富强之后可以考虑将学前教育纳入免费教育范畴"。政府应加强对早期教育服务的重视，以社区为依托，构建早期教育服务体系，政府和相关部门联合办好公益性乃至免费的社区早教。毋庸置疑，免费学前教育的实现需要漫长的过程，在此目标之下，政府应该加大财政投入，提供优惠的学前教育服务，保证学前教育的普惠性。

第四，促进教师培养和专业发展，尤其是早期教育服务教师的素养。学前教育教师的质量影响着学前教育服务的质量。在新增出生人口比往年增加较多的情况下，学前教育教师的数量和质量都应该跟上。这里需要强调的是，幼儿园教师并不能代替 0～3 岁早期教育服务教师，两者依据婴幼儿的年龄特征，有各自不同的专业发展要求。政府要评估《幼儿园教师专业标准》的适宜性和影响力，并不断完善。政府和地方还需要制定和实施早期教育服务教师的专业发展规划，包含与教师准入条件有关的具体要素。早期教育服务教师更贴近保育者的身份，应该具有专业的喂养和看护能力。为了吸引有责任心和有专业能力的早期教育服务教师，政府应给予她们足够的薪水待遇。除此之外，还可以建立追踪系统，既用于评价教师的资历要求和专业发展，又用于评价高等教育和继续教育满足这一需要的能力。[①]

2. 制定并丰富社会其他方面的配套政策

第一，转变生育文化宣传角度，进一步加大生育宣传力度。研究调查结果表明，长期以来，"少生优生""优生优育"的生育文化已经深入人心，这对于计划生育政策无疑是大有裨益的，但是对于"全面二孩"政策的实施来说，政策的导向已由原来的限制二孩变为了鼓励二孩，生育文化的宣传工作也应有所改变。本研究调查发现，一方面，大多数的家庭在经历"双独"和"单独"生育政策之后，面对"全面二孩"新的人口政策依然持着谨慎有

---

① ［美］科克伦著：《儿童早期教育体系的政策研究》，王海英译，343 页，南京，江苏教育出版社，2011。

余而行动不足的观望状态，生育意愿较低，生育计划不明确；另一方面，在理想状态下，人们表达了希望"儿女双全"的愿望，但是在实际生育选择层面上却表现出生育意愿不高的倾向，面临二孩生育抉择更多地会基于孩子的需求"给孩子找个伴"。因此，为了促进人口新政稳步落地，避免政策遇冷，在生育宣传上也应根据当代父母的生育观念和心理需求做出相应的调整，应从儿童发展的角度，为父母强化两个孩子的养育之道及兄弟姐妹的陪伴对于孩子健康成长的重要作用，鼓励具有较强生育意愿和潜在生育可能的父母积极生育二孩。

第二，关注高龄产妇生殖健康，降低高龄生育风险。研究调查结果显示，在总体人群中，超过 1/3 的妇女年龄都在 35 岁以上，这些妇女本身就是高龄群体。因此，面对即将产生的庞大的高龄产妇群体，有关部门应引起高度重视，并及时跟进相应措施，确保二孩政策的稳步实施。首先，政府应建立信息采集动态机制。加强人口变动情况调查。国家人口和健康信息数据库应迅速在各省市建立，实现人口计生部门、教育部门、医疗机构资源共享，及时更新为二孩生育的人口与健康的最新情况，确保政策平稳落地。其次，要增加综合医院妇产科资源。不仅要保障幼儿的健康，还要关注妇女生育的安全，不仅要加速建设孕产妇急救中心，更要切实做好高龄孕妇产前诊断工作。最后，要通过多种形式进行科普宣传，让广大群众了解什么是最佳生育年龄、高龄妊娠可能面临哪些风险、高龄孕妇应该怎样保持良好的心态、高龄妇女妊娠后为什么要做产前诊断等。产科医生也应尽其所能，关注高龄孕妇的心理状态，增加交流，帮助高龄产妇正确认识高龄妊娠，以解除她们的顾虑，增加其安全感。

第三，尽快完善生育补偿制度，缓解二孩生育的经济压力。经济压力是影响家庭二孩生育意愿的重要因素，尤其在更接近于生育行为的生育计划上家庭会有更多的经济考量。基于此，首先政府可考虑为新生二孩的家庭给予一定的经济补贴。此外，政府也应积极探索建立完善的生育补偿制度，切实保障家庭的生育权益，采取国家、企业双重补偿方针。在国家层面上，政府应对生育二孩父母家庭给予一定的资金补助，同时延长男女双方的产假，减缓二孩的照料压力。此外，对生育二孩父母所在的企业也应进行一定的经济或政策补偿，按照二孩生育人员比例，在征收税和福利基金保障上给予一定的政策倾斜，平衡用人单位的生育负担，试图将就业中的生育成本社会化，进而缓解家庭由于二孩生育所带来的经济压力。

第四，顶层配套二孩生育政策，提供充足的公共服务资源。二孩政策已全面放开，家庭养育负担的加重必然会影响生育政策的施行效果。在"全面二孩"政策的实施后，人口的增长势必会给教育、医疗等公共服务资源带来一定压力。因此，国家应及时承担起更多的养育责任，提前规划，未雨绸缪，统筹解决二孩养育问题。不仅要提供充足的公共资源，还要将这些资源进行合理化分配，加强政策的服务型导向，以满足群众需求为基准，最终建立前瞻性公共服务程序，切实减轻家庭的生育负担。在教育资源上，"全面二孩"政策的实施，对教育规模和质量都提出新的挑战。研究结果显示，入园（校）压力是阻碍家庭生育意愿的重要因素。近年来，一些地方由于受到周期性生育高峰和外来人口持续增长双重因素的影响，已经进入小学入学人数迅速增长期，教育承载能力不足问题开始显现，保证孩子"有学上"一时间成为困扰地方政府的一件难事。此外，由于家长对于孩子教育质量的日益重视，入学难背后更多的是入优质学难。如何在现有的教育资源配置基础上新建和改扩建学校，同时提升教育质量，是新的教育规划布局面临的一项重要任务。一方面，在教育服务资源上，政府应合理配置早期照料、学前教育和中小学教育等公共服务资源。各地尤其要加大推进三岁以下婴幼儿托幼机构的建设，鼓励以社区为依托，兴办托儿所，帮助家庭解决子女照料问题。另一方面，各省市也应该加强对学龄人口预测，建立前瞻性公共服务程序，只有做到未雨绸缪，才能赢得主动权。在医疗上，应完善医师准入制度，从根本上解决"儿科医生荒"问题。我国儿童约为全国总人口的 1/5，相比之下儿科医生人力资源严重不足。《2015 年中国卫生和计划生育统计年鉴》数据显示，全国平均每千名儿童只有 0.43 位儿科医生。同样在欧美国家，平均每千名儿童拥有 1.46 位儿科医生。在全国分科执业医师构成中，儿科执业医师仅占医师执业类别的 3.9%。"全面二孩"后，儿科医生会更加紧缺，儿童看病也将更加困难。在我国，《医师资格证书》是从事医师职业资格的前提条件，但是仅有此证书的医生还不能直接从事临床工作，待注册取得《医师执业证书》后，才可从事相应的医疗工作。并且，医师从事执业活动必须以取得医师资格的类别为依据，绝对不可以超范围。当下降低儿科医生从业准入门槛虽能增加儿科医生数量，却不能保证儿科医生质量，存在安全风险。而转岗培训虽然能在较短时间内增大儿科医生数量且保证质量，但却不是长久之计。中医讲求"对症下药"，面对"儿科医生荒"的问题同样如此。要想从根本上解决儿科医生紧缺问题，必须从医师准入制度提高必须从医生培养制定。《医师资格证书》的获取可以融入本科阶段的培养计划中，当前无论是五年制本科生还是七年制研究生，进入医院后还要接受 2 年以上的专门培养，培养周期前后加起来至少需要 8 年。因此，医师准入制度应将学校培养和资格认定有机结合，在保证质量的前提下缩短医生资格认定的时间。此外，为吸引更多优秀人才进入到儿科行业，政府应适当提高儿科医生福利待遇，真正解决"儿科医生荒"问题。

第六章
"全面二孩"政策后北京幼儿园布局的现状、问题与优化路径

第一节　研究设计

一、研究缘起

从全力推动"人文北京、科技北京、绿色北京"战略的"十二五"时期，北京市学前3年毛入园率达到95%（相比"十一五"时期提高了5个百分点），[①]到落实"四个中心"的首都城市战略定位和建设国际一流的和谐宜居之都战略目标的"十三五"时期，确立北京市学前三年毛入园率巩固在95%的目标，[②]北京市的学前教育事业发展取得了骄人的成绩。但是，有必要清醒地认识到新形势下，尤其是"全面二孩"政策落地以来，北京市学前教育发展面临挑战。其中，幼儿园布局和学前人口分布不完全匹配的现象明显。

学前教育资源布局主要是指幼儿园在地理空间上的分布。面对教育结构和布局不合理的现状，《国家中长期教育改革与发展规划纲要》明确提出，通过优化结构布局全面推进教育事业的科学发展；"国十条"强调，构建"覆盖城乡、布局合理的学前教育公共服务体系"。当前，面对新的社会和经济发展形势下学前教育的"入园难"问题，即幼儿园供给不足、"全面二孩"政策后新增

---

① 北京市教育委员会、北京市发展和改革委员会：《北京市"十二五"时期教育改革和发展规划》，http://zhengwu.beijing.gov.cn/ghxx/sewgh/t1222812.htm，2011-12-02。

② 北京市教育委员会：《北京市"十三五"时期教育改革和发展规划（2016—2020年）》，http://zhengwu.beijing.gov.cn/gh/dt/t1457650.htm，2016-11-02。

的入园压力和幼儿就近入园的需求,原教育部长袁贵仁将合理布局规划放在第一位,指出应将人口变化和教育相结合,做好学前教育规划,合理布局学前教育机构。[①]

随着城镇化进程的加快,教育资源分布与学龄人口不匹配的现象日益明显。[②] 选取城镇化率 86.2% 、幼儿园和人口空间分布存在错位现象和区域幼儿园配置不均的北京市作为个案研究高度城镇化进程中幼儿园的布局具有典型意义,尤其是在"全面二孩"政策实施背景下,清楚掌握当前幼儿园布局是未来学前教育资源合理规划需要首先考虑的。为增强幼儿园布局分析的科学性,本章采用跨学科视角,引入 GIS 技术,对幼儿园的地理分布、与人口的关系、密度等级和服务范围进行空间分析,探讨优化幼儿园空间布局的可行路径。

二、研究对象及方法

(一)研究对象

主要研究北京市幼儿园布局及其合理性,具体关注幼儿园的分布、幼儿园和人口布局的相对关系、幼儿园的分布密度和服务范围等。

(二)研究方法

研究主要采用 ArcGIS(Geographic Information System)软件,借助其较为强大的空间表达和分析功能,以地图形式呈现北京市幼儿园的分布情况。首先,基于现有底图,借助各种经纬度提取系统,参照北京市行政区划图,使用提取坐标的工具,确定区县边界的控制点,以便绘制带有经纬度坐标的区划边界,并进行空间校正和图层合并,最终形成布局分析的基础图层。接着,收集北京市各区县的人口和学前教育资源的统计数据,包括 2010 年中国公里网格人口分布数据、[③] 北京市区县面积、[④] 北京市六普常住人口、育龄妇女人口、0~5 岁人口、[⑤] 2014—2015 学年在园生规模、幼儿园数量和班额

---

① 袁贵仁:《全面二孩实施后学前教育面临压力》,载《海南日报》,2016-03-06。

② 刘善槐:《我国城镇义务教育学校布局调整研究》,载《教育研究》,2015(11)。

③ 付晶莹,江东,黄耀欢:《中国公里网格人口分布数据集》,全球变化科学数据注册与出版系统,DOI:10.3974/geodb.2014.01.06.V1,http://www.geodoi.ac.cn/webcn/doi.aspx?Id=131,2014-01-06。

④ 段柄仁:《北京年鉴2014》,541~590页,北京,北京年鉴社,2014。

⑤ 庞江倩:《北京市人口普查资料(2010)》,58~62页,169~180页,北京,中国统计出版社,2012。

等。[①] 同时，根据北京市教委和相关网站公布的幼儿园名单，整理全市各区县的幼儿园名单(2016年官方发布信息)[②]，并借助谷歌和百度地图搜索园址，确定经纬度信息。之后，通过 Jenks 自然段点分级法(保证组内差异最小，组间差异最大)划分人口和学前教育资源分布，并使用地图呈现。在对全市幼儿园进行空间分析时，为探讨幼儿园分布与人口分布的匹配程度，应用2010年公里网格人口分布数据、街道育龄妇女数据和0~5岁幼儿分布数据，参照幼儿园分布，进行对比分析。在参考已有研究的基础上，进行密度分析，考察距核心向外不同的密度等级，发现园所密度集中和重叠的地区。随后，根据《城市居住区规划设计规范》GB 50180—93(2002)，应用空间可达性中的直线距离工具，设置幼儿园服务半径基线为300米，最大可接受半径为1 000米，分析园所覆盖范围。

第二节　北京市幼儿园空间布局现状及其问题

2010年，北京市形成了14区2县的行政区划格局。[③] 其中，东城区和西城区构成首都核心功能区，朝阳区、丰台区、石景山区和海淀区构成城市功能拓展区，房山区、通州区、顺义区、昌平区和大兴区构成城市发展新区，门头沟区、怀柔区、平谷区、密云县和延庆县构成生态涵养发展区。下面将围绕北京市不同区县人口和幼儿园的分布情况进行比较分析。

一、幼儿园分布：由市东南部的核心区和拓展区向外扩散——

2016年，北京市经教委发布的幼儿园共有1489所。按照 Jenks 自然段点分级法[④]，幼儿园数量及其分布划分成五个等级，依次为等级一：29~52所；等级二：63~77所；等级三：96~114所；等级四：138~160所；等级五：214所。从幼儿园在不同区县的分布数量来看，朝阳区的幼儿园数量最多，落入第五等级，有214所。其次是海淀区、通州区和丰台区，它们均落入第

---

① 北京市教育委员会：《2014—2015学年度北京教育事业发展统计概况》，http://zfxxgk.beijing.gov.cn/columns/63/3/451646.html，2015-03-31。

② 北京市教育委员会：《学前教育》，http://www.bjedu.gov.cn/jyzy/jyzc/xqjy/，2016-03-09。

③ 中华人民共和国国家发展和改革委员会：《北京市主体功能区规划》，http://www.ndrc.gov.cn/fzgggz/fzgh/ghwb/ztgngh/201209/P020120925540189148806.pdf，2012-07-25。

④ 以下分级如无特别说明，均采用 Jenks 自然段点分级法，等级越高，数值越大。

四等级(138~160 所)。再次是昌平区、房山区和顺义区,它们均落入第三等级(96~114 所)。落入第二等级(63~77 所)的区县最多,分别是大兴区、密云县、西城区、怀柔区和平谷区。剩下的延庆县、东城区、石景山区和门头沟区均落入第一等级(29~52 所)。可见,北京市的幼儿园主要分布在城市功能拓展区和城市发展新区,即围绕市东南部向外扩散,越靠近首都功能核心区,幼儿园分布越密集,越向近、远郊区发展,幼儿园分布相对越分散,详见表 6-1。

表 6-1 北京市分区县面积及人口分布情况

区县	幼儿园(所)	面积(平方公里)	常住人口(人)	密度(人/平方公里)	育龄妇女(人)	密度(人/平方公里)	0~5 岁人口(人)	密度(人/平方公里)	在园生(人)	园均(人/园)	班额(人/班)
全市	1 489	16 454.91	18 827 262	1 144	12 913 219	785	799 089	49	364 954	256	28
东城区	51	41.84	919 253	21 971	540 396	12 916	29 719	710	13 193	264	30
西城区	69	50.7	1 243 315	24 523	735 378	14 504	40 748	804	16 698	246	28
朝阳区	214	470.8	3 545 137	7 530	2 421 193	5 143	136 938	291	62 329	307	26
丰台区	139	305.87	2 112 162	6 905	1 356 524	4 435	92 007	301	40 401	306	29
石景山区	50	84.38	616 083	7 301	384 587	4 558	26 136	310	13 409	279	27
海淀区	160	430.77	3 280 670	7 616	2 328 699	5 406	115 009	267	58 028	374	30
房山区	104	2 019	944 832	468	569 334	282	44 056	22	28 878	280	24
通州区	138	906.28	1 184 256	1 307	770 537	850	55 306	61	25 455	187	27
顺义区	96	1 021	876 620	859	567 864	556	39 208	38	19 184	231	32
昌平区	114	1 343.5	1 660 501	1 236	1 192 831	888	74 054	55	23 294	210	26
大兴区	77	1 036	1 365 112	1 318	958 334	925	62 592	60	24 965	352	29
门头沟区	29	1 448.84	290 476	200	164 587	114	12 441	9	5 241	187	27
怀柔区	63	2 122.6	372 887	176	228 277	108	19 073	9	8 642	166	29
平谷区	63	950.13	415 958	438	237 768	250	17 526	18	8 393	135	25
密云县	70	2 229.45	467 680	210	267 639	120	21 994	10	10 343	152	25
延庆县	52	1 993.75	317 426	159	189 271	95	12 282	6	6 501	116	27

注:幼儿园分布采用的是 2016 年年初发布的幼儿园信息,共有 1 489 所;幼儿园在园人口采用的是 2014—2015 学年学前教育的统计数据,当时有 1 426 所幼儿园,故对应的指标均按此时的幼儿园数量计算。由于数据可得性、时间间隔短和园数差异小,且基本上反映的是 2015 年的情况,所以可以作为互补性参考。其他人口数据一般为六普数据。育龄妇女指 15~49 岁的女性。选用0~5岁人口数据最接近3~6岁人口数据。

二、幼儿园与人口关系：人口多密处园所多，区县间匹配度差异大

考察人口分布情况，是为了与学前教育资源的布局进行对比分析。具体的人口指标包括从总体上把握常住人口的分布，关注与政策相关的育龄妇女人口分布，使用可获取的分区县 0～5 岁人口[①]代替 3～6 岁人口进行分析，同时基于最新可获取的在园生分布情况，为对比幼儿园和人口分布的匹配程度提供实证依据。

北京市密云县的面积最大，2 000 多平方千米，占全市的 13.55%，但是，在 2010 年，常住人口不足 50 万，仅占全市的 2.48%，东城区面积最小，40 多平方千米，仅占全市的 0.25%，但是常住人口超过 91 万，占全市的 4.88%，近似比密云县多一倍的常住人口。可见，区县面积和人口数量并不成正比。首都核心功能区和城市功能拓展区的人口基数相对较大，尤其是海淀区和朝阳区，常住人口、育龄妇女、0～5 岁幼儿和在园生规模都是全市之最，两类辖区的常住人口数量占全市的 62.23%，但是两类辖区的面积仅占全市的 8.41%。相较之下，城市发展新区和生态涵养发展区的面积占全市的 90% 以上，但是常住人口不到全市的 40%。在后两类辖区内，昌平区常住人口最多，占全市的 8.82%，面积占全市的 8.16%。育龄妇女、0～5 岁人口和在园生分布也基本和常住人口分布情况保持一致，但是又有所差异，详见表 6-1。

具体来看，常住人口数量[②]最多的是朝阳区和海淀区，常住人口约 328 万～355 万人，落入第五等级，对应的幼儿园在 160～214 所之间。落入第四等级的丰台区和昌平区有常住人口约 166 万～211 万人，对应的幼儿园数量在 114～139 所之间。首都核心功能区和其他城市发展新区常住人口数量则全部落在第三等级（约 88 万～137 万人），对应的幼儿园数为 51～138 所。密云县和石景山区的常住人口则约为 47 万～62 万人，落入第二等级，对应的幼儿园数为 50～70 所。余下的生态涵养发展区（县）常住人口约为 29 万～42 万人，

---

① 0～5 岁人口数＝总人口数－6 岁及以上人口数。采用北京市六普年龄数据验证推测 0～5 岁人口方法的有效性，实际显示数据与 2010 年计算结果基本一致。

② 常住人口数量及其分布划分成五个等级，依次为等级一：约 29 万～42 万人；等级二：约 47 万～62 万人；等级三：约 88 万～137 万人；等级四：约 166 万～211 万人；等级五：约 328 万～355 万人。

均落入第一等级,对应的幼儿园数为29~63所。可见,不同区县之间的幼儿园与人口匹配程度存在巨大的差异。从人口密度分布来看,幼儿园主要分布在人口密集的区域,最为明显的是首都功能核心区和城市功能拓展区,其他区域的幼儿园分布较为分散,详见表6-1。

在常住人口中,育龄妇女人口[①]最多的同样是朝阳区和海淀区,约233万~242万人,落入第五等级,对应的幼儿园数在160~214所之间,两区之间园数差异较大。其次是丰台区、昌平区和大兴区,育龄妇女人数约为96万~136万人,落入第四等级,对应的幼儿园数在77~139所之间,园数多寡基本与地区妇女人数多寡趋势相匹配。落入第三和第一等级的区县数量最多。第三等级的育龄妇女约在54万~77万人之间,主要是首都核心功能区和其他城市发展新区,对应51~138所幼儿园,区域之间幼儿园的数量、与育龄妇女人口匹配程度差异明显;第一等级的育龄妇女约在16万~27万人之间,囊括了所有生态涵养发展区,对应29~70所幼儿园;而石景山区被单独划入了第二等级,育龄妇女约38万人,对应50所幼儿园。从育龄人口密度分布来看,幼儿园主要分布在育龄妇女高度集中的首都功能核心区和城市功能拓展区,并向外延伸,但是育龄人口密度相对较低的区县也有部分地区幼儿园分布较多,这与此前分析的人口分布相对应,详见表6-1。

总体上,常住人口和育龄妇女越多或越密集的地区,幼儿园的数量越多,也会越密集。但是,人口数量相似的区县之间存在幼儿园数量差异明显的现象,幼儿园分布并不能完全与人口分布相匹配。

三、幼儿园与学前人口关系:园所供给失衡,总体和园班人数对应度低

与常住人口和育龄妇女人口分布相对应,朝阳区和海淀区的0~5岁人口[②]最多,约11.5万~13.7万人,落入第五等级,对应160~214所幼儿园。其次是丰台区和昌平区,0~5岁人口约为7.4万~9.2万人,对应幼儿园数

---

① 育龄妇女人口数量及其分布划分成五个等级,依次为等级一:约16万~27万人;等级二:约38万人;等级三:约54万~77万人;等级四:约96万~136万人;等级五:约233万~242万人。

② 0~5岁人口数量及其分布划分成五个等级,依次为等级一:约1.2万~1.9万人;等级二:约2.2万~3万人;等级三:约3.9万~6.3万人;等级四:约7.4万~9.2万人;等级五:约11.5万~13.7万人。

为114~139所。落在第三等级（约3.9万~6.3万人）的区县数量最多，包括西城区和其他城市发展新区，对应69~138所幼儿园，区域之间幼儿园与人口的匹配程度差异大，大兴区和西城区的园人匹配度相对较低。东城区、石景山区和密云县被划分到了第二等级，0~5岁人口约为2.2万~3万人，对应的幼儿园数为50~70所，园人匹配度不高。余下的生态涵养发展区均被划入第一等级（约1.2万~1.9万人），对应29~63所。从人口密度分布来看，0~5岁人口密度相对集中的首都核心功能区和城市功能拓展区幼儿园分布相对集中，而0~5岁人口居中或相对较低的区域也存在幼儿园密集区，这可能和聚居地的分布有关，但是同样存在幼儿园数量与0~5岁人口分布之间不匹配的情况，0~5岁人口数量相似的区域在幼儿园的布局上存在较大的差异。整体而言，虽然首都功能核心区幼儿园相对密集，但是人多园少，城市功能拓展区人多园多，部分城市发展新区园人不匹配的现象比较明显，生态涵养发展区人少园少，详见表6-1。

幼儿园在园幼儿[1]最多的区县依然是朝阳区和海淀区，落入第五等级（约5.8万~6.2万人），对应的幼儿园最多，对应155~203所幼儿园。其次是丰台区，有在园生4万多人，共设置132所幼儿园。落入第三等级（约1.9万~2.9万人）的区县最多，它们构成城市发展新区，设置的幼儿园数量在71~136所之间不等，区域之间差异明显。首都核心功能区、石景山区和密云县落入第二等级（约1万~1.7万人），对应48~68所幼儿园。余下的生态涵养发展区落入第一等级（约0.5万~0.9万人），对应28~62所幼儿园。具体来看园均在园生规模，海淀区和大兴区的园均在园幼儿数最多，落入第五等级（352~374人之间），属于大规模办园，对应的幼儿园数在71~155所，园人匹配度差异度大。其他城市功能拓展区和房山区落入了第四等级（279~307人之间），属于中等偏上规模办园，对应的幼儿园最多达203所，最少有103所。首都功能核心区和顺义区落入第三等级（231~264人之间），近似于中等规模办园，对应幼儿园数在50~83所之间。昌平区、通州区、门头沟区和怀柔区落入了第二等级（166~210人之间），属于小规模办园，对应的幼儿园数在28~136所之间。余下的生态涵养发展区均落在第一等级（116~152人之

---

① 在园生数量及其分布划分成五个等级，依次为等级一：约5200~8600人；等级二：约1万~1.7万人；等级三：约1.9万~2.9万人；等级四：约4万人；等级五：约5.8万~6.2万人。园均在园生数量划分成五个等级，依次为等级一：116~152人/园；等级二：166~210人/园；等级三：231~264人/园；等级四：279~307人/园；等级五：352~374人/园。

间），属于极小规模办园，对应的幼儿园数在 56～68 所之间，详见表 6-1。

进一步考察班级规模[①]，即平均每班有多少名幼儿。由表 6-1 可知，顺义区的幼儿园班额最大，达 32 人，落入第五等级，对应幼儿园 83 所。东城区、海淀区、丰台区、大兴区和怀柔区班额在 29～30 人之间，落入第四等级，对应幼儿园为 52～155 所。西城区、石景山区、通州区、门头沟区和延庆县的班额为 27～28 人，落入第三等级。朝阳区和昌平区的班额为 26 人，落入第二等级，对应 111～203 所幼儿园。余下的生态涵养发展区落入第一等级（24～25 人/班）。

由此可见，幼儿园与 0～6 岁人口的匹配程度，不仅需要考察适龄人口，还需要综合考虑幼儿园与在园生总体规模、园均和班均人数之间的关系。在首都功能核心区的幼儿园数量相对较少，在园生人数属于中等偏下水平，园均容纳在园生属中等水平，班额较大；城市功能拓展区的幼儿园数量最多（石景山区除外），在园生规模最大，园均幼儿数也最多，但是班额多寡不一（如朝阳区园数和人数最多，但是班额是城市功能拓展区中最小的）；城市发展新区中幼儿园数量较多，在园生规模属于中等水平，园均幼儿多寡不一，有大规模办园，也有小规模办园，班额差异十分明显（如顺义区的园生规模在城市发展新区中是最少的，幼儿园相对较少，近似中等规模办园，但是班额是最大的），园人不完全匹配；生态涵养发展区的幼儿园数量最少，在园幼儿也最少，园均规模基本属于（极）小规模办园，班额属于中等水平。

四、幼儿园密度及服务范围：高度密集于中部以南，越向周边扩展越分散稀疏

从表 6-1 可知，密度等级最高的地域每平方千米有近似 2～5 所幼儿园，它们主要集中在北京市中部以南，具体分布在石景山区、丰台区、首都功能核心区、海淀区、朝阳区、通州区、大兴区和房山区的部分地区。基本上呈现以首都核心功能区为中心向外发散的态势，越靠近老城区方向的幼儿园的密集程度往往越高，这一现象在城市功能拓展区表现得尤为明显。但是，大部分区县只有某几块区域的幼儿园密度较高，其他大部分区域的幼儿园密度都较低，每平方千米可能设置的幼儿园不到 1 所，分布较为分散，这在城市

---

① 班额划分成五个等级，依次为等级一：24～25 人/班；等级二：26 人/班；等级三：27～28 人/班；等级四：29～30 人/班；等级五：32 人/班。

功能发展新区和生态涵养发展新区表现得尤为明显。

根据《城市居住区规划设计规范》GB 50180—93(2002 年版)的相关规定，幼儿园服务半径不宜超过 300 米，即其服务范围在以幼儿园为圆心的半径为 300 米的园内。如果按照这一标准，那么幼儿园的数量明显不足，其覆盖范围较小。除了首都功能核心区和城市功能拓展区能够形成一定的服务网络之外，其他区域幼儿园的覆盖面并没有形成较为明显的连片服务区，且分散程度较高。若尝试将服务半径扩大至 1 000 米，由城市功能拓展区向周边延伸，城市发展新区靠近城市功能拓展区的地域形成了一定的服务网络，大部分生态涵养发展区靠近城市发展新区的地域服务网点也较为密集。相较之下，北京市的外围地区，尤其是北部、西北部和西南部的外围地区(当然也需要考虑山区和半山区的情况)，其幼儿园的成片服务区相对少很多，且幼儿园覆盖辐散范围小而零碎。虽然扩大服务半径能有效扩大幼儿园服务面，但是这无形中将加重家庭的交通成本，进而使家庭就近入园的需求难以得到满足。

第三节　北京市幼儿园布局面临的挑战及其优化建议

经过北京市幼儿园的布局分析发现，虽然幼儿园的设置与人口分布相对匹配，但是幼儿园数量和服务覆盖面并不能满足幼儿的实际需求，并且区域之间的学前教育资源分布差异明显。[①] 为了应对未来(尤其是"全面二孩"政策下)可能的人口变化，有必要进一步加强学前教育资源布局与人口分布之间的联系，建立起对未来人口变化的预测机制和当前人口分布的监测系统；同时注意均衡学前教育资源的分布，缩小区域之间的差距，在规模效益与就近入学之间取得平衡[②]；设立幼儿园空间布局信息系统，分析园所可达性和探讨布局优化规划，通过调整人口疏密地区的幼儿园空间布局，形成连片的服务网络。

一、挑战：幼儿园分布不均，服务覆盖面有限，区域间人园匹配度差异大

面对"全面二孩"政策带来的入园压力，原教育部部长袁贵仁提出，首先

---

① 杨卡：《北京市人口—教育资源空间协调度分析》，载《城市发展研究》，2016(2)。
② 万明钢，白亮：《"规模效益"抑或"公平正义"——农村学校布局调整中"巨型学校"现象思考》，载《教育研究》，2010(4)。

要做好与人口变化相适应的学前教育机构的合理布局与规划。北京市副市长王宁强调重新布局教育资源的重要性，并特别突出了幼儿园的布局规划安排。本研究也重点围绕幼儿园布局进行探讨，结果发现，北京市现有幼儿园的布局并不合理。这与李菁、黄大全（2014）对北京市西城区幼儿园布局合理性的分析结果相符；与上海市城区向郊区分布的幼儿园密度变低的结果相似，但与其幼儿园服务压力由城区向郊区增大的结果并不一致。[①]

具体来看，北京市的幼儿园主要密集于东南部，即人口相对比较密集的地域，但是现有幼儿园数量并不能很好地满足适龄幼儿的入园需要，人口数量相似的区县之间存在幼儿园数量差异明显的情况，部分区县人园不匹配的现象比较突出，整体园所分布并不均衡。幼儿园的分布以首都功能核心区和城市功能拓展区为中心向外辐散。首都功能核心区园少人较多，城市功能拓展区园多人多，城市发展新区之间人园匹配度差异大，生态涵养发展区人少园少。首都功能核心区和城市功能拓展区的幼儿园密度等级较高，幼儿园分布的交叉较多，能形成相对比较成片的服务网络，而城市发展新区和生态涵养发展新区只有部分区域存在幼儿园比较密集的现象，其他大部分地区的幼儿园密度等级都较低，分布较为分散，服务面较窄。

二、优化北京市学前教育资源布局的建议

（一）建立人口预测和实时监测系统，及时调整资源布局匹配人口变化

当前，我国正处于人口政策调整阶段，一方面，准确把握 $3\sim6$ 岁人口的变动趋势将成为幼儿园布局调整的必要前提。[②] 另一方面，实时监测当前人口和园所数量的分布情况，不仅是学前教育发展规划的基础，同时也是科学预测未来人口变化与园所布局调整的依据。在"全面二孩"政策下，未来五年的新增出生人口在 230 万～430 万，[③] 其中，北京市比常年多 4 万～5 万，如果扩展至常住出生人口，那么这一数字会提高 6 万～7 万，[④] 这势必对幼儿园

---

① 李菁、黄大全：《学前教育资源空间分布现状与优化——以北京市西城区为例》，载《学前教育研究》，2014(5)。

② 范先佐、郭清扬：《我国农村中小学布局调整的成效、问题及对策——基于中西部地区 6 省区的调查与分析》，载《教育研究》，2009(1)。

③ 王广州：《影响"全面二孩"政策新增出生人口规模的几个关键因素分析》，载《学海》，2016(1)。

④ 李婷婷、程媛媛、沙璐：《应对"全面二孩"教育资源将重新布局》，载《新京报》，2016-01-24。

数量和空间布局提出新的要求。正是考虑到人口因素和相关人口政策调整所起的关键性作用，[①] 政府应分区县、乡镇街道建立二孩政策目标人群和新生人口的电子档案，形成完善的人口监测系统，统一记录在全市人口统计与管理数据库中，并定期进行身份和数量核查，结合人口科学预测结果，与配套学前教育服务相绑定（如入园登记），方便相关部门根据市内适龄人口的分布变动情况及其学前教育需求动态配置学前教育资源，进而在人口地图的基础上形成配套的教育地图，健全和完善覆盖城乡的学前教育服务公共信息网。

（二）平衡区域间学前教育资源配置，兼顾幼儿就近入园和资源使用效率

虽然园所分布会受到人口变化的影响，但是不同区域也会受到其他因素的影响，如社会经济发展水平的不同，这使得各区县之间幼儿园分布并不均衡。排除地域广度的影响，仍有不少区域的园所分布过于稀疏，甚至不足，尤其是近、远郊的区域，而靠近中心的地区园所分布过于相对密集。学校的布局调整通常需要考虑服务覆盖人群数量和入学距离。在园所密集的地区，如中心城区，覆盖人群往往较大，但是可能存在服务区交叉，造成资源的浪费，对于这类园所可进行合并或拆除，优化资源布局；但是也不排除学前教育资源相对较多、却仍然供求紧张的区域，此时也没有较合适的土地资源，往往会考虑改建闲置校舍、扩建园所或增大班额，不过，这可能造成巨型幼儿园或低师幼比，规模经济效益受到抑制；[②] 在人口较少的山区或半山区，能够满足幼儿就近入园的学校却难以得到保证，为此，应该至少在区域内保留或新建一所幼儿园，确保适龄幼儿不因园所布局问题而失去接受学前教育的机会，在教育公平和资源使用效率上求得动态的平衡。[③] 同时，对于教育资源丰富的区域，应考虑加强其与其他区域的幼儿园建立联系，如幼儿园之间通过相互挂职、培训会、座谈会、观摩研讨会、经验交流会等方式进行手拉手帮扶结对，并建立交流协作关系；再如鼓励优秀园长带头设立工作室，并进入不同区域的幼儿园进行交流指导和研讨，促进优质学前教育资源向外辐散，推动不同区域学前教育的和谐发展。

---

① 雷万鹏：《家庭教育需求的差异化与学校布局调整政策转型》，载《华中师范大学学报（人文社会科学版）》，2012(6)。

② 李红恩、靳玉乐：《美国中小学学校布局调整的缘由、现状与启示》，载《比较教育研究》，2011(12)。

③ 郭清扬：《农村学校布局调整与教育资源合理配置》，载《教育发展研究》，2008(7)。

（三）构建幼儿园空间分布信息系统，合理确定服务半径并探讨空间布局优化

从北京市园所分布情况来看，在地图上难以形成连片的服务网络，尤其是发展新区和涵养发展区。这涉及教育资源分布的空间公平性，而具体的服务半径需要兼顾国家规定、当地政府行为和居民意愿三者的统一。[①] 有调查表明，当步行时间超过 15 分钟时，大部分家长会产生不便感，[②] 一般的园所服务半径不宜超过 300 米，但是实际情况并不乐观。对于交通不便地区，从空间距离入手确定服务半径较为合适；而对于交通较为方便的地区，合理的服务半径应该根据时间距离而非空间距离计算。[③] 为了更科学、直观地分析幼儿园的布局，通过 GIS 配套的开发组件，构建幼儿园空间分部信息系统，通过此系统可以模拟住所到园所的最近路径选择，同时有可能综合考虑地形、经济、交通区位等对教育资源的影响，计算 3～6 岁人口与学前教育资源的协调度，评价幼儿园的可达性，为政府确定幼儿园的服务半径以及空间布局的优化提供决策依据。

① 陆梦秋：《撤点并校背景下农村义务教育服务半径分析》，载《经济地理》，2016(1)。
② 李菁、黄大全：《学前教育资源空间分布现状与优化——以北京市西城区为例》，载《学前教育研究》，2014(5)。
③ 刘善槐：《我国城镇义务教育学校布局调整研究》，载《教育研究》，2015(11)。

附　录

附录1　全国人民代表大会常务委员会关于修改《中华人民共和国人口与计划生育法》的决定

（2015 年 12 月 27 日第十二届全国人民代表大会常务委员会第十八次会议通过）

第十二届全国人民代表大会常务委员会第十八次会议决定对《中华人民共和国人口与计划生育法》作如下修改：

一、将第十八条第一款分为两款，作为第一款、第二款，修改为："国家提倡一对夫妻生育两个子女。

"符合法律、法规规定条件的，可以要求安排再生育子女。具体办法由省、自治区、直辖市人民代表大会或者其常务委员会规定。"

增加一款，作为第四款："夫妻双方户籍所在地的省、自治区、直辖市之间关于再生育子女的规定不一致的，按照有利于当事人的原则适用。"

二、将第二十条修改为："育龄夫妻自主选择计划生育避孕节育措施，预防和减少非意愿妊娠。"

三、将第二十五条修改为："符合法律、法规规定生育子女的夫妻，可以获得延长生育假的奖励或者其他福利待遇。"

四、将第二十七条修改为："在国家提倡一对夫妻生育一个子女期间，自愿终身只生育一个子女的夫妻，国家发给《独生子女父母光荣证》。

"获得《独生子女父母光荣证》的夫妻，按照国家和省、自治区、直辖市有关规定享受独生子女父母奖励。

"法律、法规或者规章规定给予获得《独生子女父母光荣证》的夫妻奖励的措施中由其所在单位落实的，有关单位应当执行。

"获得《独生子女父母光荣证》的夫妻，独生子女发生意外伤残、死亡的，按照规定获得扶助。

"在国家提倡一对夫妻生育一个子女期间，按照规定应当享受计划生育家庭老年人奖励扶助的，继续享受相关奖励扶助。"

五、删去第三十六条第三项中的"实施假节育手术"。

本决定自 2016 年 1 月 1 日起施行。

《中华人民共和国人口与计划生育法》根据本决定作相应修改，重新公布。

附录 2　中华人民共和国人口与计划生育法

（2001 年 12 月 29 日第九届全国人民代表大会常务委员会第二十五次会议通过　根据 2015 年 12 月 27 日第十二届全国人民代表大会常务委员会第十八次会议《关于修改〈中华人民共和国人口与计划生育法〉的决定》修正）

第一章　总则

第一条　为了实现人口与经济、社会、资源、环境的协调发展，推行计划生育，维护公民的合法权益，促进家庭幸福、民族繁荣与社会进步，根据宪法，制定本法。

第二条　我国是人口众多的国家，实行计划生育是国家的基本国策。

国家采取综合措施，控制人口数量，提高人口素质。

国家依靠宣传教育、科学技术进步、综合服务、建立健全奖励和社会保障制度，开展人口与计划生育工作。

第三条　开展人口与计划生育工作，应当与增加妇女受教育和就业机会、增进妇女健康、提高妇女地位相结合。

第四条　各级人民政府及其工作人员在推行计划生育工作中应当严格依法行政，文明执法，不得侵犯公民的合法权益。

计划生育行政部门及其工作人员依法执行公务受法律保护。

第五条　国务院领导全国的人口与计划生育工作。

地方各级人民政府领导本行政区域内的人口与计划生育工作。

第六条　国务院计划生育行政部门负责全国计划生育工作和与计划生育有关的人口工作。

县级以上地方各级人民政府计划生育行政部门负责本行政区域内的计划生育工作和与计划生育有关的人口工作。

县级以上各级人民政府其他有关部门在各自的职责范围内，负责有关的人口与计划生育工作。

第七条　工会、共产主义青年团、妇女联合会及计划生育协会等社会团体、企业事业组织和公民应当协助人民政府开展人口与计划生育工作。

第八条　国家对在人口与计划生育工作中作出显著成绩的组织和个人，给予奖励。

第二章　人口发展规划的制定与实施

第九条　国务院编制人口发展规划，并将其纳入国民经济和社会发展计划。

县级以上地方各级人民政府根据全国人口发展规划以及上一级人民政府人口发展规划，结合当地实际情况编制本行政区域的人口发展规划，并将其纳入国民经济和社会发展计划。

第十条　县级以上各级人民政府根据人口发展规划，制定人口与计划生育实施方案并组织实施。

县级以上各级人民政府计划生育行政部门负责实施人口与计划生育实施方案的日常工作。

乡、民族乡、镇的人民政府和城市街道办事处负责本管辖区域内的人口与计划生育工作，贯彻落实人口与计划生育实施方案。

第十一条　人口与计划生育实施方案应当规定控制人口数量，加强母婴保健，提高人口素质的措施。

第十二条　村民委员会、居民委员会应当依法做好计划生育工作。

机关、部队、社会团体、企业事业组织应当做好本单位的计划生育工作。

第十三条　计划生育、教育、科技、文化、卫生、民政、新闻出版、广播电视等部门应当组织开展人口与计划生育宣传教育。

大众传媒负有开展人口与计划生育的社会公益性宣传的义务。

学校应当在学生中，以符合受教育者特征的适当方式，有计划地开展生理卫生教育、青春期教育或者性健康教育。

第十四条　流动人口的计划生育工作由其户籍所在地和现居住地的人民

政府共同负责管理，以现居住地为主。

第十五条　国家根据国民经济和社会发展状况逐步提高人口与计划生育经费投入的总体水平。各级人民政府应当保障人口与计划生育工作必要的经费。

各级人民政府应当对贫困地区、少数民族地区开展人口与计划生育工作给予重点扶持。

国家鼓励社会团体、企业事业组织和个人为人口与计划生育工作提供捐助。

任何单位和个人不得截留、克扣、挪用人口与计划生育工作费用。

第十六条　国家鼓励开展人口与计划生育领域的科学研究和对外交流与合作。

第三章　生育调节

第十七条　公民有生育的权利，也有依法实行计划生育的义务，夫妻双方在实行计划生育中负有共同的责任。

第十八条　国家提倡一对夫妻生育两个子女。

符合法律、法规规定条件的，可以要求安排再生育子女。具体办法由省、自治区、直辖市人民代表大会或者其常务委员会规定。

少数民族也要实行计划生育，具体办法由省、自治区、直辖市人民代表大会或者其常务委员会规定。

夫妻双方户籍所在地的省、自治区、直辖市之间关于再生育子女的规定不一致的，按照有利于当事人的原则适用。

第十九条　实行计划生育，以避孕为主。

国家创造条件，保障公民知情选择安全、有效、适宜的避孕节育措施。实施避孕节育手术，应当保证受术者的安全。

第二十条　育龄夫妻自主选择计划生育避孕节育措施，预防和减少非意愿妊娠。

第二十一条　实行计划生育的育龄夫妻免费享受国家规定的基本项目的计划生育技术服务。

前款规定所需经费，按照国家有关规定列入财政预算或者由社会保险予以保障。

第二十二条　禁止歧视、虐待生育女婴的妇女和不育的妇女。

禁止歧视、虐待、遗弃女婴。

第四章　奖励与社会保障

第二十三条　国家对实行计划生育的夫妻，按照规定给予奖励。

第二十四条　国家建立、健全基本养老保险、基本医疗保险、生育保险和社会福利等社会保障制度，促进计划生育。

国家鼓励保险公司举办有利于计划生育的保险项目。

有条件的地方可以根据政府引导、农民自愿的原则，在农村实行多种形式的养老保障办法。

第二十五条　符合法律、法规规定生育子女的夫妻，可以获得延长生育假的奖励或者其他福利待遇。

第二十六条　妇女怀孕、生育和哺乳期间，按照国家有关规定享受特殊劳动保护并可以获得帮助和补偿。

公民实行计划生育手术，享受国家规定的休假；地方人民政府可以给予奖励。

第二十七条　在国家提倡一对夫妻生育一个子女期间，自愿终身只生育一个子女的夫妻，国家发给《独生子女父母光荣证》。

获得《独生子女父母光荣证》的夫妻，按照国家和省、自治区、直辖市有关规定享受独生子女父母奖励。

法律、法规或者规章规定给予获得《独生子女父母光荣证》的夫妻奖励的措施中由其所在单位落实的，有关单位应当执行。

获得《独生子女父母光荣证》的夫妻，独生子女发生意外伤残、死亡的，按照规定获得扶助。

在国家提倡一对夫妻生育一个子女期间，按照规定应当享受计划生育家庭老年人奖励扶助的，继续享受相关奖励扶助。

第二十八条　地方各级人民政府对农村实行计划生育的家庭发展经济，给予资金、技术、培训等方面的支持、优惠；对实行计划生育的贫困家庭，在扶贫贷款、以工代赈、扶贫项目和社会救济等方面给予优先照顾。

第二十九条　本章规定的奖励措施，省、自治区、直辖市和较大的市的人民代表大会及其常务委员会或者人民政府可以依据本法和有关法律、行政法规的规定，结合当地实际情况，制定具体实施办法。

第五章　计划生育技术服务

第三十条　国家建立婚前保健、孕产期保健制度，防止或者减少出生缺陷，提高出生婴儿健康水平。

第三十一条　各级人民政府应当采取措施，保障公民享有计划生育技术服务，提高公民的生殖健康水平。

第三十二条　地方各级人民政府应当合理配置、综合利用卫生资源，建立、健全由计划生育技术服务机构和从事计划生育技术服务的医疗、保健机构组成的计划生育技术服务网络，改善技术服务设施和条件，提高技术服务水平。

第三十三条　计划生育技术服务机构和从事计划生育技术服务的医疗、保健机构应当在各自的职责范围内，针对育龄人群开展人口与计划生育基础知识宣传教育，对已婚育龄妇女开展孕情检查、随访服务工作，承担计划生育、生殖保健的咨询、指导和技术服务。

第三十四条　计划生育技术服务人员应当指导实行计划生育的公民选择安全、有效、适宜的避孕措施。

对已生育子女的夫妻，提倡选择长效避孕措施。

国家鼓励计划生育新技术、新药具的研究、应用和推广。

第三十五条　严禁利用超声技术和其他技术手段进行非医学需要的胎儿性别鉴定；严禁非医学需要的选择性别的人工终止妊娠。

第六章　法律责任

第三十六条　违反本法规定，有下列行为之一的，由计划生育行政部门或者卫生行政部门依据职权责令改正，给予警告，没收违法所得；违法所得一万元以上的，处违法所得二倍以上六倍以下的罚款；没有违法所得或者违法所得不足一万元的，处一万元以上三万元以下的罚款；情节严重的，由原发证机关吊销执业证书；构成犯罪的，依法追究刑事责任：

（一）非法为他人施行计划生育手术的；

（二）利用超声技术和其他技术手段为他人进行非医学需要的胎儿性别鉴定或者选择性别的人工终止妊娠的；

（三）进行假医学鉴定、出具假计划生育证明的。

第三十七条　伪造、变造、买卖计划生育证明，由计划生育行政部门没收违法所得，违法所得五千元以上的，处违法所得二倍以上十倍以下的罚款；没有违法所得或者违法所得不足五千元的，处五千元以上二万元以下的罚款；构成犯罪的，依法追究刑事责任。

以不正当手段取得计划生育证明的，由计划生育行政部门取消其计划生育证明；出具证明的单位有过错的，对直接负责的主管人员和其他直接责任人员依法给予行政处分。

第三十八条　计划生育技术服务人员违章操作或者延误抢救、诊治，造成严重后果的，依照有关法律、行政法规的规定承担相应的法律责任。

第三十九条　国家机关工作人员在计划生育工作中，有下列行为之一，构成犯罪的，依法追究刑事责任；尚不构成犯罪的，依法给予行政处分；有违法所得的，没收违法所得：

（一）侵犯公民人身权、财产权和其他合法权益的；

（二）滥用职权、玩忽职守、徇私舞弊的；

（三）索取、收受贿赂的；

（四）截留、克扣、挪用、贪污计划生育经费或者社会抚养费的；

（五）虚报、瞒报、伪造、篡改或者拒报人口与计划生育统计数据的。

第四十条　违反本法规定，不履行协助计划生育管理义务的，由有关地方人民政府责令改正，并给予通报批评；对直接负责的主管人员和其他直接责任人员依法给予行政处分。

第四十一条　不符合本法第十八条规定生育子女的公民，应当依法缴纳社会抚养费。

未在规定的期限内足额缴纳应当缴纳的社会抚养费的，自欠缴之日起，按照国家有关规定加收滞纳金；仍不缴纳的，由作出征收决定的计划生育行政部门依法向人民法院申请强制执行。

第四十二条　按照本法第四十一条规定缴纳社会抚养费的人员，是国家工作人员的，还应当依法给予行政处分；其他人员还应当由其所在单位或者组织给予纪律处分。

第四十三条　拒绝、阻碍计划生育行政部门及其工作人员依法执行公务的，由计划生育行政部门给予批评教育并予以制止；构成违反治安管理行为的，依法给予治安管理处罚；构成犯罪的，依法追究刑事责任。

第四十四条　公民、法人或者其他组织认为行政机关在实施计划生育管理过程中侵犯其合法权益，可以依法申请行政复议或者提起行政诉讼。

第七章　附　　则

第四十五条　流动人口计划生育工作的具体管理办法、计划生育技术服务的具体管理办法和社会抚养费的征收管理办法，由国务院制定。

第四十六条　中国人民解放军执行本法的具体办法，由中央军事委员会依据本法制定。

第四十七条　本法自 2002 年 9 月 1 日起施行。

附录3　北京市人民代表大会常务委员会关于修改 《北京市人口与计划生育条例》的决定

（2016年3月24日北京市第十四届人民代表大会常务委员会第二十六次会议通过）

北京市第十四届人民代表大会常务委员会第二十六次会议决定对《北京市人口与计划生育条例》作如下修改：

一、将第十条第二款修改为："本市各级卫生和计划生育、发展改革、公安、民政、统计、人力资源和社会保障等行政部门应当建立信息通报制度，促进人口信息资源的综合开发和利用，实现人口信息共享。"

二、将第十一条第二款修改为："机关、企业事业单位、社会团体和其他组织应当做好本单位的计划生育工作，接受卫生和计划生育行政部门的指导、监督、检查；其法定代表人或者负责人对本单位计划生育工作负主要责任。"

三、删去第十二条第三款。

四、将第十六条修改为："依法办理结婚登记的夫妻，除享受国家规定的婚假外，增加假期七天。"

五、将第十七条修改为："提倡一对夫妻生育两个子女。生育两个以内子女的，按照国家有关规定实行生育登记服务制度。"符合下列情形之一的，夫妻双方可以要求再生育一个子女：

（一）再婚夫妻婚前仅生育一个子女，婚后已生育一个子女的；

（二）再婚夫妻婚前生育两个以上子女，婚后未共同生育子女的；

（三）夫妻共同生育两个子女，其中一个经指定医疗机构鉴定为非遗传性病残，不能成长为正常劳动力的。

再婚夫妻按照本条第二款第（二）项规定共同生育的子女，经指定医疗机构鉴定为非遗传性病残，不能成长为正常劳动力的，可以要求再生育一个子女。

"要求再生育子女的夫妻应当向一方户籍所在地乡镇人民政府、街道办事处提交相关材料；乡镇人民政府、街道办事处核实后，报区卫生和计划生育行政部门确认。需要提交的材料、办理程序及期限，由市卫生和计划生育行政部门制定并公布。"

六、删去第十八条。

七、删去第十九条。

八、将第二十条改为第十八条，修改为："机关、企业事业单位、社会团体和其他组织的女职工，按规定生育的，除享受国家规定的产假外，享受生育奖励假三十天，其配偶享受陪产假十五天。女职工及其配偶休假期间，机关、企业事业单位、社会团体和其他组织不得降低其工资、予以辞退、与其解除劳动或者聘用合同。女职工经所在机关、企业事业单位、社会团体和其他组织同意，可以再增加假期一至三个月。

九、将第二十一条改为第十九条，第一款第一句修改为：已经获得《独生子女父母光荣证》的夫妻，凭证享受以下奖励和优待，并删去该款第二项。

十、删去第二十二条。

十一、删去第三十三条。

十二、将第三十九条改为第三十五条，第二款修改为："享受本条例第十九条规定的奖励和优待的夫妻，再生育子女的，停止其奖励和优待，收回《独生子女父母光荣证》。"

十三、删去第四十一条。

十四、删去第四十二条。

十五、将有关条文中的市和区、县修改为市、区，区、县修改为区，计划生育行政部门修改为卫生和计划生育行政部门，劳动和社会保障行政部门修改为人力资源和社会保障行政部门，新闻出版、广播电视修改为新闻出版广电，机关、社会团体、企业事业组织修改为机关、企业事业单位、社会团体和其他组织。

本决定自公布之日起施行。

《北京市人口与计划生育条例》根据本决定作相应修改并对条文顺序作相应调整，重新公布。

附录 4 北京市人口与计划生育条例

（2003 年 7 月 18 日北京市第十二届人民代表大会常务委员会第五次会议通过 根据 2014 年 2 月 21 日北京市第十四届人民代表大会常务委员会第九次会议通过的《北京市人口与计划生育条例修正案》修正 根据 2016 年 3 月 24 日北京市第十四届人民代表大会常务委员会第二十六次会议《关于修改〈北京市人口与计划生育条例〉的决定》修正）

第一章　总　则

第一条　为了实施《中华人民共和国人口与计划生育法》，结合本市实际情况，制定本条例。

第二条　本市各级人民政府应当采取综合措施，控制人口数量，提高人口素质，改善人口结构和分布。

第三条　市、区人民政府领导本行政区域内的人口与计划生育工作。

市、区卫生和计划生育行政部门负责本行政区域内的计划生育和与计划生育有关的人口工作。

市、区人民政府其他有关部门在各自的职责范围内，负责有关的人口与计划生育工作。

乡镇人民政府和街道办事处负责本辖区内的人口与计划生育工作。

第四条　工会、共产主义青年团、妇女联合会以及计划生育协会等社会团体、企业事业单位、其他组织和公民，应当协助本市各级人民政府开展人口与计划生育工作。

村民委员会、居民委员会应当依法做好计划生育工作。

第五条　本市各级人民政府应当把人口与计划生育经费纳入财政预算，逐步提高人口与计划生育经费投入，保证人口与计划生育工作的开展。

任何单位和个人不得截留、克扣、挪用人口与计划生育工作费用。

第六条　本市各级人民政府或者卫生和计划生育行政部门对在人口与计划生育工作中做出成绩的机关、企业事业单位、社会团体、其他组织和公民给予表彰和奖励。

第二章　人口规划与管理

第七条　市、区人民政府应当根据上一级人民政府的人口发展规划，结合本地实际，编制本行政区域人口发展的中、长期规划，并将其纳入国民经济和社会发展计划。

第八条　市、区人民政府应当根据人口发展的中、长期规划，制定本行政区域人口与计划生育实施方案并组织实施。

市、区卫生和计划生育行政部门负责本行政区域人口与计划生育实施方案的日常工作。

乡镇人民政府和街道办事处负责人口与计划生育实施方案在本辖区内的贯彻落实工作。

第九条　本市建立和完善有利于合理调控人口数量、人口年龄结构、人口分布的政策及制度，使人口状况与本市经济、社会发展水平和资源、环境的承载能力相适应。

第十条　市、区人民政府应当建立和完善人口与计划生育综合信息系统，负责人口与计划生育综合信息的汇集和管理工作，开展人口总量、人口结构、人口出生和死亡、人口迁移等人口变动和发展趋势的中、长期预测工作。

本市各级卫生和计划生育、发展改革、公安、民政、统计、人力资源和社会保障等行政部门应当建立信息通报制度，促进人口信息资源的综合开发和利用，实现人口信息共享。

第十一条　人口与计划生育工作实行目标管理责任制。上一级人民政府应当每年对下一级人民政府下达人口与计划生育目标管理责任，并对执行情况进行考核、评估和奖惩。

机关、企业事业单位、社会团体和其他组织应当做好本单位的计划生育工作，接受卫生和计划生育行政部门的指导、监督、检查；其法定代表人或者负责人对本单位计划生育工作负主要责任。

第十二条　公安部门应当根据人口与计划生育工作的要求，做好户籍人口和流动人口的管理工作。

民政部门应当配合卫生和计划生育行政部门在婚姻登记工作中做好宣传教育工作；将计划生育服务、管理纳入社区服务工作中。

人力资源和社会保障行政部门应当根据人口与计划生育工作的要求，制定相关的劳动就业和社会保障政策。

农业行政部门应当在农村经济政策方面支持计划生育家庭发展经济。

教育行政部门应当指导学校以符合受教育者特征的适当方式，在学生中有计划地开展人口基础知识教育、青春期教育和性健康教育。

科技、文化、新闻出版广电等行政部门应当组织开展人口与计划生育的宣传教育。

大众传媒应当开展人口与计划生育的社会公益性宣传。

第十三条　村（居）民委员会应当将人口与计划生育工作纳入村（居）规民约，积极开展人口与计划生育宣传教育，实行村（居）民计划生育自我教育、自我管理、自我服务，协助卫生和计划生育行政部门及有关部门做好计划生育管理和服务工作。

第十四条　流动人口的计划生育工作，由其户籍所在地和现居住地的人民政府共同负责管理，以现居住地为主。

流动人口的计划生育工作，按照《流动人口计划生育工作管理办法》和本市有关规定执行。

第三章　生育调节

第十五条　公民有生育的权利，也有依法实行计划生育的义务，夫妻双方在实行计划生育中负有共同的责任。

公民实行计划生育的合法权益受法律保护。

第十六条　依法办理结婚登记的夫妻，除享受国家规定的婚假外，增加假期七天。

第十七条　提倡一对夫妻生育两个子女。生育两个以内子女的，按照国家有关规定实行生育登记服务制度。

符合下列情形之一的，夫妻双方可以要求再生育一个子女：

（一）再婚夫妻婚前仅生育一个子女，婚后已生育一个子女的；

（二）再婚夫妻婚前生育两个以上子女，婚后未共同生育子女的；

（三）夫妻共同生育两个子女，其中一个经指定医疗机构鉴定为非遗传性病残，不能成长为正常劳动力的。

再婚夫妻按照本条第二款第（二）项规定共同生育的子女，经指定医疗机构鉴定为非遗传性病残，不能成长为正常劳动力的，可以要求再生育一个子女。

要求再生育子女的夫妻应当向一方户籍所在地乡镇人民政府、街道办事处提交相关材料；乡镇人民政府、街道办事处核实后，报区卫生和计划生育行政部门确认。需要提交的材料、办理程序及期限，由市卫生和计划生育行政部门制定并公布。

第四章　奖励与社会保障

第十八条　机关、企业事业单位、社会团体和其他组织的女职工，按规定生育的，除享受国家规定的产假外，享受生育奖励假三十天，其配偶享受陪产假十五天。女职工及其配偶休假期间，机关、企业事业单位、社会团体和其他组织不得降低其工资、予以辞退、与其解除劳动或者聘用合同。

女职工经所在机关、企业事业单位、社会团体和其他组织同意，可以再增加假期一至三个月。

第十九条　已经获得《独生子女父母光荣证》的夫妻，凭证享受以下奖励和优待：

（一）每月发给 10 元独生子女父母奖励费，奖励费自领取《独生子女父母光荣证》之月起发至其独生子女满十八周岁止；

（二）独生子女的托幼管理费和十八周岁之前的医药费，由夫妻双方所在单位依照有关规定报销；

（三）独生子女父母，女方年满五十五周岁，男方年满六十周岁的，每人享受不少于1000元的一次性奖励；

（四）农村在推行养老保险制度时，应当为独生子女父母优先办理养老保险。农村安排宅基地，对独生子女父母应当给予优先和照顾；

（五）乡镇人民政府和农村集体经济组织应当扶持独生子女家庭发展生产。

在国家提倡一对夫妻生育一个子女期间，第一胎生育双胞或者多胞的夫妻，不领取《独生子女父母光荣证》，凭女方户籍所在地乡镇人民政府或者街道办事处出具的证明，享受前款第(三)项规定以外的奖励和优待，但只享受一份独生子女奖励待遇。

第二十条　独生子女发生意外伤残致使基本丧失劳动能力或者死亡，其父母不再生育或者收养子女的，女方年满五十五周岁，男方年满六十周岁的，所在区人民政府应当给予每人不少于5000元的一次性经济帮助。

第二十一条　本市各级人民政府和各有关部门应当制定和完善有利于独生子女父母的老年保障制度和措施。

本市有条件的乡镇，可以根据政府引导、农民自愿的原则，实行多种形式的养老保障办法。

第二十二条　本市各级人民政府对农村实行计划生育的家庭发展经济，给予资金、技术、培训等方面的支持和优惠；对实行计划生育的贫困家庭在扶贫贷款、扶贫项目、以工代赈和社会救济等方面给予优先照顾。

第二十三条　区人民政府可以根据本地区的实际情况，制定有利于推行计划生育的奖励、优惠政策。

第二十四条　本条例规定的奖励费发放和经济帮助的具体办法，由市卫生和计划生育行政部门会同有关部门制定。

第五章　计划生育技术服务

第二十五条　本市建立婚前保健、孕产期保健制度，防止或者减少出生缺陷，提高出生婴儿的健康水平。

第二十六条　市、区人民政府应当合理配置、综合利用卫生资源，建立健全由计划生育技术服务机构和从事计划生育技术服务的医疗、保健机构组成的计划生育技术服务网络，改善技术服务设施和条件，提高技术服务水平。

第二十七条 从事计划生育技术服务的机构应当在各自的职责范围内，针对育龄人群开展婚前教育和优生指导，对已婚育龄妇女开展孕情检查、随访服务，承担计划生育及生殖保健的咨询、指导和技术服务。

第二十八条 政府免费向已婚育龄夫妻提供避孕药具，避孕药具由村民委员会、居民委员会、机关、企业事业单位、社会团体、其他组织或者计划生育技术服务机构负责发放，卫生和计划生育行政部门应当加强监督和管理。

第二十九条 本市各级人民政府应当创造条件，保障公民享有计划生育技术服务，保障公民知情选择安全、有效、适宜的避孕节育措施。

第三十条 实行计划生育的育龄夫妻免费享受国家规定的基本项目的计划生育技术服务。

第三十一条 接受节育手术的，机关、企业事业单位、社会团体和其他组织的职工凭医疗单位证明，享受国家规定的休假，休假期间视为劳动时间；农村居民由农村集体经济组织给予照顾。

第三十二条 实施避孕、节育手术应当保证受术者的安全。

个体医疗机构不得从事计划生育手术。

第三十三条 严禁利用超声技术和其他技术手段进行非医学需要的胎儿性别鉴定；严禁非医学需要的选择性别的人工终止妊娠。

第六章 法律责任

第三十四条 违反本条例的行为，法律、法规已有规定的，依照相关规定处理。

第三十五条 违反本条例规定生育子女的夫妻，应当依法缴纳社会抚养费。征收社会抚养费的具体办法，由市人民政府制定。

享受本条例第十九条规定的奖励和优待的夫妻，再生育子女的，停止其奖励和优待，收回《独生子女父母光荣证》。

第三十六条 机关、企业事业单位、社会团体、其他组织的职工违反本条例规定生育的，由其所在单位给予行政处分或者纪律处分；分娩的住院费和医药费自理，产假期间停止其工资福利待遇；三年内不得被评为先进个人、不得提职，并取消一次调级。

农村居民违反本条例规定生育的，在给予农村福利时予以适当限制；聘任为干部的，应予解聘。

第三十七条 对机关、企业事业单位、社会团体、其他组织不落实本条例规定的计划生育奖励和优待政策，有关当事人可以向卫生和计划生育行政部门举报；卫生和计划生育行政部门应当督促落实，并对当事人维护合法权益予以支持。

第七章　附　则

第三十八条　本条例自 2003 年 9 月 1 日起施行。1991 年 1 月 15 日北京市第九届人民代表大会常务委员会第二十五次会议通过、1999 年 5 月 14 日北京市第十一届人民代表大会常务委员会第十次会议修订的《北京市计划生育条例》，1991 年 5 月 16 日市人民政府发布、2000 年 3 月 8 日市人民政府修订的《北京市计划生育奖励实施办法》和《北京市违反〈计划生育条例〉处罚办法》同时废止。

参考文献

专 著

1.［奥］阿德勒. 自卑与超越［M］. 黄光国，译. 北京：作家出版社，1986.

2.［奥］阿德勒. 阿德勒谈灵魂与情感［M］. 石磊，译. 天津：天津社会科学院出版社，2011.

3.［法］阿尔弗雷德. 儿童的人格形成及其培养［M］. 韦启昌，译. 北京：北京大学出版社，2014.

4. 段柄仁. 北京年鉴 2014［M］. 北京：北京年鉴社，2014.

5. 顾宝昌，李建新. 21 世纪中国生育政策论争［M］. 北京：社会科学文献出版社，2010.

6.［美］科克伦. 儿童早期教育体系的政策研究［M］. 王海英，译. 南京：江苏教育出版社，2011.

7. 庞江倩. 北京市人口普查资料（2010）［M］. 北京：中国统计出版社，2012.

8.［苏］苏霍姆林斯基. 给教师的建议［M］. 杜殿坤，译. 北京：教育科学出版社，2000.

期刊文章

1. 包蕾萍，陈建强. 中国"独生父母"婚育模式初探：以上海为例［J］. 人口研究，2005(4).

2. 陈友华. 独生子女政策风险研究［J］. 人口与发展，2010(4).

3. 陈友华. 关于进一步完善生育政策的若干认识问题[J]. 人口与发展，2007(1).

4. 陈友华，苗国. 意料之外与情理之中：单独二孩政策为何遇冷[J]. 探索与争鸣，2015(2).

5. 崔树义，李兰永. 全面二孩政策的社会经济效应与计划生育工作转型[J]. 东岳论丛，2016(2).

6. 崔玉芹，张晓辉. 我国学前教育资源配置的成就、困境与发展[J]. 早期教育（教科研版），2014(10).

7. 丁卓然. 辽宁省学龄前教育需求数量研究[J]. 辽宁教育行政学院学报，2013(3).

8. 范先佐，郭清扬. 我国农村中小学布局调整的成效、问题及对策——基于中西部地区 6 省区的调查与分析[J]. 教育研究，2009(1).

9. 风笑天. "单独二孩"生育政策对年轻家庭亲子社会化的影响[J]. 东南大学学报：哲学社会科学版，2015(4).

10. 风笑天. "单独二孩"：生育政策调整的社会影响前瞻[J]. 国家行政学院学报，2014(5).

11. 风笑天. 生育二胎："双独夫妇"的意愿及相关因素分析[J]. 社会科学，2010(5).

12. 风笑天，李芬. 再生一个？城市一孩育龄人群的年龄结构与生育意愿[J]. 思想战线，2016(1).

13. 风笑天，沈晖. 应该调查谁？生育意愿调查的对象选择及其影响[J]. 人文杂志，2016(9).

14. 甘春华，陆健武. "全面二孩"政策下农村女青年的生育意愿及流动模式——以粤西地区为例[J]. 青年探索，2016(5).

15. 顾宝昌. 生育意愿、生育行为和生育水平[J]. 人口研究，2011(2).

16. 顾宁. 建国以来女性教育的成果、问题及对策[J]. 当代中国史研究，2005(12).

17. 郭清扬. 农村学校布局调整与教育资源合理配置[J]. 教育发展研究，2008(7).

18. 郭元凯，胡晓江. "单独二孩"政策对我国学前教育发展的影响——兼论未来学前教育发展的政策取向[J]. 中国教育学刊，2015(2).

19. 郭志刚. 六普结果表明以往人口估计和预测严重失误[J]. 中国人口

科学，2011(6).

20. 洪秀敏，罗丽. 公平视域下我国城乡学前教育发展差异分析[J]. 教育学报，2012(5).

21. 洪秀敏，马群. "全面二孩"背景下学前教育资源配置的供需变化与挑战——以北京市为例[J]. 教育学报，2017(1).

22. 洪秀敏，马群. "全面二孩"政策与北京市学前教育资源需求[J]. 北京师范大学学报(社会科学版)，2017(1).

23. 侯佳伟，黄四林，辛自强，等. 中国人口生育意愿变迁：1980—2011[J]. 中国社会科学，2014(4).

24. 胡静. 收入、相对地位与女性的生育意愿[J]. 南方人口，2010(4).

25. 黄娟. 新中国成立以来生育政策变迁与社会机制调整[J]. 人口与经济，2014(6).

26. 黄少丽，姚映淑，郑宋英，等. 高龄孕妇妊娠结局与妊娠并发症临床分析[J]. 中国妇幼健，2007(7).

27. 贾志科，风笑天. 城市"单独夫妇"的二胎生育意愿——基于南京、保定五类行业 558 名青年的调查分析[J]. 中国青年政治学院学报，2015(4).

28. 贾志科，吕红平. 论出生性别比失衡背后的生育意愿变迁[J]. 人口学刊，2012(4).

29. 嵇珺，刘晶波. 幼儿分享教育的价值与实践改进[J]. 学前教育研究，2011(12).

30. 金仙玉. 全面放开"二孩"政策的经济学思考[J]. 人民论坛，2016(14).

31. 雷万鹏. 家庭教育需求的差异化与学校布局调整政策转型[J]. 华中师范大学学报(人文社会科学版)，2012(6).

32. 李从娜. 近 10 年来建国初期中国妇女史研究综述[J]. 北京党史，2006(2).

33. 李丹丹，程思炜，彭美. 五问"全面二孩"政策[J]. 宁夏画报(时政版)，2015(6).

34. 李红恩，靳玉乐. 美国中小学学校布局调整的缘由、现状与启示[J]. 比较教育研究，2011(12).

35. 李菁，黄大全. 学前教育资源空间分布现状与优化——以北京市西城区为例[J]. 学前教育研究，2014(5).

36. 李建民. 生育理性和生育决策与我国低生育水平稳定机制的转变[J]. 人口研究，2004(6).

37. 李建新. 论生育政策与中国人口老龄化[J]. 人口研究，2000(2).

38. 李新运，徐瑶玉，吴学锰. "单独二孩"政策对我国人口自然变动的影响预测[J]. 经济与管理评论，2014(5).

39. 梁文艳，杜育红，刘金娟. 人口变动与义务教育发展规划——基于"单独二孩"政策实施后义务教育适龄人口规模的预测[J]. 教育研究，2015(3).

40. 梁文艳，王玮玮，史艳敏. 人口政策调整后学前教育适龄人口变动趋势与教育需求分析[J]. 全球教育展望，2014(9).

41. 刘家强，罗蓉. 学龄人口发展与人力资本提升——基于四川省2005—2020年学龄人口发展的分析[J]. 人口研究，2006(4).

42. 刘岚. 独生子女伤残死亡家庭扶助与社会保障[J]. 人口与发展，2008(6).

43. 刘善槐. 我国城镇义务教育学校布局调整研究[J]. 教育研究，2015(11).

44. 刘宇轩. 浅论公共政策执行过程中目标群体的政策遵从[J]. 扬州职业大学学报，2015(3).

45. 陆梦秋. 撤点并校背景下农村义务教育服务半径分析[J]. 经济地理，2016(1).

46. 卢晓莉. "全面二孩"政策下成都市构建家庭支持体系的思考[J]. 成都行政学院学报，2016(6).

47. 陆杰华，郭冉. 2015：中国人口学研究回顾和述评[J]. 北京社会科学，2016(6).

48. 马春华. 重构国家和青年家庭之间的契约：儿童养育责任的集体分担[J]. 青年研究，2015(4).

49. 马小红，顾宝昌. 单独二孩申请遇冷分析[J]. 华中师范大学学报(人文社会科学版)，2015(2).

50. 马小红，侯亚非. 北京市独生子女及"双独家庭生育意愿及变化[J]. 人口与经济，2008(1).

51. 穆光宗，陈卫. 第二次中国生育率下降过程中的新人口问题及其对策学术讨论会综述[J]. 人口研究，1995(5).

52. 穆光宗. "独生子女"风险论[J]. 绿叶, 2009(8).

53. 欧阳洁, 万湘桂. 当前婴幼儿家庭教育现状调查及探析——以湖南省"80后"父母育儿观及育儿现状为例[J]. 湖南第一师范学院学报, 2014(4).

54. 潘点点. 浅析二孩家庭幼儿的心理健康教育[J]. 考试周刊, 2016(31).

55. 庞丽娟. "全面二孩"时代学前教育如何补短板[J]. 教育导刊月刊, 2016(5).

56. 彭秀健, Dietrich Fausten. 低生育率、人口老龄化与劳动力供给[J]. 中国劳动经济学, 2006(4).

57. 乔晓春. "单独二孩"生育政策的实施会带来什么？——2013年生育意愿调查数据中的一些发现[J]. 人口与计划生育, 2014(3).

58. 乔晓春. 从"单独二孩"政策的执行效果看未来生育政策的选择[J]. 中国人口科学, 2015(2).

59. 乔晓春. "单独二孩"政策的利与弊[J]. 人口与社会, 2014(1).

60. 乔晓春. 单独二孩"政策下新增人口测算方法及监测系统构建[J]. 人口与发展, 2014(1).

61. 乔晓春. 实施"普遍二孩"政策后生育水平会达到多高？——兼与翟振武教授商榷[J]. 人口与发展, 2014(6).

62. 乔晓春, 任强. 中国未来生育政策的选择[J]. 人口与发展, 2006(3).

63. 石智雷. 符合"单独二孩"政策家庭的生育意愿与生育行为[J]. 人口研究, 2014(5).

64. 宋梅. 生育第二胎对长子女的心理影响及对策分析[J]. 教育导刊(下半月), 2015(6).

65. 宋仁可. "80后"城市独生子女育儿问题分析[J]. 金田, 2014(7).

66. 孙圣利. 浅析"二孩政策"对家庭的影响[J]. 现代交际, 2015(2).

67. 汤兆云. 出生人口性别比失衡的社会因素分析[J]. 人口学刊, 2006(1).

68. 田飞. 人口预测方法体系研究[J]. 安徽大学学报(哲学社会科学版), 2011(5).

69. 童玉芬, 王莹莹. 北京市人口动态模拟与政策分析[J]. 中国人口·资源与环境, 2016(2).

70. 万明钢，白亮. "规模效益"抑或"公平正义"——农村学校布局调整中"巨型学校"现象思考[J]. 教育研究，2010(4).

71. 王广州. 北京市生育政策调整对出生人口规模的影响[J]. 北京社会科学，2011(3).

72. 王广州. 生育政策调整研究中存在的问题与反思[J]. 中国人口科学，2015(2).

73. 王广州. 影响"全面二孩"政策新增出生人口规模的几个关键因素分析[J]. 学海，2016(1).

74. 王广州，张丽萍. 到底能生多少孩子？——中国人的政策生育潜力估计[J]. 社会学研究，2012(5).

75. 王广州. 独生子女死亡总量及变化趋势研究[J]. 中国人口科学，2013(1).

76. 汪明. "全面二孩"来了，教育要提前布局[J]. 云南教育：视界时政版，2015(12).

77. 王天宇，彭晓博. 社会保障对生育意愿的影响：来自新型农村合作医疗的证据[J]. 经济研究，2015(2).

78. 王云兰. "性别回归"背景下女性接受高学历教育困境研究[J]. 黑龙江高教研究，2005(10).

79. 吴帆，林川. 欧洲第二次人口转变理论及其对中国的启示[J]. 南开学报(哲学社会科学版)，2013(6).

80. 邬平川. 我国学前教育投入的政府责任探究[J]. 教育学报，2014(3).

81. 吴翾翾，张天睿，聂欢迎，等. 核心家庭育龄期夫妻二孩生育意愿调查与分析——基于"单独二孩"生育政策背景[J]. 法制博览，2015(19).

82. 夏婧，庞丽娟，张霞. 推进我国学前教育投入体制机制改革的政策思考[J]. 教育发展研究，2014(4).

83. 熊冬炎. 家庭教育中独生子女心理特点剖析[J]. 辽宁师范大学学报(社会科学版)，1989(2).

84. 严松彪. 盘活存量筹触增量[J]. 中国卫生，2016(3).

85. 杨菊华. 单独二孩政策下流动人口的生育意愿试析[J]. 中国人口科学，2015(1).

86. 杨菊华. 中国真的已陷入生育危机了吗？[J]. 人口研究，2015(6).

87. 杨群生. 关于我国计划生育政策形成和发展阶段分期问题的探讨[J]. 南方人口，1987(4).

88. 杨卡. 北京市人口—教育资源空间协调度分析[J]. 城市发展研究，2016(2).

89. 杨顺光，李玲，张兵娟，等. "全面二孩"政策与学前教育资源配置——基于未来20年适龄人口的预测[J]. 学前教育研究，2016(8).

90. 姚从容，吴帆，李建民. 我国城乡居民生育意愿调查研究综述：2000—2008[J]. 人口学刊，2010(2).

91. 游允中. 确立以人为本的人口与发展[J]. 人口与发展，2009(3).

92. 姚引妹，李芬，尹文耀. 单独二孩政策下独生子女数量、结构变动趋势预测[J]. 浙江大学学报（人文社会科学版），2015(1).

93. 曾毅. 普遍允许二孩，民众和国家双赢[J]. 社会观察，2012(9).

94. 曾毅. 尽快实施城乡"普遍允许二孩"政策既利国又惠民[J]. 人口与经济，2015(5).

95. 翟振武，张现苓，靳永爱. 立即全面放开二胎政策的人口学后果分析[J]. 人口研究，2014(2).

96. 张呈琮. 人口政策与人力资源开发[J]. 人口学刊，2002(2).

97. 张辉蓉，黄媛媛，李玲. 我国城乡学前教育发展资源需求探析——基于学龄人口预测[J]. 教育研究，2013(5).

98. 张晓青，黄彩虹，张强，陈双双，范其鹏. "单独二孩"与"全面二孩"政策家庭生育意愿比较及启示[J]. 人口研究，2016(1).

99. 章小维，郭明彩，杨慧霞. 高龄初产对妊娠结局的影响[J]. 中国实用妇科与产科杂志，2005(2).

100. 张阳，翟理红，朱克岚. 全面二孩到来，学前教育应如何应对[J]. 读天下，2016(24).

101. 张勇，尹秀芳，徐玮. 符合"单独二孩"政策城镇居民的生育意愿调查[J]. 中南财经政法大学学报，2014(5).

102. 张玉. 立即全面放开二孩政策的人口学后果分析[J]. 现代交际：学术版，2016(10).

103. 张玉玲. 二孩时代，入园难问题待解[J]. 决策探索（上半月），2016(4).

104. 郑益乐. "全面二孩"政策对我国学前教育资源供给的影响及建

议——兼论我国学前教育资源供给的现状与前景展望[J]. 教育科学，2016 (3).

105. 郑真真. 生育意愿的测量与应用[J]. 中国人口科学，2014(6).

106. 郑真真. 生育意愿研究及其现实意义——兼以江苏调查为例[J]. 学海，2011(2).

107. 仲长远. 当代城市青年生育意愿初探——对北京市石景山区模式口社区两代人生育意愿的对比调查[J]. 青年研究，2001(7).

108. 周福林. 生育意愿及其度量指标研究[J]. 统计教育，2005(10).

109. 周晓燕，周军. 中国高学历女青年婚恋观研究——2007—2008 年调查报告[J]. 中国青年研究，2009(12).

110. 中国教育科学研究院课题组，曾天山，聂伟，等. 未来五年我国教育改革发展预测分析[J]. 教育研究，2015(5).

111. 朱敏. "全面二孩"对托幼机构的冲击[J]. 北京观察，2016(3).

112. 朱勇，刘强. 学龄人口变动与人力资源——基于重庆市 2005—2020 年学龄人口变动的探讨[J]. 西北人口，2007(2).

113. 庄亚儿，姜玉，王志理等. 当前我国城乡居民的生育意愿——基于 2013 年全国生育意愿调查[J]. 人口研究，2014(3).

114. Blankenau，W. & Youderian，X.. Early childhood education expenditures and the intergenerational persistence of income[J]. Review of Economic Dynamics，2015(2)，pp. 334-349.

115. Bongaarts，J.. Fertility and reproductive preferences in post-transitional societies [J]. Population & Development Review，1998 (27)，pp. 260-281.

116. Kolak，A. M. & Volling，B. L.. Sibling jealousy in early childhood：longitudinal links to sibling relationship quality[J]. Infant & Child Development，2011(2)，pp. 213-226.

117. Legg，C.，Sherick，I. & Wadland，W.. Reaction of preschool children to the birth of a sibling[J]. Child Psychiatry & Human Development，1974(1)，pp. 33-39.

118. Miller，W. B. & Pasta，D. J.. Behavioral intentions：which ones predict fertility behavior in married couples？[J]. Journal of Applied Social Psychology，1995(6)，pp. 530-555.

119. Pike，A. & Oliver，B. R.．Child behavior and sibling relationship quality：a cross-lagged analysis[J]．Journal of Family Psychology，2017(2)，pp. 250-255.

120. Tough，S. C.，Newburn-Cook，C.，Johnston，D. W.，Svenson，L. W.，Rose，S. & Belik，J.．Delayed childbearing and its impact on population rate changes in lower birth weight，multiple birth，and preterm delivery [J]．Pediatrics，2002(3)，pp. 399-403.

121. Volling，B. L.．Family transitions following the birth of a sibling：an empirical review of changes in the firstborn's adjustment[J]．Psychological Bulletin，2012(3)，p. 497-528.

122. Volling，B. L.，Yu，T.，Gonzalez，R.，Kennedy，D. E.，Rosenberg，L. & Oh，W.．Children's responses to mother-infant and father-infant interaction with a baby sibling：jealousy or joy? [J]．Journal of Family Psychology，2014(5)，p. 634.

123. 此处原稿有韩文名字．Relationship of father's child-fearing involvement perceived by mother to marital conflicts and mother's child-rearing stress：with priority given to the moderated mediating effects of social support [J]．Korean Journal of Early Childhood Education，2016(2)，pp. 193-212.

报纸文章

1. 邓兴军．北京学前教育调查报告发布[N]．北京青年报，2010-01-05.

2. 广州社情民意研究中心．生娃不易养二孩更难[N]．中国青年报，2015-11-02.

3. 国家卫计委．积极推进"全面二孩"政策 社会抚养费存问题[N]．光明日报，2015-07-11.

4. 洪秀敏．二孩来了，学前资源先"测"后"调"[N]．中国教育报，2017-05-14.

5. 李冰洁．学前教育三年行动计划圆满完成[N]．中国教育报，2014-02-27.

6. 李红梅．放开二孩，人口大势会逆转吗？[N]．人民日报，2015-12-04.

7. 李天顺. 教育部召开新闻通气会介绍学前教育发展情况[N]. 中国青年报，2011-02-22.

8. 李婷婷，程媛媛，沙璐. 应对"全面二孩"教育资源将重新布局[N]. 新京报，2016-01-24.

9. 全国妇联调查报告. 超五成一孩家庭无意生二孩[N]. 中国青年报，2016-12-28.

10. 王文. 生二胎别忽略"老大"的心理感受[N]. 中国妇女报，2014-02-24.

11. 魏铭言，温薷. 北京逾6成"单独"家庭想生二孩[N]. 新京报，2013-11-21.

12. 韦英哲，刘宇雄，刘军，等. "全面二孩"后，幼儿园够不够？[N]. 信息时报，2016-03-05.

13. 袁贵仁. 全面二孩实施后学前教育面临压力[N]. 海南日报，2016-03-06.

14. 翟振武. "单独二孩"申报符合预期[N]. 经济日报，2015-01-20.

学位论文

1. 冯正一. 论当前独生子女教育的伦理困境及其对策[D]. 太原：山西大学，2015.

2. 江丽娜. 生育意愿与生育行为的差异分析[D]. 武汉：华中科技大学，2011.

3. 刘红霞. 城市"双独"家庭的生育意愿研究[D]. 济南：山东大学，2009.

4. 刘爽. 女性生育年龄推迟的多维度分析[D]. 沈阳：沈阳师范大学，2015.

5. 曲闯. 城市婴幼儿家庭育儿环境的当代特征研究[D]. 上海：华东师范大学，2009.

6. 颜通富. 地方政府在计划生育政策执行中面临的问题与对策研究[D]. 湘潭：湘潭大学，2012.

7. 杨发祥. 当代中华计划生育史研究[D]. 杭州：浙江大学，2003.

8. 种萌萌. W县农村幼儿园布局调整的现状研究[D]. 长春：东北师范

大学，2013.

9. 朱峰. 台湾生育转变的政治经济学分析[D]. 厦门：厦门大学，2009.

10. 赵丽芳. 从意愿到行为："单独二孩"政策目标实现的社会心理学分析[D]. 济南：山东大学，2015.

11. 朱秋莲. 建国以来党的人口生育政策变迁研究[D]. 长沙：湖南师范大学，2013.

12. 邹林. 老大怎么了？—家庭中老二出生对老大社会性发展的影响及对策分析[D]. 成都：四川师范大学，2015.

网页文章

1. 北京市教育委员会、北京市发展和改革委员会. 北京市"十二五"时期教育改革和发展规划［EB/OL］. http://zhengwu. beijing. gov. cn/ghxx/sewgh/t1222812. htm，2011-12-02.

2. 北京市教育委员会. 北京市"十三五"时期教育改革和发展规划（2016—2020 年）［EB/OL］. http://zhengwu. beijing. gov. cn/gh/dt/t1457650. htm，2016-11-02.

3. 北京市教育委员会. 2014—2015 学年度北京教育事业发展统计概况［EB/OL］. http://zfxxgk. beijing. gov. cn/columns/63/3/451646. html，2015-03-31.

4. 北京市教育委员会. 学前教育［EB/OL］. http://www. bjedu. gov. cn/jyzy/jyzc/xqjy/，2016-03-09.

5. 北京市人口和计划生育委员会. 北京市卫生计生委解读"单独二孩"政策问答［EB/OL］. http://www. bjfc. gov. cn/web/static/articles/catalog_8a8c8256374927aa01379ce007f50213/article_8a8c82563ff1b364014453a25f870b73/8a8c82563ff1b364014453a25f870b73. html，2014-02-21.

6. 王培安. 国家卫生计生委副主任王培安就实施全面两孩政策答记者问［EB/OL］. http://www. nhfpc. gov. cn/zhuz/xwfb/201510/615b9a259714400f9135714d8f49857e. shtml，2015-11-10.

7. 中华人民共和国国家发展和改革委员会. 北京市主体功能区规划[EB/OL]. http://www. ndrc. gov. cn/fzgggz/fzgh/ghwb/ztgngh/201209/P020120925540189148806. pdf，2012-07-25.

8. 中华人民共和国国务院办公厅. 国务院关于当前发展学前教育的若干意见[EB/OL]. http://www. gov. cn/ zwgk/2010-11/24/content_1752377. htm，2010-11-24.

9. 中华人民共和国教育部等四部门. 教育部等四部门关于实施第三期学前教育行动计划的意见[EB/OL]. http://www. moe. edu. cn/srcsite/A06/s3327/201705/t20170502_303514. html，2017-04-17.

10. 中央政府门户网站. 中共中央关于制定国民经济和社会发展第十三个五年规划的建议[EB/OL]. http://www. gov. cn/xinwen/2015-11/03/content_5004093. htm，2015-11-04.

11. 中央政府门户网站. 关于实施全面两孩政策 改革完善计划生育服务管理的决定[EB/OL]. http://www. gov. cn/gongbao/content/2016/content_5033853. htm，2016-01-06.

12. 中央政府门户网站. 三个"降低"催生全面二孩新政[EB/OL]. http://www. gov. cn/xinwen/ 2015-11/03/content_5004197. htm. 2015-11-03.

13. 中央政府门户网站. 全面二孩后2029年我国人口预计达14.5亿峰值[EB/OL]. http://www. gov. cn/xinwen/2015-11/10/content_5006849. htm，2015-11-10.